高等学校规划教材

管理学概论

主　编　杨红娟
副主编　李　力　田　亮
　　　　许　亮　傅　红

北　京
冶金工业出版社
2019

内容提要

本书把系统学习管理理论作为重点，同时注重对当代最新管理理论和管理模式以及管理实践中的热点问题的跟踪和研究，紧紧把握国际管理教育创新的潮流，力求体现出管理理论的最新发展。本书内容分为基础篇和职能篇两部分共9章。基础篇包括：管理、管理者与管理学，管理理论的形成与发展，管理与环境，决策；职能篇包括：计划，组织，领导，控制，创新。各章末均附有复习思考题，利于学生掌握所学内容。

本书为高校非管理专业的教材，也可供企业管理人员参考。

图书在版编目（CIP）数据

管理学概论/杨红娟主编. —北京：冶金工业出版社，2009.8（2019.6重印）
高等学校规划教材
ISBN 978-7-5024-4973-5

Ⅰ.管… Ⅱ.杨… Ⅲ.管理学—高等学校—教材 Ⅳ.C93

中国版本图书馆CIP数据核字（2009）第130124号

出 版 人 谭学余
地 址 北京市东城区嵩祝院北巷39号 邮编 100009 电话 （010）64027926
网 址 www.cnmip.com.cn 电子信箱 yjcbs@cnmip.com.cn
责任编辑 杨 敏 美术编辑 李 新 版式设计 张 青
责任校对 白 迅 责任印制 李玉山
ISBN 978-7-5024-4973-5
冶金工业出版社出版发行；各地新华书店经销；三河市双峰印刷装订有限公司印刷
2009年8月第1版，2019年6月第8次印刷
787mm×1092mm 1/16；12印张；319千字；182页
29.00元

冶金工业出版社 投稿电话 （010）64027932 投稿信箱 tougao@cnmip.com.cn
冶金工业出版社营销中心 电话 （010）64044283 传真 （010）64027893
冶金工业出版社天猫旗舰店 yjgycbs.tmall.com

前　言

随着我国社会主义市场经济体制的确立,各类组织的内外环境都发生了重大变化,各行各业对管理人才的需求已越来越迫切。管理学是当代科学技术的重要理论基础之一。"管理学概论"课程是高校非管理类本科生的一门公共课,它是一门系统介绍社会组织管理的普遍规律、基本原理与一般方法的科学。该课程理论性强、体系完整、逻辑严密,具有强大的生命力,其基本概念、基本理论及分析方法,对启发学生思维、提高其创新能力都将起到重要作用,并可为培养"厚基础、宽口径、重能力、高素质"的应用型人才奠定基础。

与国内外同类教材相比,本书更加适合于高校非管理专业的学生使用。本书可以使学生在教学课时压缩的情况下,也能系统地掌握管理学的基本理论、原理、方法和技术,并提高应用能力。因此,本书在编写中注意三个方面:一是注重管理学的基本概念、基本原理和基本方法;二是注重将基本理论和方法应用于实践;三是注重根据理工科学生特点,培养学生运用全面的、发展的和系统的观点观察分析现实的管理问题。

本书由昆明理工大学杨红娟教授担任主编,李力、田亮、许亮、傅红担任副主编。其中第 1 章、第 3 章由杨红娟编写,第 2 章由郑季良编写,第 4 章和第 5 章由李力编写,第 6 章由可星编写,第 7 章由田亮编写,第 8 章由许亮编写,第 9 章由傅红编写。

在本书的编写过程中,参阅了国内外大量的专著、教材,还参考了许多期刊、报纸、资料和文章,引用一些学者的观点与资料,在此向有关文献作者表示衷心感谢!

由于编者水平所限,书中不妥之处,恳请读者批评指正。

作　者

2009 年 5 月

目　录

基　础　篇

职　能　篇

基　础　篇

1　管理、管理者与管理学

学完本章后，你应该能够：

（1）正确地定义管理，了解管理的各种特征，熟悉管理的各种职能；

（2）区分各种管理者和操作者，确定管理者扮演的各种角色，掌握管理者的技能；

（3）了解管理学的内涵和特点，掌握管理学的研究对象及有关研究方法。

1.1　管理概述

管理是人类活动中最重要的一项活动。当人们知道有些活动必须靠团队而不是个人才能完成的时候，实际上管理就已经产生了，美国国际商业机器公司的创办人托马斯（Thomas J. Walson）曾经讲过下面这样一个故事，深入浅出地说明了管理的作用。

有一个男孩子第一次弄到一条长裤，穿上一试，裤子长了一些。他请奶奶帮忙把裤子剪短一点，可奶奶说，眼下的家务事太多，让他去找妈妈。而妈妈回答他，今天她已经同别人约好去玩桥牌。男孩子又去找姐姐，但是姐姐有约会，时间就要到了。这个男孩子非常失望，担心明天穿不上这条裤子，他就带着这种心情入睡了。

奶奶忙完家务事，想起了孙子的裤子，就去把裤子剪短了一点；姐姐回来后心疼弟弟，又把裤子剪短了一点；妈妈回来后同样也把裤子剪短了一点。可以想象，第二天早上大家会发现这种没有管理的活动所造成的恶果。

上述例子说明任何团队活动都需要管理。如果没有管理协调，团队中每个成员的行动方向就不一定相同，以至于可能互相抵触。即使目标一致，由于没有整体的配合，也达不到团队总体的目标。因此，只有通过管理，才能将不同个人的努力完美地协调起来，从而实现团队的既定目标。

1.1.1　什么是管理

什么是管理？这是每个初学管理的人首先遇到的问题。管理，顾名思义：既管且理。家庭主妇要管理家务，儿童要管理自己的零用钱，每个人都要管理自己的时间等，这是广义的管理。更重要的领域是组织的管理，如总统管理国家，将军管理军队，校长管理学校，厂长管理工厂，总经理管理公司等，这是狭义的管理。本书主要探讨后者，即组织的管理。大企业有管理，小企业也有管理；营利组织需要管理，非营利组织也需要管理；制造业和服务业也是如此。任何管理工作都是在一定的组织中进行的，是为特定组织服务的。所以在理解管理的概念之前，有必要先认识一下组织。

1.1.1.1 组织

组织是指由两个或两个以上的人为了实现共同的目标而组成的有机整体。组织存在于日常生活和工作的各个方面。企业是众多社会组织的一种,学生会、政府机构、公司、加油站、餐馆、政府、各种协会等都是常见的社会组织。上述这些看似迥然不同的各种组织均存在着一些共同的特征。

第一,每一个组织都是由人组成的;

第二,每一个组织都有明确的目的,这些目的一般是以一个或一组目标来表示的;

第三,每一个组织都有一种系统性的结构,用以规范和限制成员的行为。例如,建立规则和规章制度,选拔出某些成员作为“老板”,给予他们驾驭其他成员的职权或者编写职务说明书,以使组织成员知道他们应该做什么。

因此,组织是一群人的组合,组织的成员必须按照一定的方式相互合作,共同努力,去实现既定的组织目标。这样,组织才能形成整体的力量,以完成个人力量的简单综合所不能完成的任务。

1.1.1.2 管理

管理普遍存在于各种组织活动之中,有组织存在就会有管理。关于管理的定义一直众说纷纭,产生了很多种有代表性的观点:斯蒂芬·P·罗宾斯(Stephen P. Robbins)认为管理是通过与其他人的共同努力,既有效率又有效果地把工作做好的过程;哈罗德·孔茨(Harold Kootz)认为管理就是设计和保持一种良好环境,使人在群体里高效率地完成既定目标;泰罗(Frederick W. Taylor)认为管理是确切知道要干什么,并使人们用最好、最经济的方法去干;赫伯特·西蒙(Herbent Simon)认为决策是管理的心脏,管理是由一系列决策组成的,管理就是决策;周三多认为管理是社会组织中,为了实现预期的目标,以人为中心进行的协调活动;芮明杰认为管理是对组织的资源进行有效整合以达成组织既定目标与责任的动态性创造活动。可见,在管理的定义上,“仁者见仁,智者见智”。本书基于对管理进行的是较为基础和广泛的研究,决定采用下述定义:

管理是在一定的组织中,通过综合利用计划、组织、领导、控制、创新等各种手段来协调人力、物力、财力、时间和信息资源从而实现组织目标的过程。

这个基本定义需要从以下几个方面加以展开:

(1)管理是一个实现组织目标的过程,但是这样的目标并非组织的既定目标,也有可能是在管理的过程中根据主客观情况加以修正得到的目标。

(2)作为担任一定职责的人都要执行管理职能,主要包括计划、组织、领导、控制、创新等各种手段。

(3)管理适用于任何一个组织,只要是组织就存在着管理的问题。根据组织自身的目的可以把组织分为三大类:公共组织、非营利性组织和营利性组织。公共组织即负责处理国家公共事务的组织,包括政府部门、军队、司法机关等。非营利性组织是指公共组织之外的一切不以营利为目标的组织。营利性组织当然是指以获利为主要目标的组织。

(4)管理人员的目标在根本上都是一样的:要实现组织的优化状态。

(5)管理关系到生产率,意指效率(efficiency)和效果(effectiveness)。效率是指以尽可能少的投入获得尽可能多的产出。因为管理者处理的是稀缺的输入,包括像人员、资金和设备这样稀缺的资源,所以他们必须有效地利用这些资源,也就是“正确地做事”,即不浪费资源。但是仅仅有效率是不够的,管理者还应该关注效果,也就是完成活动以便达到组织的目标。效果

(effectiveness)通常是指“做正确的事”,即所从事的工作和活动有助于组织达到其目标。可见,效率是关于做事的方式,而效果涉及结果,或者说达到组织的目标(见图1-1)。因此,管理者不能只是关注达到和实现组织目标(也就是关注效果),还要尽可能有效率地完成工作。在成功的组织中高效率和高效果是相辅相成的,而不良的管理通常既是低效率的,也是低效果的,或者虽然有效果但却是低效率的。

效率(方式)与效果(结果)

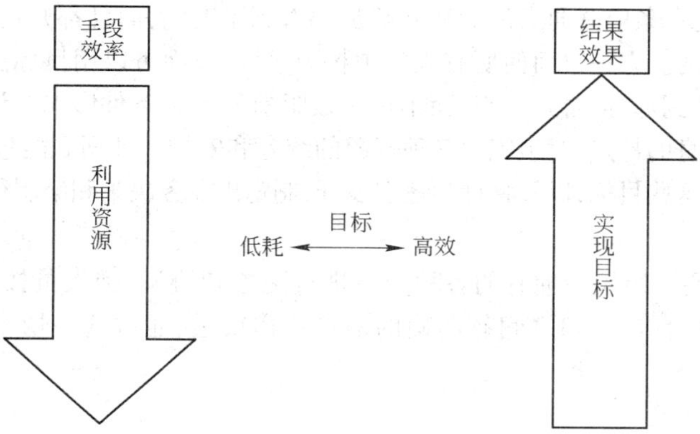

图1-1　管理的效率和效果

较好的管理意味着组织生产率的提高,而较差的管理意味着组织生产率的降低。

资源主要包括五大类:人、财、物、信息和时间。

(1)人的资源是组织最大的资源,是组织创造力的源泉。

(2)财的资源主要是指资金,组织在其存在和发展中需要大量的资金。有了资金,组织的各项工作才能运转起来。

(3)物的资源。做任何事情物资管理都非常重要,仅有资金是不够的,货币是一种抽象的资源,只有转化成物资,才完成了从抽象到具体、从一般到特殊的过程,从而能满足组织发展的特定需要。

(4)信息资源。信息实际上是一种可以认知其意义的符号,例如,微笑就是一种信息,这种信息可以代表你对某种事物感兴趣,一旦能解读这样的含义,那么微笑信息就完成了其传递过程。现代社会信息传输、交换、存储的手段已经非常发达,信息量激增,它给管理带来了许多好处,同时也提出了挑战。例如,在海量的信息中如何找到最有价值的信息,如何在信息不完全的情况下进行经营决策?

(5)时间资源。时间是生命的尺度,具有不可重复性、不可再生性,而且是不可替代的。科学管理起源于工业革命后期企业家对效率的追求,而效率就是对时间的节约,同样的时间做更多的事、出更多的成果就是效率,从这点上看,可以说管理学这门学科的发展起源于人类理性对时间的珍爱和对于充分利用自己时间资源的追求。

任何一个组织的存在都有其目的性,否则就不会存在。管理的目标多种多样,主要根据组织的需要而定。根据制定目标的部门不同,可以分为生产目标、财务目标、人事目标、销售目标等等。它们是根据组织的总体目标制定的目标,这样的目标更有针对性。

1.1.2　管理的职能

对于管理的职能,也难以形成一致有效的看法,例如:亨利·法约尔认为管理的职能主要包括计划、组织、指挥、协调、控制等；而孔茨认为管理的职能主要包括规划、组织、用人、领导、控制等。结合当今时代管理学的发展趋势以及管理的本质，我们认为管理的基本职能应该包括计划、组织、领导、控制、创新。其他的职能，可以称为延伸职能，都只是以上五种基本职能的延伸和分支，延伸职能是随着管理学的发展而逐渐产生的。

1.1.2.1 计划

计划能够引导组织的行动。有了一个好的计划，从上到下都能知道朝哪个方向前进，而且也能知道怎么去做，就好比一条船驶向大海后所有船员都看到了航向，而且都知道了自己要怎么干，这对于航行是至关重要的。它一方面使所有人集中精力，另一方面可以用目标激励每一个参加组织工作的成员，使他们看到远方、看到未来，而不至于被眼前的不利条件影响。计划是指管理者根据管理的目标和组织本身的特点，对组织内各种资源的统筹和安排。计划职能包含规定组织的目标，指定整体战略以实现这些目标，以及将计划逐层展开，制定出业务决策和编制行动计划。

1.1.2.2 组织

制定好计划，就要对组织所拥有的各种资源进行配置和协调，把人员按一定的结构组织，使他们能按一定的程序运作，互相之间有明确的信息传递渠道，通过这一切来保证组织目标的实现。

1.1.2.3 领导

组织中各级管理者必须要能调动各自下级的积极性，才能保证组织目标的实现。领导者的领导过程如果用一个简单的表述来概括的话，就是在权力支撑的基础上实施指引、激励、沟通和营造氛围的工作以便能够影响员工的行为，促使他们共同努力去完成组织的目标。在决策过程中起指向和决断的作用，在组织体系中起到权衡和调动的作用，在组织行为方面发挥的是激励与协调的作用。

1.1.2.4 控制

控制是指以组织的原始计划为依据，监视组织的各项活动，及时纠正重要偏差或者修正原始计划，重新制定目标。控制与计划具有密切的关系，计划是控制的标准和前提，控制的目的是为了计划的实现。

1.1.2.5 创新

管理界对于创新职能的重视始于20世纪60年代。因为当时市场面临着急剧的变化，竞争在日益加剧，许多企业感到不进行创新难以生存下去，所以有不少管理者主张将创新看成是管理的一项新职能。所谓创新，顾名思义，就是使组织的作业工作和管理工作都不断地有所革新、有所变化。创新与使组织按照既定方向和轨迹运行常常是有矛盾的。有效的管理工作，就是要在适度的维持与适度的创新之间取得平衡。

1.1.3 管理的特征

1.1.3.1 动态性

管理这类活动的动态性主要表现在这类活动需要在变动的环境与组织本身中进行，需要消除资源配置过程中的不确定性。只要组织还存在，组织就要面临各种内外环境的变化，如何应对这种变化使管理成了一个动态的过程。

1.1.3.2 科学性

管理活动可以分为两大类型，一是程序性活动，二是非程序性活动。所谓程序性活动是指有章可循，照章运作便可以取得预想效果的管理活动；所谓非程序性活动是指无章可循，需要边运作边探讨的管理活动。这两种活动是可以相互转化的,转化的过程即人们对管理对象规律性的总结,管理的科学性在这里得到了很好的体现。

1.1.3.3 艺术性

管理并没有一个完全有章可循的模式,它只是给出一个方向性和原则性的指引,在具体的操作过程中,往往更需要一些天赋和灵感。所以,我们经常看到,那些对管理学理论熟谙的人在管理实践中往往不如一些根本没学过管理学的人,其实不是这些人运气好,而是他们本身便具有一种管理的天赋,这种天赋也许连他们自己也无法察觉。例如,海尔集团的总经理张瑞敏虽然只有高中文凭,却可以将青岛海尔集团管理成中国最大的家电企业;而只有小学文凭的李嘉诚却可以成为华人首富,经营着长江实业和和记黄埔等大型企业。

1.1.3.4 创造性

管理的创造性源于实现组织优化状态的目标,为了实现组织优化的目标,管理的重要任务之一便是不断“毁灭和创造”,不断毁灭那些影响组织状态优化的不利因素,而不断创造那些能促进组织状态优化的有利因素。

1.1.3.5 经济性

管理的经济性首先反映在资源配置的机会成本上,管理者选择一种资源配置方式是以放弃另一种资源配置方式为代价的,这里有个机会成本的问题;其次管理的经济性反映在管理方式方法选择上的成本比较,因为在众多可以帮助资源配置的方式方法中,其所花费成本不同,故如何选择是个经济性的问题;最后,管理是对资源有效整合的过程,因此选择不同资源供给和配比,就有成本大小的问题,这就是经济性的另外一种表现。

1.1.3.6 人本性

每个学科都有自己要解决的主要矛盾,管理要解决的主要矛盾就是人和人之间的矛盾,因为组织是由人构成的,组织目标的实现离不开人的活动。一个组织要实现自身的目标,首先需要目标上的一致,确保成员为了共同的目标努力;同时需要行为上的一致,每个人都按照一定的方式和规则而不是任意地行为。达到这两点,组织就能发展;如果无法达到,组织就会陷于停滞。管理过程中其他的矛盾都会通过人和人之间的矛盾表现出来。

1.1.3.7 广泛性

管理的广泛性即管理的普遍性,对于所有组织,管理都是绝对必须的。管理的实践是广泛的,它已渗透到生产、生活的各个领域之内。现实生活中的各行各业都需要管理,因此,管理学的应用范围是极其广泛的,不仅包括像企业这样的营利性组织,也包括协会、政府、军队这样的非营利性组织;不仅包括各个行业的管理,而且还涉及组织的各个层次的管理。同时,管理原理的适用性也是广泛的,可以指导各个领域的实践。

1.1.3.8 实践性

管理的一切原则和方法都是建立在实践基础上的,管理需要成为行动才能实现目标。管理学作为一门理论科学,同其他学科一样都是在日常生活实践中缓慢成长起来的,同样也将随着社会的发展,实践的深入,而不断完善和发展。

只要有组织的存在就有管理的存在,很难想象一个没有管理的组织会是什么样子。自从有了人类社会,将管理引进社会领域,人类社会的发展便日新月异,地球也发生了巨大的变化。企业的管理促使近代社会产生了一群管理规范、富可敌国的大企业集团,例如:微软公司、诺基亚集团、沃尔玛集团、德国大众集团等等。管理不仅是人类高级化的生存方式,而且也是组织生存和发展的必须手段。即使个人不在企业组织中,管理的知识也可用在个人与家庭的管理之中。任何一个组织的发展成也管理，败也管理，我们必须认真研究和利用管理以促使组织不断发展壮大。

1.2 管理者

1.2.1 谁是管理者

任何一种管理最终都要通过人去完成，哪怕是在信息高度发达和高度智能化的今天，任何先进的科学技术都无法从根本上代替管理者的作用。机器人虽然可以代替大量的劳动者，但是机器人的行为首先需要人为对其设定，没有管理者的参与，机器人根本无法自觉完成某项任务。管理者即参与和实施管理的人，管理者的概念十分广泛，任何一个人都是自己生活的管理者，在这里的管理者我们指的是组织的管理者。

虽然管理者在组织中工作，但不是说每一个在组织中工作的人都是管理者。为简便起见，我们可以把组织内的所有成员分为两类：操作人员和管理者。操作人员（operators）是指那些直接从事某些具体工作或任务，不必负有责任去监督他人劳动的员工。管理者（managers）指的是在一个组织中直接督导他人工作的人。管理者通常可以分为高层、中层和基层三个层级。每位管理者既要监督作业人员，又要监督下一层级的管理者（见图 1-2）。因此，操作人员和管理者的区别就在于管理者有员工向他们直接汇报工作，而操作人员却没有。

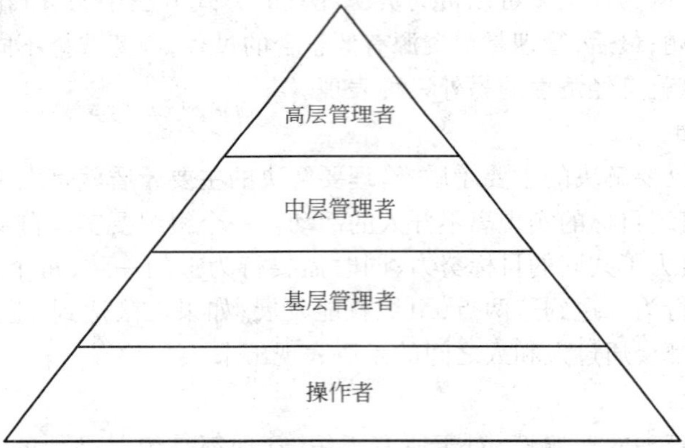

图 1-2 组织的层次

高层管理者位于组织的最高层次，需要对整个组织负责，一般是总裁、董事长、执行董事、首席执行官等人。他们对整个组织的管理负有全面责任，并侧重于负责制定组织的大政方针，沟通组织与外界的交往联系等；中层管理者位于组织的中间层次，负责业务单位和重要部门的活动，他们贯彻执行高层管理者所制定的重大决策，并监督和协调基层管理者的工作。他们在组织中起承上启下的作用，对上下信息沟通、政令通行等均负有重要责任；基层管理者直接负责产品与服务的生产，他们直接指挥和监督现场作业人员，保证上级下达的各项计划和任务的完成。

好的管理者能够点石成金，差的管理者则恰好相反。这种体会对于那些设计组织薪酬体系的人士来说尤其深刻。管理者比作业人员获得更高的薪水是普遍的倾向。由于管理者拥有更大的职权并承担了更多的责任，所以他们的薪水也更高。而且，为了留住或吸引优秀的管理者，许多组织愿意提供具有极大诱惑力的薪酬计划。

1.2.2 管理者的角色

所谓管理者的角色，是指特定的管理行为类型。角色的概念是亨利·明茨伯格（Henty Mintzberg）提出的，后来他关于管理者的研究被广泛地应用，明茨伯格把管理者分成三大类10个角色。

1.2.2.1 人际角色

管理者在处理组织成员和其他利益相关者关系时，他们就扮演着人际角色。这种角色包含3种：代表人角色、领导者角色、联络者角色。作为所在企业的最高职权者，管理者须行使某种象征性的职能，代表企业出席某种公开场合。由于管理者对企业成败负有重要责任，所以他必须扮演领导者角色，通过时刻提醒，带领大家朝着目标前进并且矫正每个人的方向，确保组织目标的实现。最后管理者还扮演着联络者角色，他是内部成员沟通和组织内部与外部沟通的桥梁，所以这就要求管理者在企业外部建立一个良好的关系网，在企业内部能协调上下左右的关系，特别是通过与基层建立良好的联系，确保企业内部信息渠道的高效畅通。管理者必须对重要的组织问题有敏锐的洞察力，从而能够在组织内外建立起关系和网络。

1.2.2.2 信息角色

管理者既是信息传递中心，也是其他亚单位信息传递的渠道，整个组织依赖于管理结构和管理者进行必要的内外信息沟通。信息角色有3种：

(1)监督者。管理者持续关注组织内外环境的变化以获取对组织有用的信息。管理者持续地收集组织内、外部变化信息来监督组织的过程，识别机会和威胁，调整方向、方式和途径。

(2)传播者。在作为传播者角色时，管理者将获取的大量信息分配出去，传递给各部门和单位，确保他们能有效完成工作。有时这种传播是面向每一个组织成员的，这时就要采取公开的方法；有时它的传播对象是特定的，就要采取很多限制条件，比如限定范围和层次，采取特定编码，规定方向等。

(3)发言人。管理者必须把某些信息传递给组织以外的单位和个人，例如必须向政府提供相关信息；必须向消费者说明产品的品质和保证，确保组织切实履行社会义务；向利益相关者报告企业进展情况，说明组织的财务状况和战略方向，受到舆论的监督等。

1.2.2.3 决策角色

管理者通过处理信息得出结论，然后以此作为依据决定组织的方向。决策角色有4种：

(1)企业家角色。对所发现的机会进行投资，利用这种机会取得相应的收益。

(2)混乱驾驭者角色。管理过程中总会遇到各种冲突和矛盾，管理者必须解决好这些矛盾，平衡好各方面利益关系，协调部门、员工间的各种争端，保证组织沿着正常轨道运转。

(3)资源分配者角色。组织的五大资源用在哪里、用多少都是需要管理者来分配的。能否根据组织的实际情况合理分配组织的各种资源直接决定着组织的生存和发展，如果组织的资源分配不科学，就会导致内部矛盾产生而且会限制一些内部子系统的业绩；如果分配科学，就会激发组织成员的积极性，促进组织的进步和发展。

(4)谈判者角色。管理者在每天会见人和与之进行谈判方面消耗了大量时间和精力，这些人有企业内部员工，也有作为利益相关者的团体、工会、股东，也有整个产业链上游的供应商、批发商，还有新闻记者，等等。他们随时会出现在管理者的办公桌前和他讨论各种问题，每次谈论都是一种谈判，只不过有时随意，有时正式。

进一步的研究发现，虽然凡是管理人员，都要完成管理职能，都要为群体的卓有成效的努力工作而创造良好的环境，取得预期的结果，但是，处在一个组织内的不同层次管理岗位上的人，所扮演的具体角色可能大不相同，在拥有权力范围上会有差别，所要处理的问题更是千差万别，所担负的管理职责也各不相同。他们可能负责销售部门、工程设计部门或是财务部门。他们花在每项管理职能上的时间可能有差别。图 1-3 表明各级管理人员花在每项职能上的大体时间。

由图 1-3 可以看出，一方面，高层管理人员在计划、组织和控制工作上花费的时间要比低层管理人员的稍多。而另一方面，领导工作占据了基层管理人员很多时间。各级管理人员用于完成创新工作的时间大体相同。

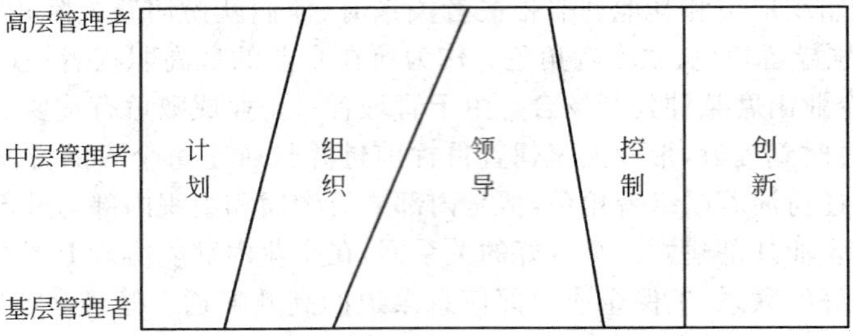

图 1-3　不同层次的管理者的时间分布

1.2.3　管理者的技能

根据卡茨(Robert L. Katz)在 1974 年的研究，管理者要具备 3 种主要的技能以确保管理的实现。

(1)专业技能即技术技能。技术技能是指运用管理者所管理的专业领域中的过程、惯例、技术和工具的能力。例如，监督生产人员的管理者必须懂得生产知识，而监督会计人员的管理者也必须懂得会计知识。它对于基层管理者非常重要，对于中层管理者比较重要，对于高层管理者就不太重要，如图 1-4 所示。

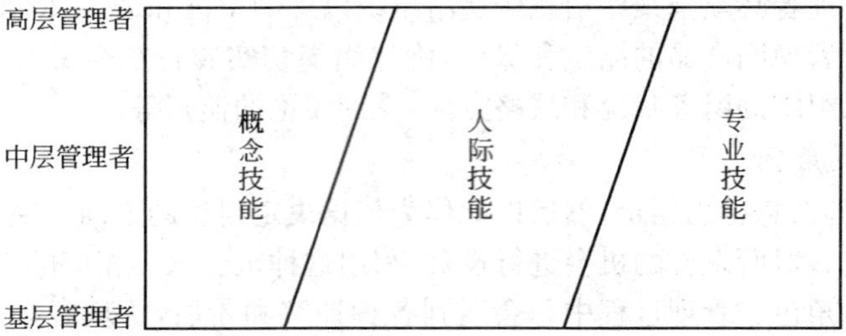

图 1-4　不同管理层的技能重要性差别

(2)人际技能。人际技能是指成功地与别人打交道并与别人沟通的能力。在日常生活中，我们经常听说“先做人后做事”，要做人重点是如何与别人搞好人际关系，在某些情况下，人际技能是十分重要的，一个不懂得如何处理人际关系的管理者永远算不上是一个合格的管理者。它包括对下属的领导能力、协调能力，管理者必须能够掌握它，运用人际技能平衡各方利益关系、协调矛盾，使组织朝一个方向发展，这对于各层管理者都非常重要。

(3)概念技能。概念技能是分析判断一种状况并能识别其因果关系的能力。具有概念技能的管理者通常把组织看成一个整体，了解组织内部的相互关系，能把握单位之间、个人之间、单位与个人之间的关系，了解组织行动的过程和结果，能识别问题，发现机遇和威胁，选定方案进行决策，它对高层管理者最为重要，对中层管理者比较重要，对基层管理者就不太重要。

但是目前看来，对一个真正的管理者的要求远远不止这些，特别是一个高层的组织管理者，不仅必须熟知与企业有关的一切生产、财务、金融等方面的知识，也应该适当具备一些数学、心理学、社会学等其他方面学科的知识。其实，管理者的技能从根本上来说可以分为“情商”方面的技能和“智商”方面的技能，情商方面的技能主要直接对人发挥作用，主要反映一个人的声誉威信、道德水平、精神素质、性格气质、仪表形态等对管理的影响；而智商方面的技能主要直接对物发挥作用，主要反映一个人的创新能力、分析能力、判断能力、决策能力等对管理的影响。

1.3 管理学的性质和特点

管理学不仅具有社会科学属性，也具有自然科学的属性。管理学是一门比较年轻的跨学科的边缘科学和应用科学，它融合了社会科学领域的社会学、心理学、行为学、人类学、政治学和经济学的知识和自然科学领域的数学、统计学、信息学、工业工程学、计算机科学和其他以科技为取向的学科的知识。它既应用社会科学（经济学、社会学、政策科学等）方面的新成果，也应用自然科学、思维科学与心理学以及技术科学的成就。

一方面因为管理学的研究对象主要是组织及其成员，所以在根本上是带有社会科学性质的；另一方面是因为管理学与数学等自然科学联系日益密切，也具有了某些自然科学的特点，但是这仅仅局限在方法论的层面上。管理学在本质上仍属于社会科学的范畴。我们可以说管理学是一门旨在探索如何实现组织优化状态的科学，因此管理学回答的更多是如何去做的问题；而像数学、物理、化学等自然科学主要回答为什么会这样的问题。

就管理学的发展趋势而言，管理学的学科分支将越来越多，而且与其他学科的联系将会日益密切。目前，产生了许多交叉学科，而且这种趋势有增无减，如教育管理学、经济管理学、金融管理学等。

管理学与人类的生产和生活联系更加密切，它是联系一般自然科学与社会现实的桥梁和纽带。首先一般自然科学的知识转化为管理科学的方法，然后直接服务于人类社会。计算机技术和网络技术的进步和发展，促使管理学也发生了巨大的变化，管理者和决策者不仅利用信息软件进行不同的管理和决策，而且还产生了 MRP、ERP 等一系列全新的生产管理方式和管理方法。

1.3.1 管理学的研究对象

管理的发展与管理学的发展，这两者既有联系也有区别。管理学的发展离不开管理活动本身的发展。先有了管理实践的充分发展以后，才有了管理学的发展。所以说，管理是一种实践活动，而管理学是在管理这种社会实践活动的基础上产生的一门社会科学。因此，管理学是一门系统地研究管理活动的普遍规律、基本原理和一般方法的科学管理学，是以各种管理活动和管理过程中普遍适用的原理和方法作为研究对象的。虽然管理有可能发生在社会生活的各个领域，如工厂、学校、家庭、政府、军队等，但是不论管理发生在什么地方都有一些普遍的原理和方法值得我们学习。任何一个家庭都有自己的开支计划，任何一个政府都有自己的采购计划，任何一个军队都有自己的作战计划，任何一个公司都有自己的生产计划、财务计划等等，计划的方法便是任何一种管理中普遍的方法，同样，领导、组织、控制、创新都是管理中的普遍方法。管理学研究的正是这样的一般原理和方法。由于管理概念和管理理论的产生都经历了相当长的时间，人们对管理的认识也在实践中不断深化，因此，目前已形成了一套比较完整的管理学体系。广义地讲，管理学研究社会活动组织和操作问题。有人和组织的地方就有管理问题。管理学研究的问题有很强的实践性和操作性，大体可以分为三个方面：

（1）管理的思想、意识和观念。

(2)管理的理论、方法和技术。

(3)管理的应用、分析和实践。

本书侧重于介绍管理的最基本和最常用的理论和方法,并期望学习者能从中领悟管理学基本理论和方法的精髓,用于研究和解决实际管理问题。

1.3.2 管理学的特点

管理学作为一门科学具有许多特点,如综合性学科,既是科学又是艺术,是一门不精确的学科等。用系统的观点来学习管理、了解管理学的这些特点,将有助于加深对本书内容的理解。

1.3.2.1 管理学是一门综合学科

管理学的主要目的是要指导管理实践活动。而当代的管理活动异常复杂,作为管理者仅掌握一方面的知识是远远不够的。只有具备广博的知识面,才能对各种管理问题应付自如。以企业为例,厂长要处理有关生产、销售、计划和组织等问题,他就要熟悉工艺、预测方法、计划方法和授权的影响因素等等。这里包括了工艺学、统计学、数学、政治学、经济学等内容。而最主要的是,厂长要处理企业中与人有关的各种问题,像劳动力的配置、工资、奖励、调动人的积极性和协调各部门中人们之间的关系。这些问题的解决又依赖于心理学、人类学、社会学、生理学、伦理学等学科的一些知识和方法。机关、医院、学校的管理活动也有类似的情况。管理活动的复杂性、多样性决定了管理学内容的综合性。管理学就是这样一门综合性学科,它不分门类,针对管理实践中所存在的各种活动,在人类已有的知识宝库中广泛收集对自己有用的东西,并加以拓展,以便更好地指导人们的管理实践,这是管理学的一大特点。

1.3.2.2 管理学是一门实践性很强的科学

理论来自于实践,又对实践起着指导作用。管理学也同样是从人类千百年丰富的实践中总结而成的,也同样要去指导人们的管理工作。这与其他的科学是相同的,但相比之下,管理学的实践性更强。

我们已充分论述了管理工作是人类生活中最普遍的活动之一。有的人通过学习管理学,在掌握了管理活动之间的内在联系和规律后,在实际管理工作中较自觉地运用科学的思想和方法,工作起来较有成效。有的人会说,我没有学过管理学,也不见得不会管理工作。对一些简单的管理工作,通过实践也会掌握管理工作中的规律,这不等于说管理学中的基本思想、原理、方法不存在,只是不自觉地在运用而已。这时,可能效率低些,会走些弯路。因此,管理工作总是在管理学中讲述的基本思想、基本原理和基本方法指导下展开的,只是有的自觉,有的不自觉罢了。

是否学好了管理学就一定能成为一个很好的管理者,答案是否定的。通过管理学的学习,只是掌握了一些普遍的原理和规律性的东西,并不等于学会了解决复杂的实际问题的本领,这种本领必须要在实践中获得和提高。

任何一个组织它所处的社会环境和自然环境都是很复杂的,组织中的成员又各有特色,不是从一个模子中出来的,而且环境因素和人的因素总是在不断地变化的,做好管理工作就绝不是学一些普遍性的规律所能解决的,必须要在实践中不断运用管理学的知识,不断增长才干和积累经验。

实践性强的特点,也与管理学的另一个特点有密切的关系,即管理学是一门不精确的学科。

1.3.2.3 管理学是一门不精确的学科

在给定条件下能够得到确定结果的学科称为精确的学科。像数学、物理学等科学是精确的学科,根据规律(一般都可以用数学公式表示,可以是线性的,也可以是用积分或微分形式表示的非线性的)和所给定的初始条件就可以得出问题的解。管理学则不同,在已知条件完全一致的情况下，有可能产生截然相反的结果。用管理学术语来解释这种现象，就是在投入的资源完全相同的情况下，其产出可能不同。比如两个企业，已知其生产条件、人员素质和领导方式完全相同，他们的经营效果可能相差甚远。为什么会有这种现象出现，这是因为影响管理效果的因素太多，许多因素是无法完全预知的，如国家的方针、政策和法令，自然环境的突然变化与其他企业的经营决策等等。这种无法预知的因素被称之为“本性状态”。正是由于“本性状态”的存在，才造成了管理结果的多样性。管理主要是同人发生关系，对人进行管理，那么人的心理因素就必然是一种不可忽略的因素。而人的心理因素是难以精确测量的，它是一种模糊量。诸如人的思想、感情、个性、作风、士气以及人际关系、领导方式、组织文化等等，都是管理学的研究对象，又都是模糊量。在这样复杂的情况下，我们还没有找出更有效的定量方法，使管理本身精确化，而只能借助于定性的办法，或者利用统计学的原理来研究管理。因此，管理是一门不精确的学科。

1.3.2.4 管理学既是科学也是艺术

管理学是一门科学，这是因为它确实具有科学的特点。

(1)客观性。管理学的研究对象是人类社会中各种组织的管理活动，它从客观实际出发，揭示管理活动的各种规律，这些规律是客观存在的，谁违反这些规律就必然遭到惩罚。

(2)实践性。管理学是从实践中产生并发展起来的一门学科，它所包含的知识都是人们多年来实践经验的总结，它的直接目的就是有效地去指导实践。

(3)理论系统。现在的管理学已经形成了一整套理论，这是通过对大量的实践经验进行概括和总结而完成的。管理学的各个章节所包括的内容相互间有着紧密的联系，从而形成了一个合乎逻辑的系统。

(4)真理性。管理学的真理性是不言而喻的，它的许多原则都是经过了实践反复的检验才抽象出来的。因此，它是一种科学知识，是对客观事物及其规律的真实反映。

(5)发展性。管理学是处于不断发展完善的过程中。因为受到各方面条件的限制，管理学不可能达到尽善尽美的程度，它要在发展中不断充实、完善，使之能够更有效地去指导实践。

总之，管理学完全具备科学的特点，确实是一种反映了客观规律的综合的知识体系。此外，管理学也要利用严格的方法来收集数据，并对数据进行分类和测量，建立一些假设，然后验证这些假设，以探索未知的东西。所以我们说管理学是一门科学。

管理学又是一种艺术。艺术的含义是指能够熟练地运用知识，并且通过巧妙的技能来达到某种效果。而有效的管理活动正需要如此。真正掌握了管理学知识的人，应该能够熟练地灵活地把这些知识应用于实践，并能根据自己的体会不断创新。这一点同其他科学不同，学会了数学分析，就能求解微分方程，熟知制图的所有规则，就能画出机器的图纸。管理学则不然，即使背会了所有管理原则，也不一定能够有效地进行管理。重要的是培养灵活运用管理知识的技能，这种技能在课堂上是很难培养的，需要在实际管理工作中去掌握。

1.3.2.5 管理学是一门软科学

自从有了电子计算机以后，人们习惯把计算机主机、打印机、光盘机、交换机等设备称作硬件，把操作系统、应用程序等称作软件。如果只有硬件而无软件，电子计算机将无法运行。在硬件条件相似的情况下，电子计算机(或计算机系统)的功能能否充分发挥，则取决于软件的水平。软件的重要性由此可见。如同计算机中有硬件、软件之分一样，一个组织里的人、财、物等有形的资源就是硬件，管理则称为软件，管理学则称为软科学。充分调动组织成员的积极性，更好地利用各种资源，来获得好的经济效益和社会效益，正是管理的任务，也正是管理学研究的重要内容。

管理学作为一门软科学，与其他的科学知识、工程技术也有所不同。在企业里，工程技术人员可以运用他们的知识和技术改造现有的设备或改进现有的工艺过程或是设计新产品，在这一点上与管理是相同的，都要作用到有形的对象上，软的技术才能发挥作用。管理学除了要运用其他学科的知识作用于无生命的物体上，更重要的是要充分发挥组织中最重要的资源——人力资源的作用。管理者和管理工作的价值不能由自身来体现，而要通过其他的活动才能实现。如激励措施得当，设计人员的积极性调动得好，设计出的产品技术含量高、价值高、销路好，才体现出激励措施的价值来。管理工作是否有效，在实施前往往要靠管理者根据经验或主观意识来判断，它的成效要在较长时间里才能体现出来。

1.3.3 管理学的研究方法

管理学和其他许多社会科学一样，其研究方法基本上有三种：第一种是归纳法，第二种是试验法，第三种是演绎法。

1.3.3.1 归纳法

归纳法就是通过客观存在的一系列典型事物进行观察，从掌握典型事物的典型特点、典型关系、典型规律入手，进而研究分析事物之间的因果关系，从中找出事物发展的一般规律，也称为实证研究。因为管理过程十分复杂，影响管理活动的相关因素极多，并且相互交叉，人们所能观察到的往往只是综合结果，很难把各个因素的影响程度分解出来，所以大量的管理问题都只能用归纳法进行实证研究。

1.3.3.2 试验法

管理中的许多问题，特别在微观组织内部，关于生产管理、设备布置、工作程序、操作方法、现场管理、质量管理、营销方法以及工资奖励制度、劳动组织、劳动心理、组织行为、商务谈判等许多问题都可以采用试验法进行研究。即人为地为某一试验创造一定条件，观察其实际试验结果，再与未给予这些条件的对比试验的实际结果进行比较分析，寻找外加条件与试验结果之间的因果关系。如果经过多次试验，而且总是得到重复的相同结果，那就可以得出结论，这里存在某种普遍适用的规律性。著名的霍桑研究就是采用试验法研究管理中人际关系的成功例子。

试验法可以得到接近真理的结论。但是，管理中也有许多问题，特别是高层的、宏观的管理问题，由于问题的性质特别复杂，影响因素很多，不少因素又是协同作用的，所以很难逐个因素孤立地进行试验。并且此类管理问题的外部环境和内部条件特别复杂，要想进行人为的重复也是不可能的。例如投资决策、生产计划、财务计划、人事管理、资源分配等许多问题几乎是不可能进行重复试验的。

1.3.3.3 演绎法

对于复杂的管理问题，管理学家可以从某种概念出发或从某种统计规律出发，也可以在实证研究的基础上，用归纳法找到一般的规律性并加以简化，形成某种出发点，建立起能反映某种逻辑关系的经济模型(或模式)，这种模型与被观察的事物并不完全一致，它所反映的是简化了的事实，它完全合乎逻辑的推理。它是从简化了的事实前提推广得来的，所以这种方法称之为演绎法。

现代科学技术的发展迅速地推动着管理学研究方法的现代化。特别由于计算机硬件和软件技术的迅速发展，管理中的各种模型，多至具有几百个变量的线性规划模型都可以在计算机上进行迅速的运算或者进行动态模拟。计算机的应用将大大促进管理学向更加精密的方向发展。目前，数学的方法也在管理学中日益得到广泛的应用，数学在管理学方面的应用直接推动了一门科学的产生和发展，即运筹学。那些基本的数学研究方法，例如，调查研究、统计分析、归纳推理、概率统计等在管理学领域都得到了一定程度的应用。

总之，随着管理学的发展，管理学与其他学科之间的联系将更加紧密，管理学的研究方法也将更加丰富，我们应该充分利用这些研究方法为管理学的发展服务，为管理实践服务，为组织发展服务。

1.3.4 学习管理学的重要性

管理学作为一门学科，它能够对日常组织中的众多方面提供许多观点。所以，有充分的理由要你学好这门课程。

学管理学的第一个重要理由在于我们都想要改进周围组织的管理方式。为什么这样说呢？因为我们每天的生活都与管理息息相关。如果你在上学的路上，由于交通堵塞造成迟到，你不觉得很沮丧吗？当你在某个商店买东西而没有一个营业员愿意理睬你时，你不觉得很困惑吗？当你向图书馆打了三次电话进行问题咨询时，他们有三种不同的答案时，你不觉得很恼火吗？这些都是管理效率低下的典型事例。有些企业的管理的确很好，如沃尔玛、西门子、海尔、联想等，它们发展并拥有许多忠实的客户群，这些企业能够不断成长壮大。而那些管理较差企业的顾客却正在减少，营业收入也在不断下降。最终，这些企业自身的生存都会受到威胁。10 年前曾经辉煌一时的很多公司，由于糟糕的管理，今天已不复存在。

学管理学的第二个重要理由是，一旦你大学毕业开始了自己的职业生涯，你或是管人或是被人管。对于那些致力于管理生涯的有志者来说，对管理过程的了解将有助于其对管理技巧的掌握，为将来走上管理岗位奠定基础。

复习思考题

一、名词解释

管理　　组织　　人际技能　　概念技能　　技术技能　　管理者

二、选择题

(1)美国管理大师彼得·德鲁克说过，如果你理解管理理论，却不具备管理技术和管理工具的运用能力，你还不是一个有效的管理者；反过来，如果你具备管理技巧和能力，而不掌握管理理论，那么充其量你只是一个技术员。这句话说明(　)。

A. 有效的管理者应该既掌握管理理论，又具备管理技巧及对管理工具的运用能力

B. 是否掌握管理理论对管理者工作的有效性来说无足轻重

C. 只要理解管理理论，就能成为一名有效的管理者

D. 有效的管理者应该注重管理技术与工具的运用能力，而不必注重管理理论

(2)“三个和尚没水喝”说的是人浮于事可能不如人少好办事。但是反过来，如果“三个和尚”都很负责，结果也许会造成水满为患。这两种不同的说法表明(　)。

A. 管理工作的有效性需要考虑内外部环境各部分的整体效应

B. 即使管理无方，人多还是比人少好办事

C. 在不同的心态作用下会产生不同的群体合作结果

D. 纵使管理有方，也不一定是人多好办事

(3)一个管理者所处的层次越高，面临的问题越复杂，越无先例可循，就越需要具备(　)。

A. 技术技能　　B. 领导技能　　C. 概念技能　　D. 人际技能

(4)有人说在管理中经常是“外行领导内行”，这在一定程度上说明，对管理者来说(　)。

A. 授权和技术一样重要　　B. 人际关系是第一位的

C. 人际沟通比技术更重要　　D. 技术不是最重要的

(5)下面属于基层第一线管理人员的职位是(　)。

A. 总裁　　B. 厂长　　C. 部门经理　　D. 工长

(6)管理者的角色中传播者的角色属于(　)。

A. 人际角色　　B. 信息角色　　C. 决策角色　　D. 领导角色

(7)人际技能对于各种层次管理者的重要性是(　)。

A. 对于高层管理者最重要　　B. 对于中层管理者最重要

C. 对于基层管理者最重要　　D. 对于所有层次管理者的重要性大体相同

(8)"管理就是决策"是下面谁的观点:(　)

A. 德鲁克　　B. 泰勒　　C. 西蒙　　D. 法约尔

(9)关于公司总经理与中层管理人员之间的区别,存在以下几种不同的说法,你认为其中哪一种说法最为贴切?(　)

A. 总经理比中层管理人员更需要具备对环境的洞察力

B. 总经理比中层管理人员更有发言权

C. 总经理比中层管理人员更需要掌握反映公司经营问题的信息

D. 总经理比中层管理人员较少受约束

(10)关于管理有以下几种说法:①"管理就是为在集体中工作的人员谋划和保持一个能使他们完成预定目标和任务的工作环境";②"管理就是实施计划、组织、领导、协调和控制";③"管理就是决策";④"管理就是通过其他人来完成工作";⑤"管理就是由一个或多个人来协调他人活动,以便收到个人单独活动所不能收到的效果而进行的各种活动"。下面对于这些观点的判断哪一个更为科学?(　)

A. ①更科学,所以大多数管理学教材都遵循这种框架

B. 这些说法本质上没有什么区别,只是描述的角度不同

C. ⑤更科学,反映出管理要追求增效效应的本质

D. 这些说法都只是关心管理的某方面问题,所以才有不同的解释

(11)组织的特征是(　)。

A. 有明确的目标　　B. 由人员组成,形成系统化结构

C. 相互分工与合作　　D. A+B+C

(12)以下属于管理者人际角色的是(　)。

A. 领导者角色　　B. 监督者　　C. 传播者　　D. 企业家角色

三、简述题

(1)有效率的组织一定是有效果的吗,为什么?

(2)管理的基本职能有哪些?

(3)管理者在一个组织中担当什么角色?

(4)在对基层管理者的技能要求中,为什么技术技能最重要?

(5)在对高层管理者的技能要求中,为什么概念技能最重要?

四、论述题

(1)为什么学习管理学?

(2)市长工作与公司总裁的工作有哪些相似与不同之处?

五、案例分析题

是裁员减薪还是减时提薪

美国麦考密克公司创始人 W. 麦考密克是个性格豪放、带有江湖义气的经营者。公司成立之初利润增长较快,员工的收入也与日俱增。随着公司的发展,其经营理念和经营方法逐渐落后,越来越不适应时代的要求。麦考密克虽苦心经营,但公司还是不景气,最后陷入裁员减薪的困境,公司濒临倒闭的边缘。

C·麦考密克在公司危难时刻继任总裁,员工把死里逃生的希望全都寄托在新总裁身上。C·麦考密克也壮志满怀,承诺不把公司搞好决不罢休。万事开头难,从何处突围成为首要问题,他认为提高士气是振

兴公司之本。他对员工庄严宣布："本公司生死存亡的重任落在诸位肩上，希望大家同舟共济，协力渡过难关。"他出人意料地决定，从本月起，全体员工的薪水每人增加10%，工作时间适当缩短。

柳暗花明又一村。绝路逢生的员工被新总裁的决心和决定所感动，士气大振，全公司共同努力，仅用1年的时间就实现了扭亏为盈，公司得救了，员工又有了盼头。

问题：

麦考密克公司的起死回生使你得到哪些管理学上的启示？

2 管理理论的形成与发展

学完本章后,你应该能够:

(1)掌握古典管理理论和行为科学理论的基本思想,理解西方管理思想中对人的认识的变化和发展;

(2)掌握现代管理理论的几个主要学派的基本思想、现代管理理论的特点以及一些新思潮。

2.1 古典管理理论阶段

管理理论的形成与发展同管理实践活动有着密切的关系。管理理论是在对管理实践中积累的经验进行总结、提炼以后形成的对管理活动的体系化认识,但这种认识反过来又对管理实践活动起指导和推动的作用。管理理论形成于西方国家,西方管理理论的发展按照其时间先后关系,大致经历了以下三个主要阶段:古典管理理论阶段、行为科学理论阶段、现代管理理论阶段。在这三个不同的阶段中,都凝聚着众多的管理学者和实践家的努力。尽管各种管理理论的产生有先有后,但在产生之后,却是并存发展,且相互影响,也存在继承和借鉴的关系。

古典管理理论形成于 19 世纪末和 20 世纪初的美欧,它可分为科学管理理论和组织管理理论。其中,科学管理理论主要关注车间工人的管理(低层次的管理分析),其代表人物为美国的泰罗(Frederick W. Taylor,1856～1915 年);组织管理理论寻求适用于一般组织的普遍规律,主要代表人物有法国的法约尔(Henri Fayol,1841～1925 年)和德国的韦伯(Max Weber,1864～1920 年)。

2.1.1 泰罗及其科学管理理论

低层次的管理分析主要关注于找到完成任务的"最好方法",即通过改进工作以使任务得以更好地完成。所以,研究者对工作、动作、工具及运用材料等进行了科学地研究,这些导致他们制定了一套协调一致的工场管理制度。泰罗从这些工场管理制度中提炼出了闻名于世的"科学管理理论",其思想主要体现在 1911 年出版的《科学管理原理》一书中。该书的出版也标志着管理作为一门科学已经形成,从而使他赢得了"科学管理之父"的尊称。

泰罗出身于美国费城的一个律师家庭,中学毕业后进入哈佛大学法律系学习,后因患眼疾被迫放弃学习。1875 年,泰罗进入了一家小机械厂当学徒工,1878 年转入费城米德瓦尔钢铁厂当工人,由于工作努力,先后升任工长、技师、设计室主任、总工程师。1898～1901 年泰罗受雇于宾夕法尼亚的伯利恒钢铁公司。1901 年以后,他把大部分时间用在写作和演讲上。1906 年担任美国机械工程师学会主席职务。泰罗的代表著作有:《计件工资制》(1895 年)、《车间管理》(1903 年)、《科学管理原理》(1911 年)。

2.1.1.1 科学管理的中心问题——提高劳动生产率

泰罗认为,提高劳动生产率是工厂主和工人共同达到富裕的基础。它能使较高的工资与较低的劳动成本统一起来,从而使工厂主得到较高的利润,工人得到较高的工资。这样既可以提高工厂主扩大再生产的兴趣,也提高了工人的劳动积极性,从而促进了生产的发展。可见,提高劳动生产率既是科学管理产生的根源,也是科学管理要解决的中心问题。

为了达到提高劳动生产率的目的,泰罗认为应用科学的管理方法代替旧的经验管理。管理是一门科学,在管理实践中,提高管理效能的关键是建立各种明确的规定、条例、标准,使一切科学化和制度化。

2.1.1.2 科学管理理论的主要内容

(1)制定工作定额。泰罗认为,为了提高劳动生产率,必须要制定出有科学依据的工人的“合理的日工作量”。为此,必须进行工时和动作研究。方法是选择合适且技术熟练的工人,把他们的每一项动作、每一项工序所使用的时间记录下来,加上必要的休息时间和其他延误时间,得出完成该项工作所需要的总时间,据此定出一个工人“合理的日工作量”。这就是所谓的工作定额原理。

(2)实施标准化作业。即使工人掌握标准化的操作方法,使用标准化的工具、机器和材料,并使作业环境标准化,这就是所谓的标准化原理。泰罗推行标准化作业,使当时伯利恒钢铁公司的铲运工每天铲运生铁由16吨增加到59吨,每吨操作成本由7.2美分降到3.3美分,工人工资由每天1.15美元增加到1.88美元。

(3)能力与工作相适应。为了提高劳动生产率,必须为工作挑选第一流的工人。第一流的工人是指这样的工人:他的能力最适合做这种工作而且他愿意去做。要根据人的能力把他们分配到相应的工作岗位上,并进行培训,教会他们科学的工作方法,使他们成为第一流的工人,鼓励他们努力工作。

(4)实行差别计件工资制。其基本做法是,按照标准的工作定额确定工资标准。对完成工作定额的工人,支付较高的计件工资;而对完不成工作定额的工人则相应扣减工资。即通过工资上的差别来调动工人的劳动积极性,以克服磨洋工的现象,让工人自发地加强劳动强度,从而达到提高劳动生产率的目的。

(5)计划职能与执行职能分离。泰罗认为,工人凭经验是不能找到科学方法的,而且也没有时间和条件从事这方面的试验和研究,在企业中应把计划职能与生产操作分开,成立专门的计划管理部门承担计划工作,而所有的工人和部分工长只承担执行职能。这一观点,更加明确了计划管理者的重要作用,以及不同管理者之间的专业化分工。

(6)实行“职能工长制”。泰罗主张实行“职能管理”,即将管理工作予以细分,把旧式组织中一个班组长所做的工作分为八项职能:调度员、指示卡片管理员、工时成本管理员、车间纪律管理员、工作分派管理员、速度管理员、检验员和维修保养员。其中,前四项属于计划职能设在计划部门,后四项属于执行职能设在车间。每个职能工长只负责某一方面的工作。泰罗的“职能工长制”观点,对于职能权力划分、组织结构的构建和开展专业化人员分权管理均产生了重大影响。

(7)实行例外原则。泰罗指出,规模较大的企业组织和管理应实行例外原则,即企业的高级管理人员应把一般的日常事务授权给下级管理人员去处理,自己只保留对例外事项(重要事项)的决定和监督权。此原则后来成为组织管理理论中的一个重要原则,而且还成为一种超大型组织管理模式——“事业部制”的基础。

2.1.1.3 科学管理的实质——精神革命

泰罗指出,实施科学管理的实质或关键是要求劳资双方都必须进行重大的“精神革命”。即要求劳资双方各自将注意力从盈余量的分配转到为增加盈余量而共同努力上来,从而使双方矛盾得到缓解和消除。泰罗认为,雇主关心的是低成本,工人关心的是高工资,这就是劳资双方进行“精神革命”、从事协调与合作的基础。关键是要使双方都认识到,只有通过采用科学管理,才能提高劳动生产率,进而劳资双方都能达到各自的目的,并且变互相指责、怀疑和对抗为合作。

在泰罗的影响下,许多学者和实践家从事了科学管理方法的研究,并进一步发展了这一理论。其中比较杰出的代表人物有吉尔布雷斯夫妇(Frank and Lillian Gilbreth)和亨利·甘特(Henry L. Gantt)。

美国工程师弗兰克·吉尔布雷斯及其夫人——心理学博士莉莲·吉尔布雷斯在动作研究和工作简化方面作出了突出贡献。他们通过动作研究,找出每个基本动作中出现的可以也应该减少的多余动作,并总结出了17种标准的基本动作,以分析完成工作的最有效的方法。例如,他们通过试验得出一套标准的砌砖方法,使砌砖效率提高200%以上。此外,在进行动作研究的过程中,他们还考虑到了工作环境、动作本身、行为变化等对工人的影响。

美国管理学家、机械工程师甘特是泰罗在米德瓦尔钢铁厂和伯利恒钢铁公司的亲密同事。他的最重要贡献是创造了"甘特图"。这是一种用线条表示的计划图表,至今也常用来编制进度计划,并使管理人员可以直观地掌握计划任务的进度情况。甘特的另一贡献是提出了"计件奖励工资制",即除了支付日工资外,超额完成定额的,超额部分以计件方式发给奖金;完不成定额的,只支付日工资。这种制度比泰罗的"差别计件工资制"好,可使工人感到收入有保障,劳动积极性因而提高。这说明,工资收入有保障也是一种工作动力。甘特的代表作有《工业的领导》(1916年)和《工作组织》(1919年)。

2.1.2 法约尔与一般管理理论

与泰罗同一时代,在法国也有一位管理学者为管理学的发展作出了重大贡献,他就是被后人尊称为"经营管理之父"的亨利·法约尔。法约尔出生于法国一个小资产者家庭,17岁考入一所国立矿业学院,毕业后进入一家矿业公司任职,不久就被提拔为该公司一个矿厂的厂长,1888年以后担任公司总经理,一直到1918年退休。在漫长而卓有成绩的管理生涯中,他积累了丰富的管理经验。1916年,他著成《工业管理与一般管理》一书,那时他已经75岁了。法约尔认为,他的管理理论虽然是以大企业为研究对象,但除了可以应用于工商企业之外,也适用于政府、军队、宗教团体以及其他各种组织。

法约尔和泰罗的经历不同。泰罗是以普通工人的身份进入工厂的,他所研究的重点内容是企业内部具体工作的作业效率问题,即从工场往上研究。法约尔长期从事领导工作,他把企业作为一个整体来研究,即从董事会往下研究。法约尔的贡献在于从理论上概括出一般管理的职能、要素和原则,将管理提高到一个新的高度。法约尔对管理职能的划分,至今影响着管理教科书的逻辑结构框架。法约尔一般管理理论的主要内容包括三个方面。

2.1.2.1 *六项基本活动*

法约尔认为,要搞好企业的经营要做好以下六个方面的活动:

(1)技术活动:指生产、制造、加工等;

(2)商业活动:指购买、销售、交换等;

(3)财务活动:指资金的筹措和运用;

(4)安全活动:指设备和人员的保护;

(5)会计活动:指存货盘点、资产负债表制作、成本核算、统计等;

(6)管理活动:指计划、组织、指挥、协调和控制等工作。

法约尔认为,企业经营是上述六项活动的总体运动,管理只是其中的一项,但管理的重要性却在其他五项活动之上。其他活动是对物的活动,管理活动是对人的活动,而且是以组织为基础的。企业本身需要管理,同样,其他五项属于企业的活动也需要管理。法约尔还认为,对不同层次和不同组织的人员来说,上述活动能力的相对重要性不同。对基层工人主要要求其具有技术能力,随着组织层次中职位的提高,人员的技术能力的相对重要性降低,而管理能力的要求逐步加大，并且随着企业规模的增大，管理能力显得更为重要。

2.1.2.2 五项职能

法约尔概括了管理的五项职能，即计划、组织、指挥、协调和控制。在对企业经营中的六项基本活动进行分类的基础上，法约尔重点分析了第六项活动即管理活动，提出了管理活动的五项职能，即计划、组织、指挥、协调和控制。法约尔认为，计划是最重要的管理职能，计划不周常常是企业衰败的原因。管理人员要尽可能准确预测企业未来的各种事态，确定企业的目标和完成目标的步骤，既需要长远的指导计划，也需要有短期的行动计划。企业中的组织包括人力和物力的组织。在配备了必要的物质资源后，人员只有通过合理的组织才能完成他们所承担的任务。组织作用的发挥离不开指挥，指挥是管理者使组织中的成员履行其职责，并通过组织运转进而实现组织整体的目标。协调与控制，就是要统一、调节、规范所有的活动，核实工作进展是否与既定计划和原则相一致，从而防止和纠正工作中可能出现的偏差。

2.1.2.3 14条管理原则

法约尔根据自己的工作经验，归纳出了简明的14条管理原则：

(1)劳动分工。专业化分工能够提高个人的工作技能，从而也提高了工作效率和工作效果。分工不仅可用于技术工作，也可用于管理工作。

(2)权力与责任。管理者须有权力，但权力与责任是孪生物，有权力就必定有责任。

(3)纪律。纪律对于企业取得成功是绝对必要的，纪律是否严明，主要取决于领导者能否以身作则，赏罚分明。

(4)统一指挥。每一个雇员应当只接受来自一位上级的命令。

(5)统一领导。对于力求达到同一目的的全部活动，只能有一个领导人和一套计划。

(6)个人利益服从整体利益。任何个人都不应把个人的利益置于企业利益之上。

(7)合理的报酬。员工的报酬是其服务的价格，应当公正合理，对工作成绩优良者应给予奖励，但不应超过合理的限度。

(8)集权与分权。领导者应根据本组织的实际情况，适时改变集权与分权的程度。

(9)等级制度与跳板原则。从高层管理到最底层管理的直线职权构成一个等级系列，信息应当按等级系列传递，但为了避免信息的延迟，可允许进行横向交流，条件是所有当事人同意和通知各自的上级。

(10)秩序。秩序是指凡事各有其位，既适用于物质资源，也适用于人力资源。关键在于要按照事物的内在联系事先选择好恰当的位置。

(11)公平。公平就是以友好、公正的态度严格执行规章制度。

(12)人员的稳定。管理部门应努力做到有计划地安排和补充人员，使各级人员，特别是各级管理者处于相对稳定中。

(13)创新精神。不断创造、不断更新是企业前进的巨大动力。

(14)集体精神。鼓励团队精神，将在组织中建立起和谐团结的氛围，全体员工的和谐和团结是企业发展的巨大力量。

2.1.3 韦伯与理想行政组织体系理论

马克思·韦伯是与泰罗、法约尔同时代的另一位古典管理理论的代表人物。由于他对理想的行政组织体系理论的贡献，从而被称为“组织理论之父”。韦伯出生于德国一个富裕家庭，毕生从事学术研究，曾担任大学教授、主编、政府顾问和作家。他是德国著名的社会学家，对法学、经济学、政治学、历史学和宗教学都有广泛的兴趣。他在管理理论上的研究主要集中在组织理论方面，这集中反映在他的代表作《社会组织与经济组织》一书中。韦伯“科学管理”的核心是强调组织管理的高效率，认为组织活动要通过职务或职位而不是通过个人或世袭地位来管理。他所讲的“理想的”，不是指最合乎需要的，而是指现代社会最有效和最合理的组织形式。韦伯的管理组织理论的主要内容有：

(1)概括了理想的行政组织的结构。韦伯认为，组织等级源于组织结构，而组织结构源于组织层次。经过大量的调查、分析和研究，他从各类组织中归纳出一种由主要负责人、行政官员和一般工作人员三个层次组成的结构。这种类似“金字塔”式的结构，揭示出组织结构中带有普遍意义的规律，其相当于现在许多组织中所描述的高、中、低三个层次。韦伯认为，这是一种理想的、能带来高效率的组织结构。

(2)归纳了组织的权力类型。韦伯认为，任何组织都必须以某种形式的权力做基础，才能变混乱为秩序，实现其目标。他认为，存在着三种纯粹形态的合法权力(即被社会接受的权力)：一是神授权力(超凡权力)，它以人们对个别人的超凡神圣、英雄主义或模范品德等崇拜为基础；二是传统权力，它以人们对社会习惯、社会传统的尊崇为基础；三是法定权力，即理性——法律的权力，它以人们对法律确立的职务和职位所带来的权力的服从为基础。韦伯认为，建立在理性——法律权力基础上的组织，比其他组织更具有精确性、稳定性、纪律性，才能更好地开展活动，提高工作效率，这样的组织才是理想的组织。他称这种组织为官僚制组织。

(3)分析了官僚制组织的基本特征。官僚制组织具有以下五大特征：

1)明确的命令链；

2)专业化的劳动分工；

3)按技术能力提拔和选拔人员；

4)人际关系趋于非个人化；

5)系统的程序和规定以应付工作中出现的意外情况。

由于官僚制能有效地克服组织中的个人独裁、裙带关系、不人道的现象以及主观臆断等弊端，所以时至今日，官僚制还是一种在各种类型的组织中普遍存在的组织形式。这与我们现在所指的程序烦琐、办事拖拉、效率低下的贬义的官僚主义是完全不同的。

2.2 行为科学理论阶段

以泰罗、法约尔和韦伯为代表的科学管理理论有一个共同的特点就是强调科学性、精密性和纪律性，却很少注意人的因素，而把人主要看成机器的附属品，是“活的机器”。这样，科学管理理论虽然在提高劳动生产率方面取得了相当大的成绩，但却无助于减少反而加剧了雇主与工人之间的矛盾。

行为科学理论起源于20世纪30年代，该理论力图克服科学管理理论的缺点，从社会学、心理学和人类学的角度，从人的需求、动机、行为、与其所从事的工作及其所处的环境之间的关系方面，来进一步探索影响提高工作效率的因素。行为科学理论是管理理论发展史上的一个重要阶段。早期的行为科学理论被称为人际关系学说，以后发展成为行为科学，也称为组织行为理论。

2.2.1 梅奥与霍桑实验

梅奥(Elton Mayo，1880～1949年)是人际关系学说的最重要的代表人物。人际关系学说的产生可以说是源于一个偶然的事件，即1924～1932年在美国西方电气公司的霍桑工厂进行的霍桑试验(Hawthorne studies)。这一试验是为了证明当时流传的一种假设：物质条件(如工作环境等)的改善可以提高生产效率，二者之间存在明确的因果关系。只要照明、通风、温度等各种条件恰当,工作量标准又制定得符合科学测算结果,再加上采用物质刺激的工资制度,工人就会努力工作。可见,这一试验基本上是以科学管理的基本思想为基础进行的,但其结果却大出人意料之外。

1924 年,霍桑试验最初是由西方电气公司的工程师设计的。研究人员建立了试验组和对照组,试验组被给予不同的照明强度,而对照组则保持原有的照明强度不变。实验假设,个人产量与照明强度应该有直接关系。但是,实验结果表明,当试验组的照明强度增加时,两个组的产量都增加了。更令人惊讶的是,当试验组的照明强度下降时,两个组的生产率继续提高。而当照明强度下降到月光的水平时,试验组的生产率才有所下降。实验研究表明,照明强度与生产率没有关系,但研究人员不能解释这一现象。

1927 年,美国哈佛大学的梅奥教授被邀请作为顾问参加该项实验。于是,实验重新开始,一直持续到 1932 年。新的实验含大量新的研究方案。其中,有工作的重新设计,改变工作周和工作日的长度,采用弹性工作制(在工作中间引入休息时间),以及个人工资计划和群体工资计划等。例如,研究群体计件奖金制度对群体生产率的影响,结果表明,奖金制度对工人生产率的影响,小于群体的压力、接纳和安全感的影响。研究结果表明,群体的社会准则或标准是决定工人个人行为的关键要素。

例如,采用集体计件工资制,企图形成“快手”对“慢手”的压力以提高工作效率。实验中发现,工人既不会超定额而充当“快手”,也不会因完不成定额而成“慢手”,当他们自认为“过得去”时,产量就会自动松懈下来。事实上,生产组无形中形成了默契行为规范,不要做太多的工作当“害人精”,不要做太少的工作当“懒惰鬼”,不要告诉监工消息当“告密者”,不应当多管闲事和自以为是。主要原因是:怕工作定额再度提高;怕失业;保护速度慢的同伴。

梅奥教授得出的结论是:行为和情绪是密切相关的;群体对个人的行为有巨大影响;群体工作标准规定了单个工人的产量;在决定产量方面,金钱因素的作用要小于群体标准、群体情绪和安全感的作用。这些结论导致了对人的因素和人际关系的关注。

2.2.2 人际关系学说

根据霍桑试验的结果,梅奥于 1933 年出版了《工业文明中的人类问题》一书,提出了与科学管理理论不同的观点,形成了人际关系学说。其主要观点是:

(1)职工是“社会人”。科学管理理论把人视为“经济人”,认为金钱是刺激积极性的唯一动力,生产效率主要受到工作方法和工作条件的制约。但霍桑试验表明,金钱并非是刺激劳动生产率提高或降低的决定性因素。梅奥等人认为人是“社会人”,即人不仅仅有追求金钱收入的需要,更主要的还有社会和心理方面的需要,即追求人与人之间的友情、安全感、归属感和受人尊重等。因此,不能单纯从技术和物质条件着眼,还必须首先从社会心理方面来鼓励工人提高劳动生产率。行为科学的这一看法,为管理实践从另一方面的发展开辟了新的方向。

(2)企业中存在着“非正式组织”。“非正式组织”和正式组织是相对应的概念。正式组织是为了实现企业目标所规定的企业成员之间职责范围的一种结构(诸如组织结构、职权划分、规章制度等)。“非正式组织”是指企业成员在企业内共同工作过程中,由于具有相同的社会感情如价值观、爱好、行为观等而形成的非正式团体。这种无形组织有其特殊的感情、规范和倾向,左右着成员的行为。梅奥等人认为,科学管理理论只看到正式组织的作用,这是很不够的。事实上,不管承认与否,任何组织中都必然存在非正式组织,它与正式组织相互依存,并且影响工人的工作态度,进而影响企业的劳动生产率。因此,管理人员必须重视非正式组织的存在。

(3)新的领导能力在于提高职工的满足度。梅奥等人认为,根据“社会人”和“非正式组织”的观点，企业管理者不能再把工人当成机器的附属品而采取“胡萝卜加大棒”的管理方式，必须改变传统的领导方式，把工人看成是有感情的人，了解他们的真实感受。因此，管理者不仅要具有解决技术和经济问题的能力，为他们提供良好的工作环境，还要学会在正式组织的经济需求与非正式组织的社会需求之间保持平衡，与工人建立良好的人际关系，提高工人的满足感，从而来提高他们的生产积极性。

2.2.3 行为科学理论的发展

梅奥教授的人际关系学说引起了管理学界的很大震动。此后，很多人投身于这方面的研究。许多管理学家、社会学家、心理学家从各种角度展开了对人的行为的研究，使得行为科学成为现代管理理论的一个重要学派。行为科学理论的发展主要体现在以下四个方面：

(1)关于人的需要、动机和激励问题的研究。这是行为科学中最核心的研究部分，因为行为科学认为，人们只有得到某种满足才能激发其积极性。代表性的理论主要有：

1)马斯洛(Maslow)的“需要层次论”和麦克利兰(Meclelland)的“成就需要论”。马斯洛认为，人有五种不同的需要，而且这些需要是成阶梯状排列的，从低到高分别是：生理需要、安全需要、感情需要、尊重需要和自我实现需要。麦克利兰则认为，人的需要包括成就需要、友谊需要和权力需要三类。

2)赫茨伯格(Herzberg)的“双因素理论”。赫茨伯格认为，影响人的积极性的因素可以分为两大类：保健因素和激励因素。其中，保健因素能预防和消除职工的不满，但不能直接起激励作用；而激励因素有内在的激励作用，使职工产生满足感。

3)弗鲁姆(Vroom)的“期望理论”。弗鲁姆提出，人们受到激励的程度受两个因素的影响，一是效价，即激励因素的价值；二是期望值，即激励目标实现的可能性大小。

(2)关于“人性”问题的研究。从某种意义上来说，任何一种管理理论尤其是激励理论都是建立在对人的本性的基本认识的基础上。有什么样的“人性”假设就会有什么样的管理、激励理论。行为科学理论对“人性”问题的研究主要有：

1)麦格雷戈(Megregor，1906～1964 年)的“X-Y 理论”。1957 年，麦格雷戈在《企业的人性面》一书中提出，人性大致可以分为两种，即 X 假设和 Y 假设。其中，X 假设是对人性的悲观假设，即一般人天生厌恶工作、不愿承担责任、缺乏进取心，故强调从外部对员工施加刺激，用强制、控制、指令，甚至用惩罚手段来使他们认可和努力实现组织目标；Y 假设是对人性的乐观假设，即厌恶工作不是人的本性，一般人是有责任心的，在一定条件下，人们愿意接受并承担责任，愿意实行自我管理和自我控制来实现组织目标，故强调激发员工的内在积极性。管理者应根据具体情况加以选择使用。

2)阿吉里斯(Argyris)的“不成熟-成熟理论”。阿吉里斯的观点与麦格雷戈的 X 理论相对应，认为管理者对员工的看法，使员工始终处于不成熟状态，已经成为激励过程的主要障碍。为了激励员工，必须创造条件使员工逐渐由不成熟走向成熟。

(3)关于组织合作的问题。巴纳德(Barnard)曾任美国贝尔电话公司的总裁、洛克菲勒基金会董事长等职多年。他认为，组织是两人或更多人经过有意识的协调而形成的系统。他的代表作《经理的职能》中论述了自己的组织理论观点。

1)组织是一个合作的系统。

2)组织存在的三个基本条件：明确的目标、协作的意愿、良好的沟通。

3)组织效力与组织效率原则。其中，组织效力指组织实现其目标的能力或实现其目标的程度；组织效率指组织在实现其目标的过程中满足其成员个人目标的能力和程度。

4)权威接受论。管理者的权威并不是来自上级的授予,而是来自自下而上的认可。

(4)关于非正式组织以及人与人之间的关系问题的研究。主要有:

1)卢因(Lewin)的"团体动力学理论"。卢因提出关于人的行为的"场论",并运用"团体动力学"来指团体中人与人相互接触、影响所形成的社会秩序。该理论主要论述了非正式组织的要素、目标、结构、领导方式以及团体的内聚力、规范、对外界的反应及变革过程等内容。

2)布雷德福(Bradford)的"敏感性训练"。布雷德福是卢因的学生,他的研究又称为T-团体训练、人际关系训练或领导训练。其目标是通过受训者在团体学习环境中的相互影响,提高受训者对自己的感情和情绪、自己在组织中所扮演的角色、自己同别人的相互影响关系的敏感性,进而改变个人和团体的行为,达到提高工作效率和满足个人需要的目的。

3)戴尔·卡内基(Dale Carnegie)的"与他人合作的成功方式"。戴尔·卡内基常被管理学者忽略,但是他的思想和教学实践有着巨大影响。在20世纪的30~50年代,上百万人读过他的《怎么赢得朋友和影响人们》一书。此外,成千上万的人参加了他的管理讲座和研讨班。他认为,成功的方式是争取他人的合作。他告诫人们成功之路在于:①真诚赞赏人们的工作努力,使人们感到他们是重要的;②建立良好的第一印象;③让别人讲话,对其表示同情,使人们接受你的思维方式;④赞扬人们的优点,给予反对者某些机会,改变人们的态度。

(5)关于领导方式问题的研究。主要有:

1)俄亥俄州立大学的"四分图理论"。俄亥俄州立大学的研究者首先把领导者对人的重视和对行为的重视结合起来,提出了四分图理论。他们认为,领导者对人的重视和对行为的重视并不矛盾,而应该是相互联系的,一个领导者只有把二者结合起来,才能进行有效的领导。

2)布莱克和穆顿(Blake & Mouton)的"管理方格理论"。布莱克和穆顿在四分图理论的基础上,对其加以改进,提出了"管理方格理论"。该理论把领导方式分为9×9=81种,并分析了其中五种典型的领导方式,为领导者改进自己的领导行为指明了方向。

行为科学的最大特色是更为全面地发现和认识了管理的对象——人的本质,是从人际关系和人的行为方面激发人的动力,提高工作效率的管理理论。上述理论将在本书的其他章节陆续进行详细介绍,在此只是简单提及。

2.3 现代管理理论阶段

第二次世界大战以后,随着现代自然科学和技术日新月异,生产和组织规模急剧扩大,生产力迅速发展,生产社会化程度不断提高,管理理论引起了人们的普遍重视。许多学者和一些富有实际经验的管理人员在前人的理论和实践的基础上,结合自己的专业知识,去研究现代管理问题。由于研究条件、掌握材料、观察角度以及研究方法等方面的不同,必然产生不同的看法和形成不同的思路,从而形成了多种管理学派,这些学派都对管理理论的发展作出了贡献。美国著名管理学家哈罗德·孔茨(Harold Koontz)曾于1961年和1980年先后发表了题为《论管理理论丛林》和《再论管理理论丛林》的文章,对现代管理中出现的丛林现象进行了论述。

在文中,孔茨指出20世纪60年代初期的理论可以归纳为六大学派:管理过程学派、经验学派、人类行为学派、社会系统学派、决策理论学派、数学学派。1980年,孔茨再度对丛林现象进行了考察,结果发现,管理理论的丛林不但没有消失,反而显得更加茂密,管理学派已由原来的6个发展到11个,分别是:经验(案例)学派、人际关系学派、群体行为学派、社会协作系统学派、社会技术系统学派、决策理论学派、系统学派、数学(或管理科学)学派、权变理论学派、经理角色学派、经营管理学派。

由于现代管理时代的学术学派繁多,理论庞杂,故本书只选择其中具有代表性的研究方法

(也可称之为学派)加以介绍。

2.3.1 现代管理理论的主要学派

2.3.1.1 管理过程学派

管理过程学派是在法约尔一般管理理论的基础上发展起来的,该学派又称为经营管理学派或管理职能学派。其主要代表人物有法约尔、戴维斯、古利克、威廉·纽曼、哈罗德·孔茨等,其中,孔茨的《管理学》自1955年问世以来,至今已出版了10版,该书被认为是权威的管理学教材。

该学派认为,管理是一个过程,是在有组织的集体中让别人和自己去实现目标的过程;管理过程的职能有5个,即计划职能、组织职能、人员配备职能、领导职能(含激励)、控制职能;管理职能具有普遍性,即各级管理人员都执行管理职能,但侧重点则因管理级别的不同而异;管理应具有灵活性,要因地制宜、灵活应用。这个学派主张按照管理职能建立一个作为研究管理问题的概念框架。

实际上,到目前为止,一些比较流行的管理学教科书都是按照管理过程研究的方法为基础来编排的。按照孔茨的观点,管理理论应该统一,这是在基本理论层次上的统一。他还认为,即使是最新的管理思想,也能纳入这个框架之内。

2.3.1.2 社会合作系统学派

这个学派是从社会学的角度来分析各类组织,其创始人是美国的切斯特·巴纳德(Chester Barnard)。像法约尔一样,巴纳德也是一位管理实践者,他曾任新泽西贝尔电话公司的总裁。他读过韦伯的著作并深受其影响,但他与韦伯对组织的机械论和非人格性观点不同,而将组织看作一个社会系统。为此,他从系统理论出发,运用社会学的观点,对正式组织与非正式组织、团体及个人作出了全面的分析。他的主要观点集中表现在所著的《经理的职能》(1938年)一书中。巴纳德的组织理论的主要观点为:

(1)组织是一个合作的系统。巴纳德认为,组织是由具有相互作用的社会关系的人们组成的,管理者的主要作用是在沟通和激励下级方面尽最大努力。在巴纳德看来,组织成功主要取决于工作中的合作。

(2)组织存在的三个基本条件。巴纳德认为,组织不论大小,其存在和发展都必须具备三个条件,即明确的目标、协作的意愿和良好的沟通。明确(共同)的目标是组织前进的动力;协作意愿意味着自我克制,交出个人行为的控制权,让组织进行控制;组织的共同目标和个人的协作意愿只有通过意见交流将两者联系和统一起来才有意义和效果。

(3)权威接受论。传统观念认为,权威是建立在等级系列或组织地位基础上的。巴纳德则认为,管理者的权威并不是来自上级的授予,而是来自于自下而上的认可、支持和合作。

(4)对经理的职能进行了新的概括。巴纳德认为,组织内经理是最为重要的因素,只有依靠经理的协调,才能维持一个努力合作的系统。经理具有三项职能:制定并维持一个信息联系的系统;促使组织中的每个人能协调地、有效率地工作;阐明并确定组织的目标。

2.3.1.3 决策理论学派

决策理论学派是从社会系统学派发展而来的。这个学派把第二次世界大战以后发展起来的系统理论、运筹学、计算机科学等综合运用于管理决策问题,形成了一门有关决策过程、准则、类型及方法的较完整的理论体系。该学派的代表人物是美国的卡内基梅隆大学教授赫伯特·西蒙(H. A. Simon),其代表作为《管理决策新科学》。西蒙由于在决策理论方面的贡献,曾荣获1978年诺贝尔经济学奖。

西蒙认为,决策贯穿于管理工作的全过程,管理就是决策。成功的管理取决于科学的决策,因此，管理必须采用一套制定决策的科学方法，以及合理的决策程序。决策理论的主要观点为：

(1)决策是一个复杂的过程。人们常常认为，决策只是在一瞬间即能完成的一种活动，是在关键时刻作出的决定。决策理论学派则认为，这种看法太狭窄了，它仅注意了决策的最后片刻，而忽略了最后时刻之前的复杂的了解、调查、分析的过程，以及在此之后的评价过程。

(2)程序化决策与非程序化决策。西蒙认为，决策可以分为程序化决策与非程序化决策两种。程序化决策是指反复出现和例行的决策，这类决策通常可以制定一套程序来解决。非程序化决策是指那些未出现过的、性质和结构不很清楚或是复杂的决策。解决这两类决策的方法一般不相同。

(3)满意准则。由于组织常常处于不断变化的环境中，收集到决策所需要的全部资料是困难的，况且人的知识和能力也是有限的。因此，西蒙主张用满意准则代替最优化准则。他认为，现实中的决策一般是在"有限度理性"条件下进行的，满意准则是更合理、更可行的决策方法。

(4)组织应建立一种制定决策的人-机系统。由于计算机的广泛应用，它对管理工作和组织结构也产生了重要影响。这使得程序化决策的自动化程度越来越高，许多非程序化决策可以借助于人-机系统而转变成程序化的决策问题。

2.3.1.4 管理科学学派

管理科学学派也称管理数理学派或管理计量学派。管理科学理论按其思想体系，是泰罗科学管理理论的继续和发展。丘奇曼等人(Churchman、Ackoff、Arnoff)把管理科学定义为：科学研究方法在解决操作问题中的应用，通过求代表系统的数学模型的解来解决管理问题。即这一学派的主要特点是利用相关的科学分析工具，为管理决策寻求最优的数量解，着重于定量研究。这一理论认为，"管理"就是应用各种数学模型及其符号来表示计划、组织、控制、决策等合乎逻辑的程序，求出最优的解决方案，以达到企业的目标。

运筹学是管理科学的基础。该方法是英国科学家为解决雷达的合理布置问题而发展起来的数学模型。该方法专门研究在既定的约束条件下，如人力、财力、物力等资源限制条件下，统筹兼顾，均衡关系，使得目标函数达到最大(如利润最优)，或者使得目标函数达到最小(成本最小)等。运筹学的主要分支有：

(1)线性规划和非线性规划；

(2)博弈分析；

(3)库存模型；

(4)排队模型；

(5)搜索论；

(6)网络分析。

目前，已经开发多种计算机软件，如 SPSS 软件、SAS 软件、MATLAB 软件、PROJECT 软件等，分别适用于求解不同的数学模型，为管理定量研究提供了方便。同时，也促进了管理科学理论和方法的推广应用。

管理科学理论把现代科学方法运用到管理领域中，为现代管理决策提供了科学的方法。它使管理理论研究从定性到定量在科学的轨道上前进了一大步，同时，它的应用对企业管理水平和效率的提高也起到了很大作用。

2.3.1.5 系统管理学派

系统管理学派是将系统科学和控制论的理论和一般原理应用于管理领域，全面分析企业及其他社会组织的管理活动的理论。其代表人物是美国的管理学家卡斯特(F. E. Kast)等，他们在其代表作《系统理论与管理》中阐述了系统管理理论。其主要观点是：

(1)组织是一个系统,是由相互联系、相互依存的要素构成的。具体来说,组织是一个物质的、人力的、信息的各种资源相互作用的综合体。根据需要,也可以把系统分解为若干子系统。例如,根据企业的功能,可以把企业划分为:

1)传感子系统,用来量度并传递企业系统内部和周围环境的变化情况;

2)信息处理子系统,如会计、统计等数据处理工作;

3)决策子系统,接受信息,制定决策;

4)加工子系统,利用信息、原料、能源、机器加工和生产产品等。

(2)系统在一定的环境中生存,与环境进行物质、能量和信息的交换。系统从环境中输入资源,通过转换过程把资源转换为产出物,一部分产出物为维持系统而消耗,其余部分则输出到环境中。系统在投入—转换—产出的过程中不断进行自我调节,以获得自身的发展。

(3)运用系统观点来考察管理的基本职能,可以提高组织的整体效率,使管理人员不至于只重视某些与自己有关的特殊职能而忽视了大目标,也不至于忽视自己在组织中的地位和作用。

系统管理理论于20世纪60年代发展到鼎盛时期,对管理理论产生了广泛而深远的影响,以致当时有人认为它很有希望成为统一各种理论的基础。

2.3.1.6　权变管理学派

权变管理学派是20世纪70年代在西方形成的一个管理学派,其代表人物是英国的伍德沃德(Joan Woodward)等,其代表作是《工业组织:理论和实践》。所谓权变,就是相机而变、随机制宜、随机应变的意思。权变管理学派认为,组织和组织成员的行为是复杂的、不断变化的,这是一种固有的性质。而环境的复杂性又给有效的管理带来困难,从而各种管理理论所适用的范围就十分有限,例外的情况越来越多,没有任何一种理论和方法适用于所有情况。为此,管理者必须明确每一情境中的各种变数,了解这些变数之间的关系及其相互作用,把握原因与结果的复杂关系,从而针对不同情况灵活变通。而管理中的各种可变因素可以着重从组织规模,组织成员的相互关系和影响程度,组织成员的技巧、能力、志向、兴趣,目标的一致性,决策层次的高低,组织目标的实现程度六个方面加以考察。

权变理论的形成是以开放系统为基础的,权变理论强调每个组织的环境和内部各子系统都各有其特点,并直接影响了组织的设计和管理。过去的管理理论没有把管理和环境很好地联系起来,造成管理观念和技术与实际的脱节,不能使管理有效地进行。权变管理理论着重考察有关环境的变数与相应的管理理念和技术之间的关系,以使采用的管理理念和技术有效地达到目标。在通常情况下,环境是自变量,而管理理念和技术是因变量。这就是说,组织所处的环境决定着何种管理理念和技术更适合于组织。比如,在经济衰退时期,由于企业面临的市场环境是供大于求,集权的组织结构可能更为适合;在经济繁荣时期,由于企业面临的市场环境是供不应求,分权的组织结构可能更为适合。

总之,权变方法试图把所有的条件和状况归纳为几个基本类型,给每一类型找出一种解决模型,以保证各种不同的管理方法都有成功的机会。其基本假设是,尽管不存在为所有组织解决所有管理问题的最好办法,但是必然存在为某个组织解决给定的管理问题的最好办法。至于具体采用的组织系统形式,权变理论得出了两种一般性的结论:

(1)当出现下列情况时,应采用稳定-机械式组织结构:

1)环境相对稳定和确定;

2)目标明确而持久;

3)技术相对统一而稳定;

4)按常规活动而生产率是主要目标;

5)决策可以程序化,从而协调和控制过程倾向于采用严密结构等级系统。

(2)当出现下列情况时,应采用适应-有机式组织结构:

1)环境相对不稳定和不确定;

2)目标多样化并不断变化;

3)技术复杂和易变;

4)有许多非常规活动,在这些活动中创造性和革新性很重要;

5)使用探索式决策过程,而协调与控制常出现相互调整,系统等级层次少,具有较大的灵活性。

权变理论自从出现以来,就受到了西方管理学者的高度评价,它实际上是适应了当代经济活动的国际化、组织的大规模化和组织环境的复杂多变等新形势而提出的对管理方式多样化和灵活性的要求。因此,有人预测它可能是“管理理论走出丛林”之路。

2.3.2 现代管理理论的特点

综观现代管理理论的各个学派,表现出如下特点:

(1)管理内涵进一步拓展。现代管理理论的内容不只限于成本的降低、产出的增加,而更重视人的管理、人的潜力的开发,更重视市场、顾客的问题,管理的核心更侧重于决策的正确与否、迅速与否。

(2)强调系统化。即运用系统思想和系统分析方法来指导管理的实践活动,解决和处理管理的实际问题。

(3)重视人的因素。即应注意人的社会性,对人的需要予以重视和研究,尽可能满足人们的需要。

(4)重视“非正式组织”的作用。即在不违背组织原则的前提下,发挥非正式群体在组织中的积极作用,这样将有助于组织目标的实现。

(5)广泛运用各种先进的管理理论和方法。

(6)加强信息工作。各级组织应该充分利用现代技术,建立信息系统,以更有效、及时、准确地传递信息和运用信息,促进管理的现代化。

(7)把“效率”和“效果”结合起来。作为一个组织,管理工作既追求效率,也应从整个组织的高度来考虑组织的整体效果以及对社会的贡献。

(8)重视理论联系实际。现代管理理论来自于社会实践,其目的是去指导社会实践。各级管理人员应广泛接受新思想、新方法、新技术,运用于自己的管理实践中,并在实践中创造出新的方法,形成新的理论,再更好地指导社会实践。

(9)强调“预见”能力。社会是迅速发展的,客观环境在不断变化,这就要求有很强的“预见”能力来进行管理活动。

(10)强调不断创新。管理就意味着创新,要积极促变,不断创新,使组织更加适应社会环境的变化。

2.3.3 现代管理理论的新思潮

20 世纪 90 年代以来,现代管理理论的发展出现了一些新的思潮,主要有公司再造、核心能力理论、学习型组织、标杆管理等。

2.3.3.1 公司(业务流程)再造

传统的组织结构建立在职能和等级制的基础上。虽然这种模式过去曾经很好地服务于企业，但面对信息社会、知识经济时代的竞争要求，它的反应已经显得缓慢和笨拙。1994 年，美国人迈克尔·哈默(Michael Hammer)和詹姆斯·钱比(James Charmpy)出版了《公司再造》一书，该书一出版便引起管理学界和企业界的高度重视，迅速流传开来。

哈默与钱比认为，工业革命两百多年来，亚当·斯密的分工理论始终主宰着当今社会中一切组织，大部分的企业都建立在效率低下的功能组织上。公司再造是根据信息社会的要求，彻底改变企业的本质，抛开分工的旧包袱，将硬生生拆开的组织架构，如生产、营销、人力资源、财务、管理信息等部门，按照自然跨部门的业务流程，重新组装回去。显然，这样一种重新组装是对过去组织赖以运作的体系与程序的一种革命。这种革命将是美国企业恢复竞争力的唯一希望，也是面向未来的唯一选择。福特汽车公司在取得日本马自达公司的 25%股权之后，经过观察，福特的主管阶层发现，马自达公司物质采购部的财务会计工作，竟然只用了 5 个人来包办，而福特汽车公司却用了 500 多人，与马自达公司区区 5 个人相比，简直有天壤之别。就算福特公司借助办公室自动化，降低了两成的人事费用，仍旧无法和马自达公司精简的人事相提并论。根本的不同之处在于两者业务流程的不同，因此修正这种流程就成为提高企业效率的根本。然而修正流程不能仅仅从财务部门具体做起，而要从整个企业的流程改革着手。

流程的改革建立在信息技术得以高度发展的今天，这是因为信息技术的发展使得效率不一定产生于分工，而有可能产生于整合之中。事实上，现代组织面临的各种管理问题已经很难将其确立为一个专业性的问题，因而将其交给一个分工性的职能部门处理并不妥，也难使其有效处理此类问题。为了针对某一类问题而特设部门进行专门负责处理，则使得本来已经膨胀了的组织机构更加繁多，这又会使管理成本上升，协调困难，效率低下。在信息技术发达的今天，人们已经准备了对综合性问题进行整合性处理的方案，这也是流程革命可以进行的基础。

2.3.3.2 核心能力理论

核心能力理论是由 20 世纪 80 年代资源基础理论发展而来。资源基础理论认为，企业的战略应该建立在企业的核心资源上。所谓核心资源是指有价值的、稀缺的、不完全模仿和不完全替代的资源，它是企业持续竞争优势的源泉。1990 年，普拉哈拉德和哈梅尔(C. K. Prahalad & Gary Hamel)在《哈佛商业评论》上发表了一篇具有广泛影响的论文《公司的核心能力》，一下子把众多学者、实践家的目光吸引过去。从核心资源到核心能力(core competence)，资源基础理论得到进一步发展。按照普拉哈拉德和哈梅尔的定义，核心能力是组织内的集体知识和集体学习，尤其是协调不同生产技术和整合多种多样技术流的能力。一项能力可以界定为企业的核心能力，须满足以下五个条件：

(1)不是单一技术或技能，而是一簇相关的技术和技能的整合；

(2)不是物理性资产；

(3)必须能满足创造看重的关键价值；

(4)与对手相比，竞争上具有独特性；

(5)超越特定的产品或部门范畴从而为企业提供通向新市场的通道。

2.3.3.3 学习型组织

1990 年，彼德·圣吉(Peter M. Senge)的著作《第五项修炼——学习型组织的艺术与实务》一经出版就引起了轰动。所谓学习型组织是指具有持续不断学习、适应和变革能力的组织。学习型组织与传统型组织具有明显的不同：

(1)在对待变革的态度上，传统组织认为，只要还管用就不要改变它；而学习型组织认为，如果不变革那就不管用了。

(2)在对待新观点的态度上，传统组织认为，如果不是产生于此时此刻就拒绝它；而学习型组织认为，如果是产生于此时此刻就拒绝它。

(3)在关于谁对创新负责上，传统组织认为，创新是研发部门的事；而学习型组织认为，创新是组织中每位成员的事。

(4)在组织的竞争优势上，传统组织认为是产品和服务；而学习型组织认为是学习能力、知识和专门技术。

(5)在管理者的职责上，传统组织认为，管理者职责是控制别人；而学习型组织认为，管理者职责是调动别人、授权别人。

彼德·圣吉提出了学习型组织的五项修炼，认为这五项修炼是学习型组织的技能。

第一项修炼：自我超越。这是学习型组织的精神基础。

第二项修炼：改善心智模式。心智模式是指根深蒂固于每个人或组织之中的思想方式和行为模式。第二项修炼就是要把镜子转向自己，先修炼自己的心智模式。

第三项修炼：建立共同愿景。如国际商用机器公司的"服务"，宝丽来公司的"立即摄影"，福特汽车公司的"提供大众公共运输"，苹果电脑公司的"提供大众强大的计算能力"等，都是为组织确立共同努力的愿景。

第四项修炼：团队学习。团队学习的有效性不仅在于团队整体会产生出色的成果，而且其个别成员学习的速度也比其他人的学习速度快。

第五项修炼：系统思考。人与组织形成系统观察、系统思考的能力，看清系统整体的变化，决定正确的行动。

2.3.3.4 标杆管理

标杆管理(benchmarking)是指不断寻找和研究同行一流企业的最佳实践，以此为基准开展比较和分析，采取有效措施，使本企业进入赶超一流企业的良性循环过程。标杆管理站在全行业甚至更广阔的全球视野上寻找基准，突破了企业的职能分工界线和企业性质与行业局限，重视实际经验，强调具体的环节、界面和流程，因而更具有特色。

标杆管理有三种方法：战略性、操作性和国际性。战略性标杆管理从总体上关注企业如何竞争发展，明确和改进公司战略，提高公司战略运作水平。操作性标杆管理是一种注重公司整体或某个环节的具体运作，找出达到同行最高水平的运作方法。国际性标杆管理关注全球范围同行业的一流企业。

开展标杆管理，通常要经历五个阶段(五阶段流程模型)：

(1)界定标杆学习的主题，同时争取必要的资源，如时间、资金、人员等；

(2)组成标杆学习，明确团队成员的角色和责任；

(3)选定标杆学习伙伴，如管理顾问、竞争情报员，并选定产业及组织最佳作业规范；

(4)分析资讯，制订行动方案，其中要重点分析客户需求；

(5)采取改革行动，进入赶超一流企业的良性循环过程。

复习思考题

一、选择题

(1)"科学管理理论"的创始人是(　)。

A. 泰罗　　B. 巴贝奇　　C. 甘特　　D. 福特

(2)梅奥通过霍桑试验得出，人是(　)。

A. 理性人　　B. 经济人　　C. 社会人　　D. 复杂人

(3)根据马斯洛的需要层次理论,下列哪一类人的主导需要可能是安全需要?(　)

A. 总经理　B. 失业人员　C. 刚刚参加工作的大学生　D. 工厂的一线操作工人

(4)根据马斯洛的需要层次理论,下列需要哪项是按照从低到高的顺序排列的?(　)

①就业保障;②上司对自己工作的赞扬;③工作的挑战性;④同乡联谊会;⑤满足标准热量摄入量的食品。

A. ⑤④①②③　B. ⑤④①③②　C. ⑤①④②③　D. ⑤①③④②

(5)根据赫茨伯格的双因素理论,以下属于保健因素的是哪项?(　)

A. 工作的成就感　B. 提升　C. 工资　D. 责任

(6)下面哪一项不是人际关系学派的主要观点?(　)

A. 企业的职工是社会人

B. 企业中实际存在着一种"非正式组织"

C. 满足工人的社会欲望是提高生产效率的关键

D. 人的行为都是由一定的动机引起的

(7)当代管理机构变革的一大趋势是(　)。

A. 管理层次复杂化　B. 组织结构扁平化

C. 管理幅度日益减少　D. 锥形结构更受欢迎

(8)俗话说:"一山难容二虎"、"一条船不能有两个船长"。从管理的角度看,对这些话的如下解释,你认为哪一种最恰当?(　)

A. 对于需要高度集权管理的组织不能允许有多个直线领导核心

B. 在领导班子中如果有多个固执己见的人物最终会降低管理效率

C. 一个组织中的能人太多必然会造成内耗增加从而导致效率降低

D. 组织中不能允许存在两种以上的观点,否则易造成管理混乱

二、简答题

(1)泰罗所提出的科学管理制度有哪些主要内容?

(2)如何客观评价泰罗制?

(3)简述法约尔所提出的管理原则。

(4)霍桑实验的结论是什么?

(5)简述马斯洛的需要层次理论的主要论点。

三、问答题

(1)人际关系学说的主要内容是什么,行为科学研究的主要内容是什么?

(2)管理科学学派、决策理论学派的主要观点是什么?

四、案例分析题

威尼斯造船厂(兵工厂)的管理经验

威尼斯为了保护它日益增长的海上贸易,在1436年建立了政府的造船厂以改变私人造船厂的状况。到16世纪时,威尼斯的兵工厂成为当时最大的工厂,雇佣工人2000名左右。兵工厂设有一位正厂长和两位副厂长。威尼斯元老院除了有时直接过问兵工厂的事以外,还派了一名特派员作为与兵工厂的联系者。兵工厂内部分成多个巨大的作业部门,由工长和技术人员领导。正副厂长和特派员主要从事财务管理、采购等职能,生产和技术问题则由各作业部门的工长和技术人员负责。在兵工厂的领导工作中,较好地体现了互相制约和平衡的原则。

兵工厂在安装舰船时采用了类似于现代装配线生产的制度,各种部件和备品仓库都安排在运河的两岸,并按舰船的安装顺序排列。当舰船在运河中被拖引着经过各个仓库时,各种部件和武器等从各个仓库窗口传送出来进行装配。兵工厂中的职员也是按部件和装备的种类安排在各个部门的。一个工长负责木器,另一个工长负责桅杆,第三个工长负责捻船缝,第四个工长则负责船桨等。

为了既能提高生产效率,又降低成本,兵工厂计划委员会发布的政策规定:所有的弓都应制造得使所有

的箭都能适用；所有的船尾柱应按同一设计建造，以便每一个舵无须特别改装即可适于船尾柱；所有的索具和甲板用具应该统一，不允许每个工人师傅按自己的设计生产，以免在建造中造成浪费并使舰只不统一。

1570年1月得知土耳其人准备进攻塞浦路斯时，威尼斯元老院命令在3月中旬左右安装好100艘舰船，结果在3月初就完成了。当法国的亨利三世于1574年参观兵工厂时，在一个小时内就安装了一条全副武装的舰船并下了水。

问题：

这个案例反映了哪些管理思想和经验？

3 管理与环境

学完本章后,你应该能够:

(1)理解管理环境的含义,知道管理环境的各种类型,了解管理环境的特性;

(2)熟悉环境对组织和管理的影响,学会正确分析与评估各种组织环境;

(3)掌握组织文化的内容。

3.1 环境的内涵与类型

组织总是一定环境下的组织,组织应环境要求而生,顺环境发展而长,逆环境发展而亡,任何一个组织从产生到消亡都与环境息息相关。环境(environment)是指对组织绩效起着潜在影响的外部机构或力量。有人说:"从整个宇宙中减去代表组织的那一部分,余下的部分就是环境。"管理者所在的环境是一个开放的系统,管理者的活动必然要受到组织内外部各种因素的影响。

所有的管理人员,不论他们是在工商企业、政府机构、医院或是在大学中主持工作,总是在代表不同利益的组织集团的多元化社会中进行管理。每个集团对其他集团都有影响,且没有一个集团能发挥无限的威力。因此,管理者都必须在不同程度上考虑到外部环境的各种因素和力量,他们不大能改变这些影响力量,他们必须对可能影响组织运转的外部力量加以确定、评估并做出反应。环境对组织存在着不同目标的要求,而管理人员的任务就是把这些目标结合在一起。图3-1 示意了外部环境对组织的影响。

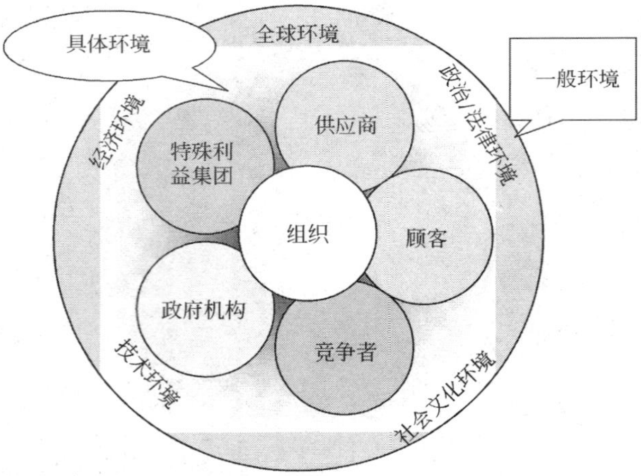

图 3-1 组织及其环境

因此,管理环境是指存在于一个系统组织内部和外部的影响组织业绩的各种力量和条件因素的总和。管理环境分为组织外部环境和组织内部环境两大种类,其中组织外部环境又包括一般环境和具体环境,组织内部环境主要包括经营条件和企业文化。

外部环境(external environment)是指能够对组织绩效造成潜在影响的外部力量和机构。外部环境由两个因素构成,即一般环境与具体环境。

内部环境(internal environment)是指能够对组织绩效造成潜在影响的内部力量和机构。内部环境主要由两个因素构成，即经营条件和企业文化。组织经营条件是指组织所拥有的各种经营资源、能力和知识，包括人员素质、资金实力、科研力量、专利技术和信誉等。组织文化是指组织在长期的实践活动中形成的并为组织成员普遍认可的和遵循的具有本组织特色的基本信念、价值标准、运营理念、道德规范、规章制度、人文环境以及与之相适应的思维方式和行为方式等的综合。组织文化是处于一定社会文化背景下的组织，在长期的发展过程中逐步生成和发展起来的日趋稳定的独特的价值观，以及以此为核心而形成的行为规范、道德准则、群体意识、风俗习惯等。组织文化决定了在该组织中什么是被认可的、什么是被反对的，经营条件则直接影响着组织能够做什么、不能够做什么，以及能够做到何种程度。它们不仅影响组织目标的制订，而且还将直接影响该组织管理者的管理决策和管理行为，从而对最终的组织绩效产生影响。

3.1.1 一般环境

一般环境(general environment)包括可能影响组织的广泛的全球条件、经济条件、政治/法律条件、社会文化条件和技术条件。一般外部经营环境处于企业外部经营环境的外层，它对组织具有长期性的影响，与具体环境相比，这些领域的变化一般都不是只涉及某一个具体的组织，并且对某一特定组织有什么样的影响及有多大的影响都不一定很清楚。但是管理者在计划、组织、领导、控制和创新时，必须考虑这些因素。因为，这些因素都有可能对组织产生某种重大的影响。因此，任何一个组织的管理者都必须认真分析和研究自己的组织所处的一般环境。

3.1.1.1 全球环境

全球化是影响管理者及其组织的重要因素。由于作为外部环境的全球竞争者和消费者市场日益增多，无论是对于大型组织还是小型组织的管理者来说都是严峻的挑战。全球环境包括国外产生的各种影响组织经营的事件或者是机遇。由于全球化的因素，企业可能会遇到新的竞争对手、得到新的客户、供应商，同时，国际环境决定了社会、科技和经济的基本发展趋势。今日之企业必须从国际化的层面上来思考问题。那些已经习惯于只关注国内经营环境的管理者们必须学习新的规则以应付已经国际化了的商品、服务和经营思想。在当今“全球村”中的任何一个角落随时都可能出现竞争者。即使一个将自己的经营范围局限在国内市场的企业，也会在“家门口”与国外的竞争者“短兵相接”。有些竞争者甚至可能来自发展中国家。与国内市场相比，国际市场要复杂得多，变动性也更大。有些时候，国际市场的变动会使得国内市场一夜之间变得面目全非。

3.1.1.2 经济环境

经济环境反映了企业经营所在国或地区的总体经济状况。消费者购买力、失业率和利率都属于经济环境的范畴。利率、通货膨胀、可支配收入变动、股市波动，以及一般经济周期所处的阶段，是一般环境中能够影响组织管理实践的一些因素。一般经济环境因素主要通过对各类组织所需的各种资源的获得方式、价格水准的影响和对市场需求结构的作用来影响各类组织的生存和发展。由于当今企业的经营是全球化的，所以经济环境异常的复杂，增加了企业经营的不确定性。例如，美国次贷危机的产生影响了全球经济。

3.1.1.3 政治/法律环境

政治/法律环境包括组织所在地区的政治制度、政治形势，执政党的路线、方针、政策和国家法令、政治力量的对比等因素，这些都会对一个组织产生重大影响。政治环境对一般组织的影响主要表现在地区政局的稳定性和政府对各类组织或活动的态度上。地区政局的稳定性是一个组织在制定其长期发展战略时所必须要考虑的，因为它将影响到组织目标实现的可能性大小。政府对各类组织和活动的态度则决定了各个组织可以做什么、不可以做什么。例如，政府如果认为金融保险业要由政府经营，其他民营企业就很难涉足金融保险业。

3.1.1.4 社会文化环境

社会文化环境主要由组织所在国家或地区的人口、家庭文化教育水平、传统风俗习惯及人们的道德和价值观念、法律等因素构成。社会文化环境因素通过行为规范(风俗、道德、法律)、人口结构、年龄结构、人口分布和生活方式(家庭结构、教育水平、价值观念)的改变影响一国群体行为规范、劳动力的数量和质量、所需商品和服务的类型与数量等，并进而影响该国各组织的经营管理。

社会环境因素对于一个组织的行为也有很大的影响。例如，就风俗习惯而言，有的国家或地区把服装款式看成是显示自己社会地位的一种象征，因此他们很讲究服装的款式，并很愿意为此花钱；而有的国家，人们对服装的款式并不讲究，只要经济实用即可。对于从事国际贸易的服装企业，就必须注意到这些国家在风俗习惯上的差异。人是社会中的人，要受到人们普遍接受的各种行为准则的约束。道德准则或社会公德虽然大多并没有形成法律条文，但对于约束个人或集体行为仍具有事实上的作用和威力，任何组织的行为都不能不考虑社会秩序和伦理道德的影响。正如社会价值观、风俗习惯和品位在变化一样，管理者也必须变化。每个趋势都有可能约束管理者的决策和行动。如果组织在国外经营业务，管理者必须熟悉所在国的价值观和文化，其管理方式应认可和包容当地特有的社会文化。

3.1.1.5 技术环境

技术环境通常由组织所在国家或地区的技术水平、技术政策、科研潜力和技术发展动向等因素构成。技术环境包括一个产业乃至一个国家在科技方面所取得的重大进展。就一般环境而言，20世纪下半叶以来变化最迅速的因素就是技术。信息化、柔性制造系统、激光、集成电路、新材料、新能源层出不穷。在当今充满变化的世界里，任何企业欲求生存，都必须在产品、服务、经营方式等方面保持技术的先进性；任何组织，欲求经营有效而与技术或技术发展无关，几乎是不可能的。那些能适应技术进步的组织，相对于不关注技术进步的组织，在竞争中将占据更有利的地位。近年来，计算机行业的科技进步是最令人振奋的。1950年以前，设计一个能够发出“生日快乐”声音的贺卡所需要的计算能力，全球加起来可能都不够，但今天，一个家庭摄像机内所拥有的计算能力比老式的IBM360还要大，然而正是这种老式计算机开创了计算机历史的新纪元。成千上万的家庭拥有电脑，而且可以轻而易举地上网。企业界则迫切需要更为复杂的网络技术以适应全球化的要求。我们生活在一个技术不断变化的时代，我们拥有自动化办公室、电子会议、制造过程中的机器人、激光、集成电路、更快更强的微处理器、合成燃料以及电子时代经营业务的崭新模式。像通用电器、诺基亚、华为这样投资于技术的公司正在蓬勃发展。此外，大量成功的零售商，如沃尔玛公司，利用尖端的库存信息系统以精确地把握当前销售趋势。整个技术领域正在从根本上改变组织结构的基本方法以及管理者的管理模式。这些巨大的科技进步，将会改变以往的“游戏规则”，每一个企业都必须确定自己的应对策略。

3.1.2 具体环境

具体环境(specific environment)包括那些对管理者的决策和行动产生直接影响并与实现组织目标直接相关的要素。具体环境对每一个组织而言都是不同的，并随条件的改变而变化。例如，天美时公司(Timex)和劳力士公司(Rolex)同是手表制造商，但是它们的具体环境却因面对着明显不同的细分市场而不同。具体环境由什么要素构成呢？其中主要包括顾客、供应商、竞争者、中央和地方政府及特殊利益集团。

3.1.2.1 顾客

顾客是指一个组织为其提供产品或劳务的人或单位。如企业的客户、商店的购物者、学校的学生和毕业用人单位、医院的病人、图书馆的读者等，都可称其为相应组织的服务对象。任何组织之所以能够存在，是因为有一部分需要该组织产出的服务对象存在。顾客决定了企业的成败，病人是医院的顾客，学生是学校的顾客，而旅行者则是航空公司的顾客。组织是为满足顾客需要而存在的，顾客或客户是吸收组织产出的主体。对于政府组织也是如此。政府组织的存在是为了向公众提供服务。如果一个组织失去了其服务对象，该组织也就失去了其自身存在的基础。如果一个企业生产的产品无人问津，就必然走向破产；一个政党如不能为人民谋利益，公众就会抛弃它，这个政党也就会萎缩乃至消亡。组织的服务对象是影响组织生存与发展的主要因素，而任何一个组织的服务对象对组织来说又是一个潜在的不确定的因素。

显然，对于一个组织，顾客代表着不确定性。顾客的品位会改变，他们会对组织的产品和服务感到不满。当然，一些组织更是由于顾客而不是别的因素使其面临着更多的不确定性。要成功地拥有顾客，就必须满足顾客的需求。因此，管理者就必须深入市场，分析顾客的心理，根据顾客需求的变化及时推出新产品、新服务。确保及时地向其顾客提供满意的商品和优质的服务，这几乎已成为当今各类组织中管理者所面临的头等大事。

3.1.2.2 供应商

供应商是指向该组织提供资源的人或单位。这里所指的资源不仅包括设备、人力、原材料、资金，也包括信息、技术、服务和关系等一切该组织运作所需输入的东西。对大多数组织来说，金融部门、政府部门、股东是其主要的资金供应者，学校、各类人员培训机构、人才市场、职业介绍所是其主要的人力资源供应者，各新闻机构、情报信息中心、咨询服务机构、政府部门是主要的信息供应者，大专院校、科研机构、发明家是技术的主要来源。

由于组织在其运转过程中依赖于供应者的资源供应，一旦主要的资源供应商发生问题，就会导致整个组织运转的减缓和中止。因此，管理者一般都力图避免在不了解供应商的情况下进行有关决策。为了防止自己陷入困境，在战略上一般都努力寻求所需资源的及时、稳定、保质、保量的供应，并避免过分依赖于一两个资源供应商。

管理者寻求尽可能低的成本来保证所需投入的持续稳定供应。因为这些投入物代表着不确定性，也就是说，如果不能获得或延误均能极大地降低组织的效果，所以管理者通常要尽最大努力来保证输入流的持续稳定。电子商务理论和方法的应用正在改变组织和供应商的交易方式。要想在电子时代取得成功，组织就必须与供应商进行无缝整合。速度是互联网经济的关键要素。任何组织的目标都是在合适的时间和地点拥有合适的原材料以生产需要的产品和服务，而电子商务在加速这个过程。例如，丰田汽车公司为了能够在5天之内生产出顾客需要的汽车，与供应商建立了电子连接，以确保能在合适的时间和地点拥有所需的原材料以生产需要的产品和提供服务。最后，在电子商务时代，组织还要与竞争者结成伙伴关系。越来越多的组织发现，在这个日新月异的世界里，要想满足顾客的需要，就必须在某些领域，如产品创新和原材料采购上与竞争者合作。电子商务时代以动态复杂的环境为特征，在这种环境下，与竞争者的伙伴关系将是组织降低采购成本和促进产品创新的唯一途径。

3.1.2.3 竞争者

竞争者是指与其争夺资源、服务对象的人或组织。任何组织都不可避免地会有一个或多个竞争者。这些竞争者之间不是相互争夺资源，就是相互争夺服务对象。耐克要与锐步、阿迪达斯、菲乐(Fila)等品牌进行竞争；可口可乐与百事可乐以及其他饮料公司竞争。

基于资源的竞争一般发生在许多组织都需要同一有限资源的时候。最常见的资源竞争是人才竞争、资金竞争和原材料竞争。对经济资源的竞争可能来自于不同类型的组织。当各组织竞争有限资源时,该资源的价格就会上扬。例如,当资金紧缺时,利率就会上升,组织的营运成本就会上升。

基于顾客的竞争一般发生在同一类型的组织之间,或许这些组织提供的产品或服务方式不同,但它们的服务对象是一样的,这同样会发生竞争。例如航空部门与铁路运输部门之间、铁路与公路运输部门之间就可能为争夺货源和乘客而展开竞争。竞争也不仅限于国内,随着中国对外开放政策的深入推进,国内的各类组织不仅面临着来自国内组织的竞争,而且还直接面临来自国外组织的竞争。在这种情况下,国内的竞争者之间有时可能会出现某种程度的联合,以对抗来自国外的竞争。

任何组织的管理者都不能忽视自己的竞争者,否则,他们会付出惨痛的代价。例如,直到20世纪80年代,三大主要广播公司——ABC、CBS和NBC,事实上控制着几乎所有电视节目的播放。今天,随着数字光缆、DVD和录像机(VCR),甚至是万维网的发展,顾客对于观看的节目有了更为广泛的选择。由于技术能力继续扩张,可选节目的自由度将给广播网带来更多的挑战。这些例子表明了竞争者通过定价、开发新产品、提供服务等形式进行竞争是一种重要的环境力量,管理者必须掌握并时刻准备对此作出回应。

3.1.2.4　中央和地方政府

中央和地方政府主要是指国务院、各部委及地方政府的相应机构,如工商行政管理局、技术监督局、烟草专卖局、物价局、财税局等。政府管理部门拥有特殊的官方权力,可制定有关的政策法规、规定价格幅度、征税、对违反法律的组织采取必要的行动等,而这些对一个组织可以做什么和不可以做什么以及能取得多大的收益,都会产生直接的影响。某些政策和法律的作用是很大的。一些组织因业务之故,受到政府机构的特定监察。如电信产业中的组织(包括电话公司、电视台和广播电台)受政府专门部门的管制。上市的股份公司必须遵守证券交易委员会规定的财务标准并按要求从事经营。生产烟草或药品的公司所出售的一切烟草产品和药品需经烟草专卖或药品管理局审查和批准。新《劳动法》的颁布,则对组织的招工、用人、辞退决策带来了一定的限制。

中央政府并不是制定法规管制组织的唯一主体,省市地方政府的法规是中央法规的延伸及补充。例如,昆明市作为一个旅游城市,对其所辖范围内的工商企业所施加的反污染标准,可能比中央或省的法规更为严厉。

3.1.2.5　特殊利益集团

特殊利益集团是指代表着社会上某一部分人的特殊利益的群众组织,如工会、消费者协会、环境保护组织等。他们虽然没有像政府部门那么大的权力,但却同样可以对各类组织施加相当大的直接影响。他们可以通过直接向政府主管部门反映情况,通过各种宣传工具制造舆论以引起人们的广泛注意。事实上,部分政府法规的颁布就是对某些社会特殊利益代表组织所提出的要求的回应。管理者必须注意到特殊利益集团在试图影响组织的行为。例如,世界和平组织经过不懈努力,不仅在捕鲸业及海豹皮制品业方面作出了显著的改变,而且提高了公众对环境问题的关注。

对一个组织而言,组织外部哪些因素属于环境因素,是一般环境因素还是具体环境因素,取决于该组织的目标定位。

3.2　环境的分析与评价维度

从以上对管理环境的分析中可以看到,环境因素对管理有着重大的影响。外部环境决定了一个组织可以做什么和不可以做什么，它一方面限制了管理者的行动自由，另一方面又扩大了他们寻求外来资源与支持的机会；同时，在一个组织中，总是有人支持，有人反对。内部环境决定了该组织中的管理者能够做什么以及可以怎么做、做到何种程度。只有在内外部环境允许的范围内，管理者才能有所作为。并非所有的环境都是相同的。

管理者的工作成效通常取决于他们对环境的了解、认识和掌握的程度，取决于他们能否正确、及时和迅速地对内外部环境做出反应。那么，怎样来衡量管理环境的不同呢？环境的不同是由于我们所说的环境的不确定性程度不同造成的。可采用汤姆森（James D. Thompson，1920～1973年）所提出的方法，即用环境的变化程度（environmental uncertainty）和环境的复杂程度（environmental complexity）来衡量一个组织所处的环境。由环境的变化程度和环境的复杂程度可形成四种典型的组织环境，可用表 3-1 进行描述。

表 3-1 环境的不确定性矩阵

		变化程度	
		稳定	动态
复杂程度	简单	单元一 稳定的和可预测的环境； 环境影响要素少； 要素有某些相似并基本上保持不变； 环境要素容易了解	单元二 动态的和不可预测的环境； 环境影响要素少； 要素有某些相似但处于连续的变化过程中； 环境要素比较容易掌握
	复杂	单元三 稳定的和可预测的环境； 环境影响要素多； 要素间彼此不相似但单个要素基本上保持不变； 掌握环境要素较难	单元四 动态的和不可预测的环境； 环境影响要素多； 要素间彼此不相似并且处于连续变化中； 掌握环境要素困难

3.2.1 环境的变化程度

如果管理环境的构成要素经常变动，则称之为动态环境；如果变化很小，则称之为稳态环境。在稳态环境中或许没有新的竞争者或许现有竞争者没有新的技术突破，公众压力集团极少有影响组织的活动，等等。例如，Zippo 公司以其 Zippo 打火机而出名，它所处的就是相对稳定的环境。竞争者很少，没有什么技术变化。虽然这些打火机有其他用途，而且世界烟草消费量的居高不下使得全球市场仍具有相当大的吸引力，但是该公司面临的主要环境问题也许是吸烟者减少的趋势。

相比之下，唱片业的五大巨头，索尼公司、华纳公司（Warner）、宝丽金公司（BMG）、百代公司（EMI）和环球公司（Universal），面临的环境具有高度的不确定性和不可预测性。MP3 等数字格式和纳普斯特有限公司（Napster Inc）这样的交换音乐互相联网服务商，正将唱片业弄得天翻地覆。虽然长期以来这些唱片公司通过出售唱片（LP record）、磁带、CD 等有形商品获得了回报，但是数字化的未来代表着混沌和不确定。这样的环境绝对可以称其为动态环境。

可预测的快速变化又是何种情况呢？这是否也属于动态环境？零售百货商店是有个很恰当的例子。它们一般在 12 月份创造一年中 1/4 到 1/3 的营业额，12 月份到下年的 1 月份销售额便急剧下降。但是，由于这一变化是可以预测的，我们并不认为环境是动态的。当我们谈到变化程度时，我们指的是不可预测的变化。如果变化能够准确的预期，它就不是管理者必须应付的那种不确定性。

3.2.2 环境的复杂程度

复杂程度是指组织中的要素数量以及组织所拥有的与这些要素有关的知识广度。根据环境的复杂程度，组织环境可分为复杂环境和简单环境。一方面，一个组织需要接触的顾客、供应商、竞争对手、政府机构越少，其环境越简单；另一方面，当一个企业只订出10%的合同时，其环境复杂性增加，因为它还要与众多的用户接触以订出剩余的合同。

由表3-1可以看出，每个单元代表了变化程度和复杂程度的不同交点。单元一（稳定简单的环境）代表了不确定性水平最低的环境，单元四（动态复杂性环境）的不确定性水平最高。毋庸置疑，单元一中的管理者对组织成果的影响最大，而单元四中管理者的影响最小。

由于环境的不确定性威胁着一个组织的成败，因此管理者应该尽量将这种不确定性减至最低程度。假定可以选择，那么管理者都愿意在单元一那样的环境中经营，但是他们却极少能控制这种选择。此外，如今大多数行业正面临着更为动态的变化，这样他们的环境就更加不确定了。随着经济全球化和社会信息化的发展，组织所面临的环境日益复杂，而且环境的变化程度和复杂程度越来越超出我们的想象，因此，任何一个组织想要在这样的环境下更好地生存与发展，管理者就应该学会管理环境。

一般而言，除了某些实力雄厚的特大型组织能够对其环境施加一定影响外，大多数组织对于改变其外部环境是无能为力的，因而常常是环境主宰着组织而不是相反。但这并不是说管理者对外部环境的影响就无能为力了，管理环境是困难的，但又是可能的。说它困难是因为环境的组成因素是多变的、复杂的，环境的变化有时是不以主观意志为转移的，对组织的影响与作用有时是不可抗拒的；说它可能是因为不论环境是自然的还是社会的，都不是一成不变的，都有一定的规律可循；组织与环境都是自然的产物，它们相辅相成、相互影响。管理者可以而且应该学会管理环境。

首先，管理者要了解环境因素的变化情况。由于环境的客观性、多变性、复杂性，管理者要随时随地利用各种渠道与方法去认识、了解、掌握环境，认真地研究其变化的规律，预测环境变化的趋势及其可能对组织产生的影响。一般而言，了解、认识和掌握外部环境因素的变化是比较困难的，这就要求管理者花大量的精力收集各种信息，掌握第一手资料，从中了解在众多的因素中，哪些是对组织有利的，哪些会影响组织目标的实现。

其次，在了解和掌握各种环境因素的基础上，运用分析工具对其进行分析研究，确定各种环境因素对组织有什么影响、有多大的影响等。环境在不断地发生变化，研究工作也需要保持连续性。

3.3 组织文化

当我们走进一个单位时，我们首先感觉到的是所接触的员工的行为、单位的环境氛围、组织的办事效率，这些就是组织文化。认识一个组织，首先是从认识它的组织文化开始的。文化因素对组织的管理具有重要的意义和举足轻重的作用。

文化一词，在德文中为kultur，在英文中为culture，意为耕作、培养、教育、发展、尊重。18世纪以后，其含义逐步演化为个人素养，整个社会的知识、思想方面的素养、艺术、学术作品的汇集，以及引申为一定时代、一定地区的全部生活内容。《美国传统词典》的定义为："文化是人类群体或民族世代相传的行为模式、艺术、宗教信仰、群体组织和其他一切人类生产活动、思维活动的本质特征的总和。"关于文化的定义已不下百种，但归纳起来，可以分为广义与狭义之分。广义的文化是指人类劳动创造成果的总和，凡是超越人类本能的、人类有意识地作用于自然界和社会的一切活动，都属于广义的“文化”；而狭义的文化，则指与特定的民族的生产方式和生活方式相适应，以语言为符号传播的价值观念和行为准则。它包括社会意识形态，如思想、道德、风尚、宗教、文学艺术、科学技术、学术等，以及与之相适应的制度和组织。

一个人的文化是个体文化，有组织的群体文化是组织成员共同的文化，也就是组织文化。由于不同的组织由不同的成员组成，组织的经历、环境和传统也不相同，所以组织文化应是各具特色的。组织文化也是组织成员认同的文化。张瑞敏说，企业家在企业中的角色，第一是设计师，在企业发展中决定如何使企业结构适应企业发展；第二是牧师，不断布道，使员工自身价值的体现和组织目标的实现结合起来。组织文化无论在中国还是在外国，事实上早就存在，但作为概念和理论，则是美国管理学界在研究了东西方成功组织的主要特征，特别是在对美日组织进行了对比后，于20世纪80年代初提出来的。

3.3.1 组织文化的含义

组织文化是指以组织精神为核心，以组织文化理念群、组织价值取向、组织文化形态、组织副文化（或亚文化）精髓为主要内容，以组织物质文化、组织制度文化为支撑，以组织文化符号为外部记载、传播与输出的工具，融组织的宗旨、行为规范、伦理体系、价值准则、习俗、信仰、制度规定为一体的，以组织内部创造为主，以外部文化刺激、输入为辅形成的不同形态的特质所构成的复合体系。尽管组织的文化或强或弱，但都是实实在在存在的，在很多情况下是多年来处理问题成功经验的积累和沉淀。

组织文化具有无形性、软约束性、相对稳定性和连续性等特征。组织文化具有很强的行为塑造力，可以促进一个组织的发展，也可以加速一个组织的衰败。在1982年7月出版的《公司文化——公司生活的礼节和仪式》一书中，作者——哈佛大学的特伦斯·迪尔教授和麦金赛咨询公司顾问阿伦·肯尼迪——提出构成企业文化的要素有5项：

“组织环境”——对企业文化的形成影响最大、决定组织成功的关键因素；

“价值观”——企业的基本思想和信念，它们本身就形成了企业文化的核心；

“英雄人物”——把企业的价值观人格化且本身为职工们提供了具体的楷模；

“礼节和礼仪”——公司日常生活中的惯例和常规，向职工们表明对他们所期望的行为模式；

“文化网络”——企业内部的主要（但非正式的）交际手段，公司价值观和英雄人物传奇故事的“运载工具”。

3.3.2 组织文化的结构

组织文化的结构大致可分为3个层次，即精神层、制度层和物质层，如图3-2所示。

3.3.2.1 精神层

组织精神文化是指一个组织在运行过程中形成的，并为全体成员普遍接受和共同奉行的组织哲学、理念、价值观念、精神和伦理道德的总和，它是组织文化的核心和灵魂，是形成组织文化物质层和制度层的基础和原因。组织文化中有没有精神层是衡量一个组织是否形成了自己的组织文化的标志和标准。组织文化的精神层包括以下六个方面：

(1)组织精神。它是现代意识与组织个性相结合形成的一种群体意识，是组织全体（或多数）员工共同信守或拥有的基本信念、意志品质和思想境界。组织精神随着组织的发展而逐步形成并固化下来，是对组织现有的观念意识、传统习惯、行为方式中的积极因素进行总结、提炼及倡导的结果。

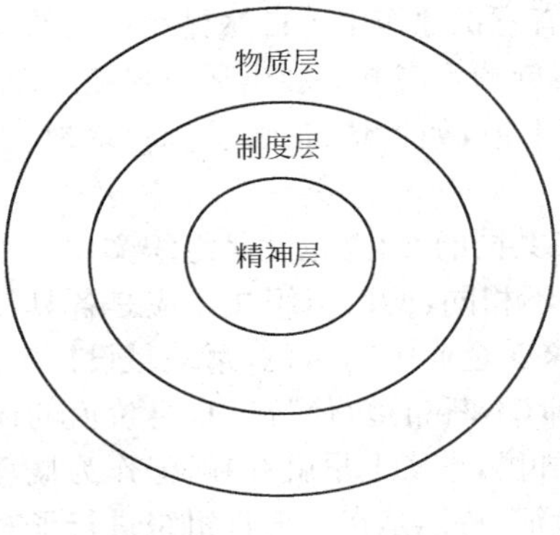

图 3-2　组织文化三个层次

(2)组织最高目标。它是组织全体员工的共同追求,是全体员工的共同价值观的集中表现,同时又是组织文化建设的出发点和归宿。一个组织的最高目标反映了组织领导者和职工的追求层次和理想抱负。有了明确而崇高的组织目标,就可以发动群体,激发广大职工的主动性、积极性、创造性,增强其成就感,还可以防止短期行为。如果组织把自己的命运与国家、民族的利益密切联系起来,就能形成了高尚的组织追求。

(3)组织经营哲学。它是组织领导者为实现组织目标而在整个生产经营管理活动中坚持的基本信念,是组织领导者对组织生产经营方针、发展战略和策略的哲学思考和抽象概括。只有以正确的组织经营哲学为基础,组织内的资金、人员、设备才能真正发挥效力。有了正确的组织经营哲学,组织领导者处理组织生产经营管理中发生的一切问题才会有正确的依据。组织经营哲学的形成首先是由组织所处的社会经济制度及周围环境等客观因素决定的,同时也受组织领导人价值观念、政策水平、知识水平、实践经验、思想方法、工作作风及性格等主观因素的影响。虽然组织经营哲学与组织领导人的关系最为密切,但也应为广大员工所认可和接受。组织要摒弃社会道德中的消极面,鼓励积极面,培育独具特色的组织道德。良好的组织道德要能引导干部、职工正确处理国家、组织与个人的关系,时刻以国家利益、组织利益为重,并尽可能把三者的利益统一起来。

(4)组织风气。组织作为一个社会群体,有其特有的风气。它是组织文化的外在表现,是组织及其员工在长期的生产经营活动以及共同的生活中逐步形成的一种精神状态及精神风貌。人们总是通过一个组织职工的言行举止感受到这个组织的风气的,透过组织风气又可以体会到组织全体职工共同遵循的价值观念,从而深刻地感受到该组织的组织文化。

一个组织的组织风气一般有两层含义。第一层是指一般的良好风气。所谓风气就不是个别人、个别事、个别现象,只有形成了带普遍性的、重复出现的和相对稳定的行为心理状态,并成为影响整个组织活动的重要因素时,才具有“风”的意义。例如,开拓进取之风、团结友爱之风、艰苦朴素之风、顽强拼搏之风等等,这是一般意义上的厂风,即组织风气。第二层是指一个组织区别于其他组织的独特风气,即在一个组织中最具特色、最突出和最典型的某些作风。它体现在组织活动的各个方面,形成全体职工特有的活动样式,构成该组织的个性特点。

组织风气是约定俗成的行为规范,是组织文化在职工的思想作风、传统习惯、工作方式、生活方式等方面的综合反映。组织风气一旦形成就会在组织内造成一定的氛围,并形成组织集体的心理定式,形成集体多数成员一致的态度和行为方式,因而成为影响组织全体成员的无形的巨大力量。

组织风气所形成的文化氛围对一切外来信息有筛选作用。同一种不良的社会思潮,如个人主义思潮,在组织文化贫乏、组织风气较差的组织可能会造成工作积极性下降、人际关系紧张、凝聚力减弱、人心涣散等灾难性后果;而在组织文化完善、组织风气健康的组织,则全体职工可能会与组织同呼吸共命运、同舟共济、扶正压邪、战胜困难,保证组织健康发展。

(5)组织道德。道德是依靠社会舆论和人的内心信念来维持的,调整人们相互关系的行为规范的总和。组织道德是组织内部调整人与人、单位与单位、个人与集体、个人与社会、组织与社会之间关系的准则和规范。其内容包括道德意识、道德关系和道德行为三部分。道德意识是道德体系的基础和前提,它包括道德观念、道德情感、道德意志和道德信念;道德关系是人们在道德意识支配下形成的一种特殊的社会关系；道德行为是人们在道德实践中处理矛盾冲突时所选择的某种行为。组织是开放性的，它与社会有着千丝万缕的联系，因而组织道德也受到社会道德的深刻影响。组织要摒弃社会道德中的消极面，鼓励积极面，培育独具特色的组织道德。良好的组织道德要能引导干部、员工正确处理国家、组织与个人的关系，时刻以国家利益、组织利益为重，并尽可能把三者的利益统一起来。

(6)组织宗旨。这是指组织存在的价值及其作为经济单位对社会的承诺。作为从事生产、流通和服务活动的经济单位，组织对内、对外都承担着义务。对内，组织要实现其发展，使职工获得基本的生活保证并不断改善其福利待遇；对外，组织要生产出合格的产品，提供满意的服务，满足消费者的需求，从而为社会物质文明和精神文明的进步做出贡献。

上述六个方面共同构成了组织文化的精神层，各方面都有所侧重、角度不同；但是，在本质上它们又是统一的、协调的。在内容上，六个方面互有交叉，对组织文化进行设计时，不一定要对六个方面作严格的区分。只要在内容上涵盖了全部六个方面，这一组织文化的精神层就是完整的。

3.3.2.2 制度层

组织制度是组织对其成员的行为带有强制性并能保障成员一定权利的各种规定。它是组织文化的中间层次，主要是指对组织职工和组织行为产生规范性、约束性影响的部分，它主要规定了组织成员在共同的生产经营活动中所应当遵循的行动准则及风俗习惯。它是组织理念、价值观、精神和伦理道德的具体反映，将抽象的意识转变为具体的条文，使其更明确、更具体，具有可执行性。它是物质文化实现的保证，并从制度上保证物质文化的正常运行。制度层主要包括以下三个方面：

(1)一般制度。组织中存在一些带有普遍性的制度，均应包括在组织一般制度之内。

(2)特殊制度。这主要是指该组织独有的、非一般性的制度。与管理制度相比，特殊制度更能反映一个组织的管理特色、文化特色。有良好组织文化的组织，也必然有多种多样的特殊制度；组织文化贫乏的组织，则往往忽视特殊制度的建设。

(3)组织风俗。这是指组织长期相沿、约定俗成的典礼、仪式、行为习惯、节日、活动。组织风俗与管理制度、特殊制度不同，它不表现为确定的文字条目，也不需强制执行，它完全靠习惯、偏好的势力维持。它由精神层所主导，又反作用于精神层。组织风俗可自然形成，也可人为开发，一种活动、习俗，一旦为全体职工所接受并沿袭下来，就成为组织风俗的一种。

3.3.2.3 物质层

物质层是组织文化的表层部分，是组织文化的外在表现，是精神层的载体，它往往能折射出组织的经营思想、经营管理哲学、工作作风和审美意识。它代表着组织的信誉、产品的质量、品牌的价值、人员的素质、管理的效率等，是组织的无形资产，也是组织重要的战略资源。企业物质层主要包括以下几方面：

(1)企业标志、标准字、标准色；

(2)厂容厂貌，包括企业的自然环境、建筑风格、车间和办公室的设计和布置方式、厂区和生活区的绿化美化、工厂污染的治理等；

(3)产品的特色、式样、品质、包装等；

(4)企业的技术工艺设备特性；

(5)厂服、厂旗、厂徽、厂花、厂歌；

(6)企业的文化体育生活设施；

(7)企业造型或纪念建筑；

(8)企业的纪念品；

(9)企业的文化传播网络,如报纸、刊物、广播电视、宣传栏、广告牌等。

组织文化的物质层稳定性较强,例如风靡全球的可口可乐,它那独特的红白两色标志,历经百年,基本上没有变更过,现在,世界各国的人们只要看见这个标志,就会立刻辨认出:这是可口可乐。又如美国汽车以豪华、马力大为特点,日本汽车以省油为特点,德国“奔驰”汽车以耐用为特点,英国“劳斯莱斯”汽车以华贵为特点,这些特点都已坚持了几十年上百年。正因这样,各国汽车才能各占一份市场、共存共荣。

从上面的分析可知,组织文化的精神层、制度层和物质层是不可分割、浑然一体的。精神层是物质层和制度层的思想内涵,是组织文化的核心和灵魂;制度层制约和规范着物质层和精神层的建设,没有严格的规章制度,组织文化建设也就无从谈起;物质层是组织文化的外在表现,是精神层和制度层的物质载体。

3.3.3 组织文化的形成与培养

组织文化是如何形成的呢?组织创始人的价值观和言行奠定了组织早期文化的基调。组织文化的导向很大程度上依赖于组织高层管理者的经营理念、管理哲学和言行,尤其是对于处于创业期和成长期的企业。

一个组织的精神文化常常反映的是组织创始人的远见和使命追求,因为创始人有着独创思想,所以他们对如何实施这些想法存在倾向性,不为已有的习惯或意识所束缚。创始人通过描绘组织应该是什么样子的方式来建立组织早期的文化。由于新组织的规模较小,从而使得创始人能够使其远见深刻地影响组织的全体成员。所以,一个组织的文化是以下两方面相互作用的结果:

(1)创始人的倾向性和假设;

(2)第一批成员从自己的经验中领悟到的东西。

组织文化是以组织内成员特别是创始人已有的思想为基础,通过组织运行和实践逐步形成的。

培养组织文化包括以下6个环节:

(1)分析与诊断。首先应全面收集资料,对组织现存的文化进行系统分析,自我诊断。看看组织创建以来,已经形成了什么样的传统作风、行为模式和特点;现有文化中哪些是积极向上的,哪些是保守落后的;哪些是应该发扬的,哪些则应该摒弃。

(2)条理化。在分析诊断的基础上,进一步归纳总结,把组织最优秀的东西加以完善和条理化,用富于哲理的语言表达出来,形成制度、规范、口号、守则。

(3)自我设计。在现有组织文化的基础上,根据本组织的特色,发动组织全体成员参与组织文化的设计。通过各种设计方案的归纳、比较、融合、提炼,集组织员工的信念、意识和行为准则于一身,融共同理想、组织目标、社会责任和职业道德于一体,设计出具有特色的组织文化。

(4)倡导与强化。通过各种途径大力倡导新文化,使新观念深入人心。在组织管理中,通过各种手段强化新的价值观,使之约定俗成,得到广大成员的接受和认可。

(5)实践与提高。用新的价值观指导实践,在活动中进一步把感性的东西上升为理性的东西,把实践的东西变成理论的东西,把少数人的看法变成全员的观念,不断提高组织文化的层次。

(6)适时发展。在组织的不同发展阶段,组织文化应有不同的内容和风格,应当根据形势的发展和需要,使组织文化不断更新、整合、优化。

3.3.4 组织文化对管理的作用

“天下之至柔,驰骋于天下之至坚,无有入无间”,这是老子对水的特性描述,即天下最柔弱的东西能影响天下最坚硬的东西，并能穿透它，无形状的东西能进入没有间隙的实体。组织文化像水一样没有形状，它存在于员工的心灵之中，自动指导员工的行为。组织文化像水一样既贯穿于组织各种管理之中，又独立于组织各种管理，它既体现了组织文化在组织管理中无处不在的管理现象，又体现了组织文化主导组织中的各种管理。

组织文化对管理发挥着重要作用：

(1)它为组织提供价值标准，形成组织共识和导向。共同的价值观念形成了共同的目标和理想，组织成员与组织成为一个命运共同体。管理的问题之一是文化价值观的贯彻，美国管理学家彼得·德鲁克认为，管理的全过程就是使个人、社团和社会的价值观为了一个共同的经营目标而成为生产过程的有机组成部分。

(2)它为组织增加凝聚力，强化团队意识，使组织成员像一个人在行动。这个人就是一个组织巨人，他在市场上的竞争力要远大于组织成员行动不一致的组织。

(3)组织文化形成的共同价值观规范了组织行为和员工行为。组织价值观对组织和员工行为具有规范作用，什么样的行为符合组织价值观，什么样的行为不符合组织价值观，不仅通过规章制度等硬性手段加以实现，还通过群体氛围、传统习惯和舆论引导来实现。

(4)共同的价值观念使每个组织成员都感到自己价值的实现，得到精神需求的满足和激励。当组织目标得以实现，在社会上产生影响时，组织成员会产生强烈的荣誉感和自豪感，他们会加倍努力，用自己的实际行动去工作。

(5)文化价值观念的认同，更主要的是它会给组织文化注入新的活力因素，保持组织具有不断变革的动力，组织文化不是一成不变的，组织变革也是一个持续的过程。

复习思考题

一、名词解释

一般环境　　具体环境　　环境复杂性程度　　组织文化

二、选择题

(1)下列属于组织外部一般环境的是(　)。

A. 经济条件　　B. 供应商　　C. 企业文化　　D. 顾客

(2)一家用器械制造商以往从未向美国大型百货店提供过产品，最近却与西尔斯百货公司签订了一份3年期合同，将其洗衣机产品40%的生产量集中出售给西尔斯公司。这一行动使该制造商的经营环境发生了何种变化？(　)

A. 环境复杂性降低　　B. 环境复杂性升高

C. 环境动态性降低　　D. 环境动态性升高

(3)通过市场调查发现，保健品市场的兴起是由于人们价值观念变化引起的，这一因素属于(　)。

A. 外部经济因素　　B. 外部技术因素　　C. 外部社会因素　　D. 外部政治因素

(4)构成具体环境的主要因素不包括(　)。

A. 供应商　　B. 所有者　　C. 竞争者　　D. 顾客

(5)环境的不确定性的度量维度有(　)。

A. 变化程度　　B. 复杂程度　　C. A+B　　D. 都不是

(6)如果员工已经在寻求更多的生活平衡，组织必须制定家庭休假政策、更为弹性的工作时间和安排，甚至是公众场合的儿童看护设施，以作出适当的调整，以上组织做出应对策略主要考虑的是(　)。

A. 政治环境　　B. 法律环境　　C. 经济环境　　D. 社会文化环境

(7)大量成功的零售商，如联华、沃尔玛和利米特公司，利用尖端的库存信息系统，以精确地把握当前销售趋势，以上这些零售商的成功主要依靠了(　)。

A. 经济条件　　B. 政治条件　　C. 法律条件　　D. 技术条件

(8)伦理属于组织环境中的(　)。

A. 政治/法律环境　　B. 社会文化环境　　C. 外部环境　　D. 内部环境

(9)在组织文化的结构中，(　)层是组织文化的核心和灵魂。

A. 制度层　　B. 物质层　　C. 精神层

(10)针对目前煤矿事故频频发生，国家制定了整顿治理煤矿的规定，使国有大型煤矿哪种环境发生了什么变化？(　)

A. 一般环境动荡　　B. 具体环境平稳　　C. 一般环境平稳　　D. 具体环境动荡

三、简述题

(1)供应商是如何对企业产生影响的？

(2)简述组织环境的分类。

(3)管理者如何度量和处理环境的不确定性？

(4)组织文化是如何形成和培养的？

(5)顾客对企业的影响表现在哪些方面？

四、论述题

(1)王力经过精心准备，成立了一家小区物业公司，请你帮助王力对新公司的具体环境进行分析。

(2)企业家在企业文化形成过程中有何作用？

五、案例分析题

迪斯尼败走巴黎

1984年，美国沃特·迪斯尼集团提出跨国经营的战略目标，首选开设东京迪斯尼乐园。由于是第一次在国外开设迪斯尼乐园，经验少，风险高，因此决定采用不投资、不参股，只向日方转让技术的方式，收取技术转让费和管理服务费，由日方的东方地产公司投资建造和经营，结果是意想不到的成功。当年游客达l000万人次，突破了预计指标，到1990年游客已经达到每年1400万人次，超过美国加州的迪斯尼乐园游客人数。

东京迪斯尼乐园的成功，增强了沃特·迪斯尼集团的信心。但技术转让方式风险低，利润有限。除去开办时的咨询费外，仅限门票收入的10%和国内商品销售额的5%。于是1992年开办第二个巴黎迪斯尼乐园时采取了股份合资的方式，投资18亿美元，在巴黎郊外开办了占地4500公顷的大型游乐场。奇怪的是，巴黎迪斯尼乐园第一年的游客人数大大低于预计指标，当年亏损9亿美元，迫使巴黎迪斯尼乐园关闭了一所附设旅馆，解雇了950名雇员，全面推迟了二期工程的开发。巴黎迪斯尼的股票价格从164法郎跌到68法郎。欧洲舆论界戏称巴黎迪斯尼是“欧洲倒霉地”。

问题：

东京模式的成功和巴黎模式的失败说明了什么？

4 决　策

学完本章后,你应该能够:

(1)理解决策的定义和科学决策的过程,了解决策的分类;

(2)掌握决策过程中常用的方法;

(3)体会决策是科学性和艺术性的统一;

(4)掌握常用的预测方法。

4.1 决策的定义和分类

决策是管理者从事管理工作的基础。作为一个管理者每天都必须面对大量各种各样的决策,如计划如何制定,人员如何安排,是否投资,是否在组织中进行培训等等,决策尤其是重大决策的质量严重影响着组织的生存和发展。

4.1.1 决策的定义

关于决策的定义,不同的学者有不同的看法,但是这些理解在本质上是基本一致的。根据科学决策理论,决策是为了达到某一个特定的目标而从若干个可行方案中选择一个满意方案的分析判断过程。对于这个定义,可以这样理解:

(1)决策的目标是为了解决问题或者利用机会。决策之所以存在不外乎是存在有待解决的问题或者待利用的机会,例如企业中出勤率持续降低或者国家税收政策出现利于企业发展的调整等,这就需要管理者决定如何解决问题或者利用机会,于是决策的目标就出现了。决策的目标不同,相应的可行方案以及选择方案的标准也不尽相同,这要求决策者在决策之前首先要明确决策要达到的目的是什么,要解决的问题是什么,而不是首先备制可行方案。

(2)决策是一个过程。决策不是一个结果或者最后选中的一个方案,它是指获得最后方案的过程。这个过程从时间上来讲不是一个瞬间的概念,尤其是对于影响重大、涉及因素较多的决策来说,它至少包括以下几个环节:分析问题,确定目标,备制可行方案和选择满意方案。

(3)决策的结果是一个满意方案,而非最优方案。要使得决策的结果最优,必须满足以下条件:

1)可以获得与决策有关的全部信息。

2)了解全部信息的价值,合理的备制可行方案。

3)可以预知每个方案在未来执行的结果。

上述条件往往是无法全部满足的,在通常情况下,我们都无法得到有关决策方案的全部信息,因而无法穷尽所有方案,也就无法达到所谓最优;有时虽然可以穷尽所有方案,但是得到它的过程却是不经济的;还有的时候,即使我们可以找到经济的最优方案,但是由于未来的不确定性,我们也不能说这个方案在未来实施就一定会产生最优的结果。因而决策者只需要找到一个满意方案就可以了,这个满意方案能使决策的主要目标得以实现,次要目标足够好。

4.1.2 决策的分类

决策根据其要解决的问题或者利用机会的内容和性质的不同,可以分为很多类型。

4.1.2.1 战略决策、战术决策与业务决策

按照决策的重要性程度和作用范围的不同，可将其分为战略决策、战术决策和业务决策。

(1)战略决策。指事关组织未来发展的方向性、全局性、长远性问题的决策，通常包括组织目标、方针的确定，组织机构的调整，企业产品的更新换代，技术改造，重大投资等等，这些问题对于组织来说最为重要，涉及组织生存发展的方方面面，影响时间较长，还是战术决策和业务决策的主要依据，主要由组织中的高层管理层做出。

(2)战术决策。又称管理决策，属于战略决策执行过程中的具体决策。战术决策旨在实现组织中各环节、各要素的高度协调和资源的合理使用，如企业生产计划和销售计划的制定、设备的更新、新产品的定价以及资金的筹措等都属于战术决策的范畴，一般由组织的中层管理层负责进行。

(3)业务决策。又称执行性决策，为战术决策服务，同时也是战术决策的延续和具体化，具有局部性和短期性，重点解决日常作业中如何有效组织、如何提高工作效率的问题。这类问题牵涉范围较窄，只对组织产生局部影响。属于业务决策范畴的主要有：工作任务的日常分配和检查、工作日程(生产进度)的安排和监督、岗位责任制的制定和执行、库存的控制以及材料的采购等，一般由基层管理层负责进行。

4.1.2.2 单目标决策与多目标决策

按照决策目标的多少，可以把决策分为单目标决策和多目标决策。

(1)单目标决策。只有一个决策目标的决策称为单目标决策，例如，工程项目决策中只考虑“经济效益”一个目标，这种决策比较简单。但是在社会经济生活中很多问题的决策不可能只考虑一个目标，否则将作出片面的甚至是错误的决策。

(2)多目标决策。在实际问题中，绝大多数管理决策都是要考虑两个或两个以上的目标，这种决策称为多目标决策，例如，工程项目决策时不仅要考虑经济效益，而且还要考虑项目的社会效益。多目标决策要比单目标决策困难许多，需要根据某种规则在这些目标之间寻求调和与折中。

4.1.2.3 群体决策与个人决策

按照决策主体数量的不同，可把决策分为群体决策与个人决策。

群体决策是一种强调全体成员形成共同认识、直接参与的决策方式，是指由多个人一起作出的决策。在这种方式下，决策是由有关人员直接参与全部过程，并以一致同意或多数赞成的原则来作出的。个人决策是一种突出个人在组织中的地位的决策方式，在个人决策中尽管也有其他下属提供资料、提出和分析可行性研究方案等参与或参谋活动，但决策完全由组织中最高负责人独立做出。

相对于个人决策，群体决策有一些优点：

(1)能更大范围地汇总信息；

(2)能拟定更多的备选方案；

(3)能得到更多的认同；

(4)能做出更好的决策等。

不过，群体决策也有一些缺点，如花费较多的时间、容易产生“群体思维”以及责任不明等。

4.1.2.4 程序化决策与非程序化决策

按照决策所涉及问题的性质不同，可把决策分为程序化决策与非程序化决策。

组织中的问题可被分为两类：一类是例行问题，另一类是例外问题。例行问题是指那些重复

出现的、对其性质结构以及在未来的发展趋势都比较清楚的问题，如管理者日常遇到的产品质量、设备故障、现金短缺、供货单位未按时履行合同等问题；例外问题则是指那些偶然发生的、新颖的、性质和结构不明的、具有重大影响的问题，如重大投资、开发新产品或开拓新市场、重要的人事任免以及重大政策的制定等问题。例行问题因为经常出现，容易找出规律，可以制定一套处理的办法或程序，照章执行，进行程序化决策就可以了。而例外问题是偶然发生且影响重大，通常需要决策者具体问题具体分析，进行非程序化决策。

4.1.2.5　确定型决策、风险型决策与不确定型决策

从环境因素的可控程度看，可把决策分为确定型决策、风险型决策与不确定型决策。

(1)确定型决策是指在稳定条件下进行的决策。在确定型决策中，决策者确切知道哪一种自然状态会发生，因而每个方案只有一个确定的结果，最终选择哪个方案取决于对各个方案结果的直接比较，这类决策问题一般可以运用数学模型求得最优解。

(2)风险型决策也称随机决策，在这类决策中，决策者对未来的情况无法做出肯定的判断，所面临的自然状态是一种随机事件，即一个方案可能出现几个不同的结果，每种结果确知，但是出现哪种结果是随机的。决策者可以根据以往相似事件的统计资料估计出各种自然状态出现的概率，决策的结果只能按概率来确定，决策存在着风险。

(3)不确定型决策是指在不稳定条件下进行的决策。在不确定型决策中，决策者可能不知道有多少种自然状态会出现，即便知道，也不能知道每种自然状态发生的概率，最不确定的情况是连各种方案在未来实施可能出现的结果都无法估计。决策者只能凭借自身的经验或者感觉决定一些原则来进行决策。在现实生活中大量存在的是不确定型决策。

4.1.2.6　理性决策、有限理性决策和直觉决策

根据合乎逻辑的程度可将决策分为理性决策、有限理性决策和直觉决策。

理性决策是指决策必须完全客观和合乎逻辑。在理性决策中，问题是清楚的和无歧义的，决策者被假定为拥有与决策情景有关的完整信息；有唯一的、明确的、试图实现的目标；决策者能够确定所有相关的标准，并能列出所有可行的方案，而且决策者还能意识到每一个方案所有可能的结果；决策标准和备选方案能按其重要性进行排序；取得信息不受时间和成本上的约束；决策者总是选择那些能产生最大经济收益的方案。

而现实生活中的理性决策的假定条件常常是难以做到的，于是存在着有限理性决策。决策的有限理性主要体现在：个人的信息处理能力是有限的；许多决策者选择信息是出于易获得性，而不是出于其质量和重要程度；由于感情因素，人们的注意力总是集中于一定的问题而忽略其他问题；决策者倾向于过早地在决策过程中偏向于某个具体的方案，从而有失客观；组织对决策者施加着时间和成本的压力；决策有时在很大程度上是权力和政治施加影响的结果；从前的决策先例制约着现在的选择；传统思维和习惯思维会制约创新方案的提出。

直觉决策，是指决策者决定将其自身或他人的直觉思维认知结果付诸到实践中执行的过程。直觉决策的整个决策过程以人的直觉能力为重要手段。直觉决策一般发生在下列情况：存在高不确定性时；极少有先例存在时；变化难以科学预测时；事实有限时；分析性数据用途不大时；当需要从几个可行方案中选择一个，而每一个方案的评价都良好时；时间有限，并且存在提出正确决策的压力时。一般地讲，在风险型决策、不确定型决策或非程序化决策、战略决策中应用直觉能力决策较多。

4.1.3　决策的重要性

(1)决策是最重要的管理活动。管理活动颇多，其中最为重要的是决策。决策的实质是对未

来行动方向、路线、措施等的选择。决策的正确与否,尤其是重大决策的正确性、方向性决定着组织的成败。因此有人说,决策正确,行动就成功了一半。

(2)决策贯穿于管理的全过程和各个方面。管理实际上是一个不断地做出决策和实施决策的过程。没有决策,就没有管理。在一次管理循环中,计划是开端,实施决策过程中的控制是终点,在这个循环中,离不开决策。而一切管理人员都是决策者,都必须在自己的职责范围内作出决策,实施决策。公司的总经理、董事长是决策者,车间的班组长、工段长也是决策者,不同的只是决策内容的差别而已。

(3)决策能力是管理者必须具备的最基本、最重要的能力。

管理离不开决策,管理人员首先必须具备的就是决策能力。一个人的决策能力是其各方面能力的集中体现,一个管理者所处的层次越高,所具备的决策能力就应越强。

4.1.4 决策理论

4.1.4.1 古典决策理论

古典决策理论又称规范决策理论,是基于"理性的经济人"假设提出来的,认为作为决策者的管理者是完全理性的,决策环境条件的稳定与否是可以被改变的,在决策者充分了解有关信息情报的情况下,是完全可以作出完成组织目标的最佳决策的,应该从经济的角度来看待决策问题,即决策的目的在于为组织获取最大的经济利益。该理论主要盛行于20世纪50年代以前。

4.1.4.2 行为决策理论

行为决策理论的发展始于20世纪50年代。赫伯特·西蒙认为理性的和经济的标准都无法确切说明管理的决策过程,进而提出"有限理性"标准和"满意度"原则。其他学者从心理学的角度对决策者行为做了进一步的研究,认为影响决策者进行决策的不仅有经济因素,还有其个人的心理与行为特点,如知觉上的偏差、以往具有的经验、对待风险的态度、动机等等都强烈地影响着决策的结果,这些深深地说明了决策的有限理性。

此外林德布洛姆"渐进决策"模式也对"完全理性"模式提出了挑战。林德布洛姆认为决策过程应是一个渐进过程,而不应大起大落,否则会危及社会稳定,给组织带来组织结构、心理倾向和习惯等的震荡和资金困难,也使决策者不可能了解和思考全部方案并弄清每种方案的结果。因此,"按部就班、修修补补的渐进主义决策者或安于现状的人,似乎不是一位'叱咤风云'的英雄人物,而实际上是能够清醒地认识到自己是在与无边无际的宇宙进行搏斗的足智多谋的解决问题的决策者"。这说明,决策不能只遵循一种固定的程序,而应根据组织内外环境的变化进行适时的调整和补充。

4.1.4.3 目前决策理论的发展

继古典决策理论和行为决策理论之后,决策理论有了进一步的发展,经历了一个从个体决策研究向组织和群体决策研究的过程。西蒙认为,组织决策的一个根本的特征是组织中决策前提的传递。在一个组织中每一个人在做决策时,还必须考虑到其他人的决策,即每个人要想唯一地确定其行动的后果,必须知道别人将如何行动。群体决策是近年来决策理论研究的一个热门方向,该理论目前已在对策论、谈判理论等领域取得了许多新的进展。

随着计算机技术的飞速发展和普遍运用,出现了决策支持系统(DSS)、群体决策支持系统(GDSS)、群体支持系统(GSS)等技术和工具,这类系统是以管理科学、运筹学、控制论和行为科学为基础,以计算机技术、仿真技术和信息技术为手段,面对半结构化的决策问题,辅助支持中、高层决策者的决策活动,具有智能作用的人-机计算机网络系统。

4.1.5 决策科学性和艺术性的统一

大量事例表明决策作为科学在管理实践中已经发挥了巨大的作用，各种决策理论和方法奠定了成功管理的基础。如果不遵循科学的决策程序和方法，将会导致决策失误，造成重大损失。另一方面，决策在多数条件下无法像“精确科学”那样通过严密的分析、推理、综合等过程，得出唯一正确的结论。所以，机械地套用各种决策理论和决策方法是十分有害的，实际上决策是科学性与艺术性的统一体，原因如下：

(1)决策的对象是复杂多变的。决策问题所涉及的对象通常是包含着“人、事、物”的复杂系统，例如社会经济系统、企业系统、环境经济系统等。虽然经济学、管理学、社会学、人类学等学科对这类系统进行了大量的研究，但是人们对其系统结构和运动机理至今还没有十分透彻的认识。而且由于系统内外部的因素太多，难以用确切的变量对它们进行完整的描述，并且许多因素也无法进行量化。这样，决策者的经验、直觉和主观判断就不可避免地要在决策中发挥一定的作用。

(2)决策的环境是复杂多变的。决策系统受到外部环境的各种影响。这些影响因素有经济的、政策的、法律的、自然的、技术的、竞争对手的、市场的、消费者的、民众的和政府的等。对于大多数决策系统我们甚至无法全面了解系统所处环境的所有影响因素，无法收集这些因素的足够的信息，无法准确预测它们未来的变化趋势，当然更不可能去控制这些因素。这样，不管我们采取什么样的决策方案，都可能遭遇不同的环境状态(自然状态)，因而决策的后果也是不确定的，也就是说，无论采取什么决策都是有风险的。由于风险的不确定性和环境信息的缺乏，决策者对风险的态度和偏好等“非科学因素”对最终的决策将起到一定的作用。

(3)决策的规则是复杂多变的。设计备选方案没有固定的方法，而要在备选方案中挑选满意方案也没有一成不变的方法。对于同样一组备选方案，由于后果的不确定性、目标的多样性、决策者偏好的差异性，以及决策方法的多变性等原因，满意方案的确定是有“柔性”的，通常并不能得出一个公认的“标准答案”，最终选出什么方案主要取决于决策规则的不同。不同的决策问题有不同的决策规则，即使是同一类决策问题也会有不同的决策规则。对于大多数决策，决策者的素质和偏好、感情和情绪、社会关系、利益冲突、组织文化等非科学或非理性因素都将对决策产生影响。

(4)决策实施者的能力是复杂多变的。决策的成功与否，不仅取决于决策方案本身的优劣，而且在于方案的实施过程是否成功。在现实管理中，优秀的决策遭遇低劣的实施而导致决策失败的案例很多。实际上，决策方案的实施难度应当和决策实施者的能力相匹配。有时候，我们不得不牺牲一部分决策利益，来换取实施的简便性。

由以上的分析可以看到，决策的科学性和艺术性是一个统一体的两种特性。两者无法截然分开，过分强调任何一者都是不行的。由于决策问题所涉及的系统通常比较复杂，一方面，完全使用科学的方法难以解决问题，我们经常遇到缺乏数据而无法建模或者数据过多“分析致瘫”的问题；另一方面，完全采取艺术手段又缺乏客观依据，易于作出过于乐观或过于悲观的决策。所以，应当将两种决策方法结合运用。

4.2 决策的过程

决策是一个过程，不是一瞬间完成的简单判断和选择。虽然根据具体情况的不同，决策的类型和所面临的环境因素是多种多样的，不存在完全统一的决策步骤和模式。但是从总体上讲，各类决策在程序上还是具有规律性的，需要遵循一定的决策程序。实践证明，导致决策失败的原因之一就是没有很好的遵循科学的决策程序，因此管理者要提高决策的正确性，就有必要掌握科学的决策程序。

一般而言,决策的过程大致包括图 4-1 所示的几个步骤。

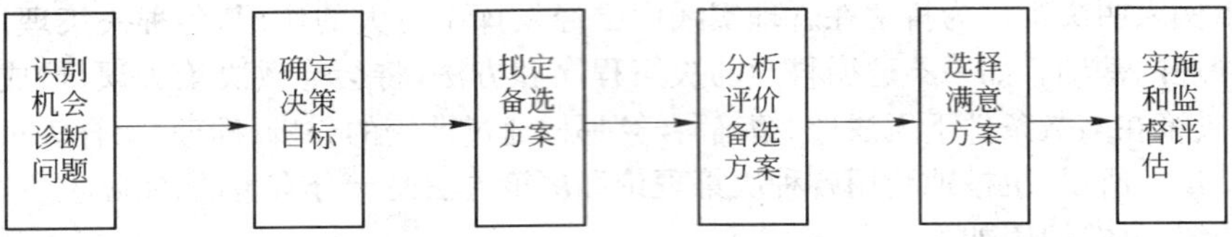

图 4-1　决策过程图

4.2.1　识别机会或者诊断问题

为什么会有决策存在,是因为有有待解决的问题或者待利用的机会。所谓问题就是实际状况和理想状况的差距,这种差距提示管理者有问题或者机会的存在,需要采取一定的行动来达到理想状况,这就是决策的起点。没有问题或者机会就不需要决策,更重要的是,如果对问题或者机会的认识不明确,就难以作出正确的决策。很多管理者热衷于把主要精力放在备选方案的制定或者决策方法的选择上,而忽略了对问题或机会本质的分析,经常导致决策方案实施以后问题依然存在的现象,既浪费了资源又贻误了战机。

当然,问题的本质经常是被各种各样的表面现象所掩盖的,要抓住问题的本质并不是一件容易的事情。例如某企业新型洗衣机上市以来多次遭到质量投诉,企业信誉面临危机,如果不经过仔细分析就简单地认为是生产过程质量不稳定而造成的,于是制定了“严把质量关”的应对方案。其实这样的情况可能是生产环节的问题,也可能是设计方面的问题,还可能是所采用的原材料的问题,也有可能是消费者使用不当的问题;这其中就涉及不同的人,不同的物,以及不同的解决方案。所以决策中究竟采取什么行动需要收集大量信息认真分析,找清问题的本质,才能对症下药。

4.2.2　确定决策目标

在明确了问题或者机会的基础上,需要确定决策的目标,即通过行动方案的实施希望达到的结果。目标的确定,需要收集组织内外多方面各层次的有利不利因素进行分析,结合组织发展的长远目标以及短期目标综合考虑,还要考虑组织的根本价值准则和决策者愿意为此付出的努力来进行确定,所以即使面临同样的问题,不同组织的决策目标也不尽相同。

另外,决策目标一方面是下一阶段制定备选方案的依据,同时也是行动方案执行过程中控制的标准,所以决策目标应当:

(1)明确而不会产生歧异,尽可能量化。例如用货币表示成本降低幅度,用时间来衡量服务响应的速度,用投诉件数来表示工作满意程度等,这样才便于实际的操作。

(2)区分多个目标的重要性程度。管理者经常会面临多目标的决策,目标越多,相应的决策难度就越大。所以尽量减少目标个数的同时应当确定目标的主次关系,以便迅速抓住问题的关键,选择行动方案。

4.2.3　拟订备选方案

拟订备选方案是决策过程中最具有创造性的工作,解决问题或利用机会通常会有多种途径可以达到,而这些途径并非全都是明确和标准的,在很多情况下决策人员需要根据自己或者决策群体已有的经验、经历、学识和掌握的信息从多个角度创造性地构造备选方案。常用选择备选方案的方法有头脑风暴法、哥顿法、名义组织技术等。

多方案比选是科学决策的原则之一，如果只有一个备选方案就不会存在比较和选择，而方案越多，最后选出的方案就在最大可能的程度上更优。因此备选方案的数量和质量实际上也决定着最后决策的质量，决策者应当尽可能多的提出高质量的方案。

4.2.4 分析评价备选方案

本过程需要对每一个备选方案进行分析评价，以至最后能够提出一个推荐方案。首先必须建立一套便于指导和判断的决策准则，这些准则实际上表明了决策者通过决策方案的实施希望达到的目标，以及对每个目标重要性程度的认识；然后根据各个方案的实际情况，使用决策准则加以判断，列出每个方案满足每个目标的利弊优劣，结合决策者对各目标的重视程度和对所付出代价的承受程度进行综合评价，最后提出推荐方案。

方案评价的指标归纳起来主要可以分为三类评价标准：方案的可行性，指方案实施的困难程度，即方案能否满足约束条件：方案的可接受性，决策者认为方案所获得的回报或价值的可接受程度，即方案实现决策目标的程度；方案的可靠性，方案实施出错的可能性，即对方案在实施过程中以及在实施以后的运行过程中可能出现的不良后果的可能性或风险的大小。

4.2.5 选择满意方案

所谓满意方案即在诸多可行方案中，在现实条件下，能够使主要目标得以实现，其他次要目标也足够好的合理方案。之所以不选最优方案，是因为最优方案在很多情况下是既不经济又不可行的。

为了做到科学决策，在选择之前需要借助专家或者智囊团的力量，广泛地听取意见，为最后的决策提供基础。但是最后的选择最终还是要由决策者来做出，作为决策者，既要相信专家，又要用科学的思维进行抉择，两者不可偏废，毕竟满不满意还是由决策者说了算。

4.2.6 实施和监督评估

方案的实施是决策过程中至关重要的一步。一方面，在方案选定以后，管理者就要制订实施方案的具体措施和步骤。而决策方案的选择建立在对问题和机会的预测上，因此，在实施过程中决策者要不断对方案进行监督、修改和完善，以适应变化了的形势。另一方面，决策实施中的不断积累，也为下一次同类问题的决策提供了经验。

4.3 决策方法

决策从本质上讲是人创造性思维活动的结果，是人对客观事物全面而本质认识的基础上进行的驾驭其发展的主观能力的体现。要想正确地决策，除了掌握更多的信息，遵循科学的决策程序之外，还必须掌握各种决策的方法。在实际工作中，人们已经开发和总结出很多决策方法，比如依照现有规章制度来进行决策的程序化决策方法，“摸着石头过河”的渐进式决策方法，根据经验来进行决策的经验式决策方法等等。总地来说，针对决策问题和决策环境性质的不同，决策方法可以分为三类：

(1)定性决策方法。决策者根据已知的情况和现有资料，直接利用个人的知识与经验和组织规章进行决策。这一类方法简单易行、经济方便，日常生活中大量的决策采用的都是这种方法。但是这类方法易受决策者本身的素质、学识、经验的影响。

(2)定量决策方法。它的核心是找出与决策有关的自变量和因变量，确定关系建立数学模型,通过计算求得答案,供决策者决策参考。此类方法在所需条件具备时一般较客观、准确,便于采用计算机辅助计算,并可进行多方案选优。但是这类方法需要较多的数据资料。

(3)定性与定量相结合的决策方法。由于大多数管理问题难以完全量化,因此随着科学技术的发展,出现了许多定性与定量相结合的决策方法,如系统动力学、层次分析法、指标评价法等。

各种决策方法各有优缺点,在实际决策中要根据各种决策问题灵活运用,这里只介绍部分常用的决策方法。

4.3.1 头脑风暴法

头脑风暴法也称作思维共振法,即通过有关专家之间的信息交流,引起思维共振,发表创造性意见。这种方法通常是将有关专家或人员集中在一起,在完全不受约束的条件下,敞开思路,畅所欲言。因此此法主要用于备制可行方案,寻求多种决策思路。这种方法的时间安排应在1~2小时,参加者以5~6人为宜。

头脑风暴法的创始人英国心理学家奥斯本为该决策方法的实施提出了四项原则:

(1)对别人的建议不作任何评价,将相互讨论限制在最低限度内。

(2)建议越多越好,在这个阶段,参与者不要考虑自己建议的质量,想到什么就说出来。

(3)鼓励每个人独立思考,广开思路,想法越新颖、越奇异越好。

(4)可以补充和完善已有的建议以使它更具说服力。

4.3.2 名义小组技术

在集体决策中,如对问题的性质不完全了解且意见分歧严重,则可采用名义小组技术。在这种技术下,小组的成员互不通气,也不在一起讨论、协商,从而小组只是名义上的。这种名义上的小组可以有效地保持各人的独立思考,并激发各人的创造力和想象力。

在这种技术下,管理者先召集一些专家,把要解决的问题的关键内容告诉他们,并请他们独立思考,要求每个人尽可能地把自己的备选方案和意见写下来。然后再按次序让他们一个接一个地陈述自己的方案和意见。在此基础上,由小组成员对提出的全部备选方案进行投票,根据投票结果,赞成人数最多的备选方案即为所要的方案,当然,管理者最后仍有权决定是接受还是拒绝这一方案。

4.3.3 经营方向决策法

4.3.3.1 经营单位组合分析法

经营单位组合分析法是美国波士顿咨询公司为大企业确定和平衡其各项经营业务发展方向和资源分配而提出的战略决策方法。其基本思想是,公司的某项经营业务到底是应该扩张、维持还是收缩,取决于该项经营业务的市场增长情况以及企业在该市场上的相对竞争地位,即使用业务增长率和市场占有率两个指标来反映。根据这两个指标,可以把企业的经营业务分为四种类型,如图4-2所示,企业应根据各类经营业务的特征,选择合适的活动方向。

金牛业务:该类业务拥有较高的市场占有率,能从经营中获得高额利润和高额现金回笼,但业务增长率低,不宜投入大量资金盲目追求发展。应采取维持的态度,使其成为企业发展其他业务的重要资金来源。

明星业务:该类经营业务的市场占有率和业务增长率较高,代表着较高的利润和最佳的投资机会,企业应投入必要的资金,增加它的生产规模。

幼童业务:这类经营业务的业务增长率较高,但市场占有率较低,可能是企业新进入的颇有

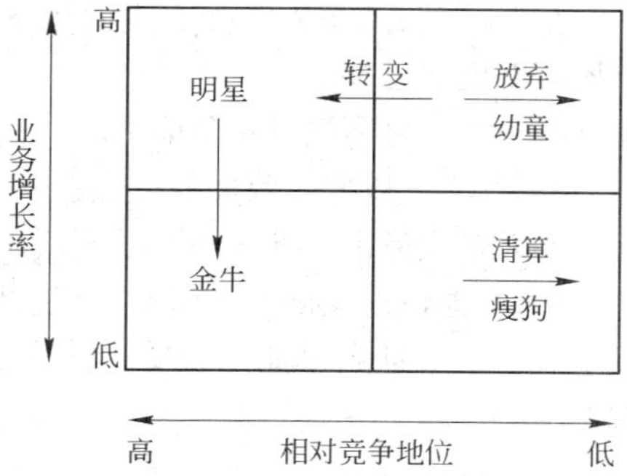

图 4-2　企业经营单位组合

前景的领域。此类业务自身不能提供满足自己高速发展所需的大量资金，需要企业的大力扶持，从而使“幼童”业务尽快转变成“明星”业务。但是如果决策者认为某些刚开发的业务并不可能转成为“明星”，则应及时采取放弃策略。

瘦狗业务：市场占有率和业务增长率都较低，甚至出现负增长。只能给企业带来较少的现金和利润，而维持其生产能力和竞争地位所需的资金甚至可能超过其所提供的现金，因此，企业应采取缩小规模或者清算、放弃的策略。

4.3.3.2　政策指导矩阵

政策指导矩阵从市场前景和相对竞争能力两个角度来分析企业各个经营单位的现状和特征，并把它们标示在矩阵上，据此指导企业活动方向的选择。市场前景吸引力分为强、中等、弱三种；相对竞争能力也分为强、中、弱三种，管理者可根据经营单位在矩阵中所处的位置来选择企业的活动方向，如图 4-3 所示。

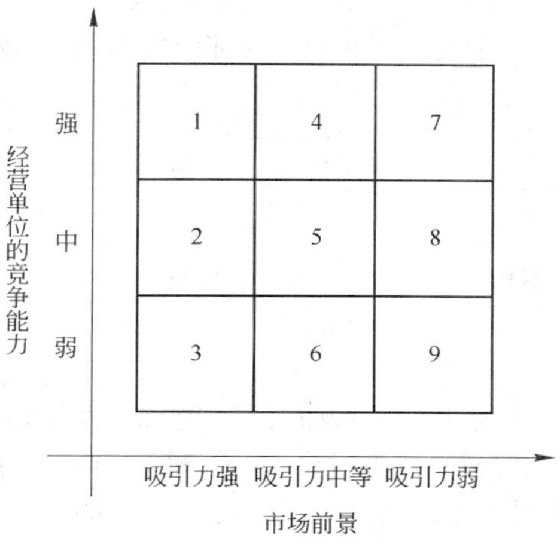

图 4-3　政策指导矩阵图

处于区域 1 和 4 的经营单位竞争能力较强，市场前景也较好。应优先发展这些经营单位，确保它们获取足够的资源，以维持自身的有利市场地位。

处于区域 2 的经营单位虽然市场前景较好，但企业没有充分利用，导致这些经营单位的竞争能力不够强。应分配给这些经营单位更多的资源以提高其竞争能力。

处于区域 3 的经营单位市场前景虽好，但竞争能力弱。要根据不同的情况来区别对待这些经营单位，最有前途的应得到迅速发展，其余的则需逐步淘汰，这是由于企业资源的有限性。

处于区域 5 的经营单位一般在市场上有 2 ~ 4 个强有力的竞争对手。应分配给这些经营单位足够的资源以使它们随着市场的发展而发展。

处于区域 6 和 8 的经营单位市场吸引力不强且竞争能力较弱,或虽有一定的竞争能力,但市场吸引力较弱。应缓慢放弃这些经营单位,以便把收回的资金投入到盈利能力更强的经营单位。

处于区域 7 的经营单位竞争能力较强但市场前景不容乐观。这些经营单位本身不应得到发展,但可利用它们的较强竞争能力为其他快速发展的经营单位提供资金支持。

处于区域 9 的经营单位市场前景暗淡且竞争能力较弱。应尽快放弃这些经营单位,把资金抽出来并转移到更有利的经营单位。

4.3.4　定量决策方法

4.3.4.1　确定型决策方法

确定型决策,指决策者在确知每一个备选方案在未来实施过程中只会碰到一种自然状态条件下进行的决策,因为这种自然状态肯定出现,所以不同方案在未来实施的结果是唯一并确知的,因而决策的最终结果是在多个备选方案的实施结果中选优。确定型决策方法有很多,这里主要介绍量本利分析法和线性规划法。

A　量本利分析法

量本利分析法又称盈亏平衡分析法,它是通过企业的产量或者销售量与成本和利润三者之间关系来进行决策的一种方法。运用这种方法可以了解企业的盈亏水平,生产经营是否处于安全区域,从而更好地决策。

这种方法假定:

(1)企业总销售收入和产量以及总成本与产量成线性关系。

(2)产品的总成本由固定成本和变动成本两个部分构成。

所谓固定成本就是不随产量的变动而变动的那部分成本;变动成本就是会随产量的变动而变动的成本。因而有:

$$Z = PQ - (F + vQ)$$

式中　Z——利润;

P——销售单价;

Q——产量(假设等于销售量);

F——固定成本;

v——单位变动成本。

总销售收入和总成本与产量之间的关系如图 4-4 所示。图中交点为产量的盈亏平衡点(或者保本点),指的是使销售收入等于总成本时对应的产量(Q_0)。当企业以大于这个产量的水平进行生产和销售时,处于盈利的状态;当企业以小于这个产量的水平进行生产和销售时,处于亏损的状态。

Q_0 计算公式推导为:

$$PQ_0 = (F + vQ_0)$$

$$Q_0 = F/(P - v)$$

【例 4-1】　已知某企业固定成本 80 万元,单位售价 2000 元,单位变动成本 1200 元,试计算:产量的盈亏平衡点和目标利润为 60 万元时的销售额。

解:已知 F =800000 元,P =2000 元,v =1200 元

产量的盈亏平衡点为:

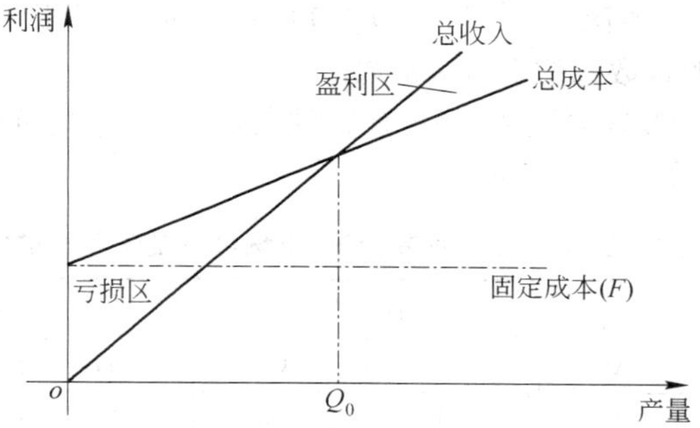

图 4-4　盈亏平衡分析图

$$\begin{aligned} Q_0 &= F/(P-v) \\ &= 800000/(2000-1200) \\ &= 1000(\text{台}) \end{aligned}$$

利润额为 60 万元时的产量为：

$$Z = PQ - (F + vQ)$$
$$PQ = Z + (F + vQ)$$
$$2000Q = 600000 + (800000 + 1200Q)$$
$$Q = 1750(\text{台})$$

对应销售额为：

$$PQ = 2000 \times 1750 = 3500000(\text{元})$$

B　线性规划

线性规划是运筹学当中的一个重要分枝，主要研究资源的合理配置问题，即在资源有限的条件下，如何配置使得经济效益最大，或者在经济效益一定的条件下，如何配置能够使得资源的使用最少。

a　线性规划模型

运用线性规划的方法进行资源的配置通常要构造出线性规划模型，标准的线性规划模型应当具有以下特点：

(1)用一组未知变量(决策变量 $x_1, x_2, x_3, \cdots, x_n$)表示要求的方案，不同的变量取值代表了不同的方案。通常，根据决策变量所代表的事物的特点可以对变量的取值加以约束，例如非负约束。

(2)存在一定的限制条件，通常称为约束条件，这些约束条件可以用一组线性等式或者线性不等式来表示。

(3)有一个目标要求，并且可以表示为决策变量的线性函数，称为目标函数，按所研究问题的不同，要求目标函数实现最大化或者最小化。

一般形式：

$$\max(\text{或 } \min) Z = c_1x_1 + c_2x_2 + \cdots + c_nx_n$$

$$\text{s.t.} \begin{cases} a_{11}x_1 + a_{12}x_2 + \cdots + a_{1n}x_n \leqslant (=, \geqslant) b_1 \\ a_{21}x_1 + a_{22}x_2 + \cdots + a_{2n}x_n \leqslant (=, \geqslant) b_2 \\ \vdots \qquad \vdots \qquad \vdots \\ a_{m1}x_1 + a_{m2}x_2 + \cdots + a_{mn}x_n \leqslant (=, \geqslant) b_m \\ x_1, x_2, \cdots, x_n \geqslant 0 \end{cases}$$

式中，$x_j(j=1,2,\cdots,n)$称为决策变量；$c_j(j=1,2,\cdots,n)$称为价值系数或目标函数系数；$b_i(i=1,2,\cdots,m)$称为资源常数或约束右端常数。

【例 4-2】 现有四种食物需要购买，每种食物的营养含量、市场价格以及医生所提出的对每个人每天所需的营养要求如表 4-1 所示。

表 4-1 四种食物的营养含量、市场价格及营养要求情况

营养成分	食物				每天的最低需要量
	A	B	C	D	
维生素 A(国际单位)	1000	1500	1750	3250	4000
维生素 B(毫克)	0.6	0.27	0.68	0.3	1
维生素 C(毫克)	17.5	7.5	0	30	1.305
价格(元/千克)	0.8	0.5	0.9	1.5	

问题：怎样采购食物才能在保证营养要求的前提下花费最省？

解：设每天购买 A、B、C、D 四种食物的数量分别为 x_1,x_2,x_3,x_4，则

$$\min Z=0.8x_1+0.5x_2+0.9x_3+1.5x_4$$

$$\text{s.t.}\begin{cases}1000x_1+1500x_2+1750x_3+3250x_4\geqslant 4000 & (\text{对维生素 A 的需求限制})\\ 0.6x_1+0.27x_2+0.68x_3+0.3x_4\geqslant 1 & (\text{对维生素 B 的需求限制})\\ 17.5x_1+7.5x_2+30x_4\geqslant 1.305 & (\text{对维生素 C 的需求限制})\\ x_1,x_2,x_3,x_4\geqslant 0\end{cases}$$

最优解

$$x_1=0.71753675 \qquad x_2=2.0258813$$
$$x_3=0 \qquad x_4=0.07496659$$
$$Z=1.69942$$

所以应购买 A、B、D 食品，分别约为 0.72、2.03 及 0.075 千克。

b 线性规划的图解法

线性规划问题通常使用单纯形法进行求解，因其迭代过程比较烦琐，所以可以利用计算机技术进行求解。但是对于只有两个决策变量的线性规划问题，我们还可以使用图解法的方法来进行求解。

【例 4-3】 使用图解法求解线性规划问题，见图 4-5。

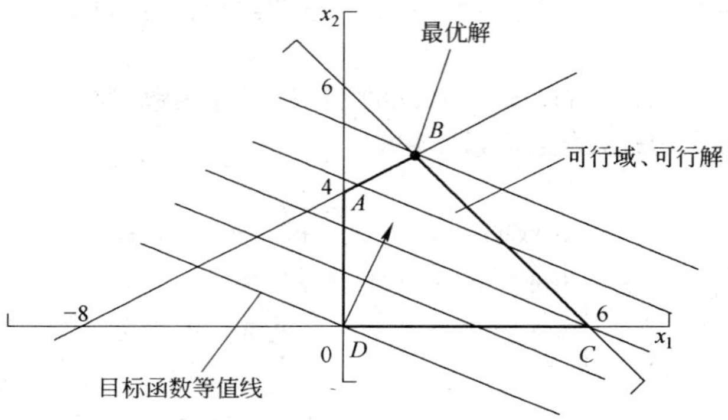

图 4-5 线性规划的图解法

$$\max Z = x_1 + 3x_2$$

$$\text{s.t.}\begin{cases} x_1 + x_2 \leqslant 6 \\ -x_1 + 2x_2 \leqslant 8 \\ x_1 \geqslant 0, x_2 \geqslant 0 \end{cases}$$

解:首先,在平面直角坐标系上画出约束条件所构成的区域。约束条件所构成的区域是一个凸多边形 $ABCD$,因为该区域中的任何一个点都满足约束条件的要求,所以这个区域就是线性规划的可行解域。

在数学上可以证明,该线性规划问题的最优解只会出现在可行解域,即这个凸多边形 $ABCD$ 的几个顶点上,所以可以接着用图解法画出目标函数的一簇等值线,位于目标函数值最高的等值线上的那个可行解域的顶点就是最优解。但是由于作图可能出现的误差,我们也可以直接将几个顶点的值带入目标函数,使得目标函数最大的那个顶点的值即为最优解。

此问题中最优解出现在两条直线的交点上:

$$\begin{cases} x_1 + x_2 = 6 \\ -x_1 + 2x_2 = 8 \end{cases}$$

求解方程组得最优解为:$x_1 = 4/3$,$x_2 = 14/3$,目标函数值 $Z = 46/3$。

4.3.4.2　风险型决策方法

如果管理者在比较和选择方案时,每一种方案在未来可能出现的结果不止一种,管理者不确知哪一种情况会发生,但是每一种情况出现的概率是可以测知的,这时候就需要采用风险型决策方法。我们通常采用最大期望收益的准则以及画决策树的办法求解。

A　最大期望收益准则

使用最大期望收益准则进行决策,实际上是比较不同方案之间收益期望值的大小来进行决策的,某种方案的期望值是这种方案不同自然状态下损益值的加权平均数,这里的权数就是每个自然状态出现的概率。

$$E(A_i) = \sum_{j=1}^{n} p_j a_{ij}$$

式中　A_i——第 i 个方案($i = 1 \sim m$);

$E(A_i)$——第 i 个方案的期望值;

n——自然状态个数;

p_j——第 j 个状态出现的概率;

a_{ij}——方案 i 在 j 状态下的损益值。

【例 4-4】　某企业新产品投放市场,生产成本是每件 4 元,在定价时有三种方案,由于销售价格不同,销售量也会有所不同,其预计的收益也不同,表 4-2 表示了不同价格水平下销售的损益值和几种价格水平出现的概率,要求据此表进行决策。

表 4-2　新产品不同定价方案下的损益值　(万元)

自然状态 / 损益值 / 方案	畅销(0.25)	一般(0.50)	差(0.25)
高价(7 元)	90	75	60
中价(6 元)	96	72	56
低价(5 元)	100	60	46

解：E(高价) = 90×0.25 + 75×0.5 + 60×0.25 = 75(万元)

E(中价) = 96×0.25 + 72×0.5 + 56×0.25 = 74(万元)

E(低价) = 100×0.25 + 60×0.5 + 46×0.25 = 66.5(万元)

所以，根据期望值的大小，最后选定高价销售方案。

B 决策树

决策树法可以看作是最大期望收益准则的图解法，其原理是一样的。但是由于实际决策问题大多比较复杂，可能存在多层自然状态，还可能存在多阶段的决策，为了防止遗漏，可采用简明的图示来帮助决策。

所谓决策树，指由决策点、方案分枝、自然状态节点和概率分枝构成的树状图形。在图中，决策树是以决策点为出发点，引出若干方案分枝，每个方案分枝都代表一个可行方案。在各方案分枝的末端有一个自然状态节点，从自然状态节点引出若干概率枝，每个概率枝表示一种自然状态，在各概率枝的末梢注有损益值。

在决策树的使用过程中，依据从左向右，即由根向梢的顺序进行绘制，而计算过程则依据从右向左，即由梢到根的顺序展开，剪去期望收益值较小的方案分枝，将保留下来的方案作为备选实施方案。

下面通过举例来说明决策树的原理和应用。

【例 4-5】 某厂生产一种产品，有三种方案可以选择，其他资料如表 4-3 所示。每种方案的寿命期为 5 年，试用决策树的方法进行决策。

表 4-3 新产品生产不同需求状态下的损益值 （万元）

自然状态 / 损益值 / 方案	高需求(0.3)	中需求(0.5)	低需求(0.2)	期初投资
新 建	10	4	-3	8
扩 建	8	5	0	5
改 建	6	3	1	2

解：做决策树如图 4-6 所示。

节点②的期望值 = [0.3×10 + 0.5×4 + 0.2×(-3)]×5 = 22(万元)

节点③的期望值 = [0.3×8 + 0.5×5 + 0.2×0]×5 = 24.5(万元)

节点④的期望值 = [0.3×6 + 0.5×3 + 0.2×1]×5 = 17.5(万元)

考虑期初投资，则有：

新建方案：22 - 8 = 14(万元)

改建方案：24.5 - 5 = 19.5(万元)

扩建方案：17.5 - 2 = 15.5(万元)

所以最终选中改建方案。

4.3.4.3 不确定型决策方法

所谓不确定型决策，是指决策过程中很多条件是未知的，比如不知道备选方案在未来实施会出现哪些结果，有时即使知道可能出现的结果，也无法测知各种自然状态出现的概率。对这类问题由于其决策结果具有不确定性，因此称为不确定型决策。

在从事这类决策时，由于决策者对各种自然状态发生的概率无法测知，因此决策者就要靠经

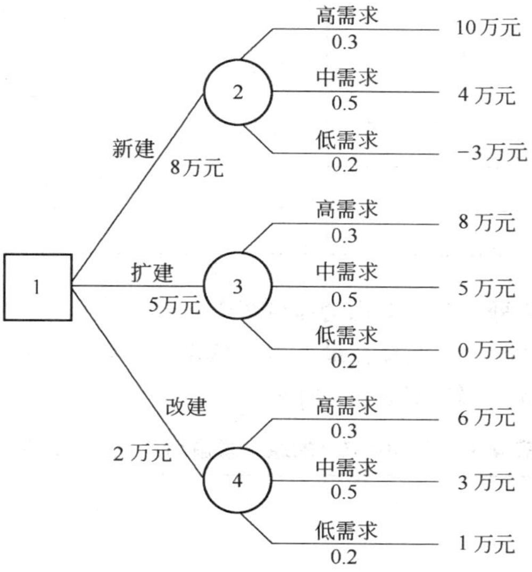

图 4-6　用决策树求解新产品生产问题

验人为地制造一系列决策原则，采用何种决策原则与方法取决于决策者自身的态度。因而对待同一个不确定型决策问题，不同的决策者有不同的决策结果，这是很正常的现象。

A　悲观的原则

持这种原则的决策者，都是对未来事件结果估计比较保守的。认为未来组织出现最差的自然状态，因此不论采用何种方案，都只能取得该方案的最小收益值。所以在决策时首先计算和找出各方案在各自然状态下的最小收益值(即与最差自然状态相应的收益值)。然后进行比较，选择在最差自然状态下仍能带来最大收益(或最小损失)的方案作为实施方案。其中有最小最大值收益法、小中取大法、坏中取好法。

B　乐观的原则

持这种决策原则的决策者，都是对未来前景比较乐观并有较大成功把握的。认为未来会出现最好的自然状态，所以不论采用何种方案都可能取得该方案的最好效果，首先，取各方案在各种状态下的最大损益值(即最有利的状态发生)，然后，在各方案的最大损益值中取最大者对应的方案。

C　折中的原则

持折中观点的决策者认为要在乐观与悲观两种极端中求得平衡。决策时既不能把未来想象得非常光明，也不能将之看得过于黑暗，最好的和最差的自然状态均有可能出现。因此，可以根据决策者个人的估计，给最好的自然状态定一个乐观系数，给最差的自然状态定一个悲观系数，使两者之和等于 1，然后，将各方案在最好自然状态下的收益值和乐观系数相乘所得的积，加上各方案最差自然状态下的收益值和悲观系数的乘积，由此求得各方案的期望收益值，经过该值的比较后，从中选出期望收益值最大的方案，如将乐观系数和悲观系数设置相等，又称等概率原则。

【例 4-6】　某厂通过三种方式生产新产品，可能碰到的自然状态和损益值如表 4-4 所示。请使用小中取大法和最小最大后悔值法，大中取大和折中的观点进行决策。

表 4-4　新产品生产不同销售状态下的损益值　　（万元）

损益值 自然状态 方案	畅　销	一　般	滞　销
新　建	60	20	-25
扩　建	40	25	0
改　建	20	15	10

解：(1)小中取大。认为每一个方案都会碰到最差的自然状态，即滞销状态，各方案的损益值为-25(新建)，0(扩建)，10(改建)，选择在最差自然状态下仍能带来最大收益(或最小损失)的方案作为实施方案，则选到改建方案，如表 4-5 所示。

表 4-5　用小中取大的原则求解新产品生产问题　　（万元）

损益值 自然状态 方案	畅　销	一　般	滞　销	最小收益
新　建	60	20	-25	-25
扩　建	40	25	0	0
改　建	20	15	10	10

(2)最小最大后悔值。当某一种自然状态出现时，将会明确哪个方案最优，即收益值最大。如果决策者当初并未选择这一方案，而选择了其他方案，这时定会感到后悔。后悔结果的大小通过后悔值来表示。每种自然状态下的最大收益值与各方案的收益值之差，称为后悔值。根据这个原则，决策时：首先，计算出各方案在各种自然状态下的后悔值，即用某自然状态下各方案中的最大收益值去减该自然状态下各方案的收益值，所得的差值就是表示如果实际出现该种状态将会造成多少的机会损失或后悔。然后，从每个方案在各自然状态下的后悔值中找出最大后悔值。最后，对不同方案进行比较，选择最大后悔值最小的方案作为最满意的决策方案。本例使用最小最大后悔值法进行决策，如表 4-6 所示。

表 4-6　用最小最大后悔值原则求解新产品生产问题　　（万元）

后悔值 自然状态 方案	畅　销	一　般	滞　销	最大后悔值
新　建	60-60=0	25-20=5	10-(-25)=35	35
扩　建	60-40=20	25-25=0	10-0=10	20
改　建	60-20=40	25-15=10	10-10=0	40

新建方案的最大后悔值是 35 万元，扩建方案是 20 万元，改建方案是 40 万元，再选其中最小的 20 万元，即选中扩建方案。

(3)大中取大。认为每一个方案都会碰到最好的自然状态，即畅销状态，各方案的损益值为 60 万元(新建)，40 万元(扩建)，20 万元(改建)，选择在最好自然状态下能带来最大收益(或最小损失)的方案作为实施方案,选择新建方案,如表 4-7 所示。

表 4-7 用大中取大的原则求解新产品生产问题 (万元)

损益值 自然状态 / 方案	畅 销	一 般	滞 销	最大收益
新 建	60	20	-25	60
扩 建	40	25	0	40
改 建	20	15	10	20

(4)折中的观点。认为乐观系数为 0.7,悲观系数为 0.3,则有:

新建方案:$60\times0.7+(-25)\times0.3=34.5$(万元)

扩建方案:$40\times0.7+0\times0.3=28$(万元)

改建方案:$20\times0.7+10\times0.3=17$(万元)

选择新建方案。

4.4 市场预测

4.4.1 市场预测概述

4.4.1.1 市场预测的概念

所谓预测,是在调查过去和现在情况的基础上,通过分析和研究来发现和掌握事物发展变化的固有规律并用以推断未来。科学的预测不是凭空猜想和任意的假设,它是建立在对市场的充分调查和对事物客观规律的认识上的。具体到市场预测,它是在系统调查研究和掌握信息资料的基础上,运用科学的方法,对市场有关因素未来变化发展趋势及其可能水平作出估计和测算。

随着市场竞争日趋激烈,市场预测越来越受到各级管理者的关心和重视,因为市场预测是进行决策和制定计划的前提,是组织生存发展、应对环境快速变化的有力武器。

4.4.1.2 市场预测的要素

要提高预测的质量,必须很好地把握市场预测的四要素:

(1)信息。信息是指对有关预测对象所观察到的情况和数据资料,这是预测未来的事实依据。只有深入细致全面地了解事物的过去和现在,才有可能较准确地判断它的未来。

(2)方法。方法是指利用有关信息、数据资料,分析它们之间的相互关系,得到未来发展变化结果的科学预测分析方法,它不仅包括先进的数学计量方法,也包括在实践中积累起来的、有效的主观经验和逻辑判断方法。

(3)分析。分析是指对信息、数据资料经过加工处理之后,加以分析研究。只有经过分析,掌握事物发展过程中一些带规律性的东西,才能算得上比较深刻地认识了事物的本质,才有可能对其未来的发展变化,作出比较合乎实际的判断。

(4)判断。判断是指肯定或否定某种东西的存在或指明它是否具有某种属性的思维过程。这也是一种理性上的说明或推论,但不否认会带有某种主观的色彩。判断贯穿于市场预测活动的各个环节。

4.4.1.3 市场预测的内容

市场是商品交换关系的总和,也是国民经济的综合反映。市场变化涉及需求、供应、价格、技术变迁、政治形势、经济周期、消费心理、社会风俗等各个方面。因此，站在社会组织的角度，市场预测涉及的范围非常广泛，只要是能够影响组织绩效的因素都在预测的范围之内。但一般来说，市场预测的主要内容大致包括以下几个方面：

(1)市场的需求预测。

(2)市场供求关系和价格的预测。

(3)技术发展状况的预测。

(4)产品市场占有率的预测。

4.4.1.4 市场预测的基本原理

市场预测活动也像任何其他活动一样，有自己的活动规律。

(1)延续性原理。延续性原理也称为连贯性原理。这一原理认为，任何事物未来发展的各个阶段都具有一定的连续性，现在的情况是由过去演变来的，今后的情况又是现在顺序发展的一个结果，也就是说，过去和现在的事情将持续到未来。因此，可以根据历史数据资料对未来进行某种判断。需要指出的是，延续性原理以经济系统的稳定性为前提条件，即系统处于相对稳定状态才可以使用延续性原理进行预测，否则会出现重大失误。

(2)类推性原理。这一原理认为，事物的发展往往具有惊人的相似性。所谓类推原理，就是利用一事物与他事物运动规律的相似性，把先发展事物的运动过程类推到后发展事物上，从而对后发展事物的前景做出预测。如东部沿海经济发达地区发展中所出现的某种问题，西部经济欠发达地区发展到一定阶段也会出现，我们可以通过研究、总结东部地区的状况，避免在西部地区犯同样的错误。因此，人们如果掌握了某类经济事件的发展变化规律，当观察到某种类似征兆出现时，就可以依靠以往的经验推断事物发展变化的规律，借以预测未来。

(3)相关性原理。预测技术的一个出发点是认为事物之间存在相互依存的关系，任何事物的发展变化都不是孤立的，而是一系列因素发挥作用的结果。如随着经济的发展，城市化水平的提高，道路所占用的面积将越来越多；随着家用轿车的增加，城市交通的压力越来越大等等。如果我们可以找到一个或者几个导致事物变化，而又可以预先知道其变化趋势的经济变量，那么我们就可以通过这种相互关系实现对想预知事物的预测。这种将事物之间存在的直接或间接影响关系作为预测出发点的原理被称作相关性原理，许多经济预测都是基于这一原理而展开的。因果关系是事物相关性多种表现形式中最重要、应用最广的一种形式。

正是因为预测方法是基于上述原理，所以在进行市场预测时，必须以准确可靠的历史统计资料和现实的市场调查资料为依据，进行系统而全面的分析，掌握预测对象的特点及各种影响因素之间的内在联系，选用适当的预测方法，才有可能使预测结果比较接近客观实际。

4.4.1.5 市场预测的程序

市场预测活动有一定的程序，它由若干互相关联并相互牵制的活动所构成：

(1)确定预测目标。市场预测首先要确定预测什么，通过预测解决什么问题，进而明确预测的目标、期限和计划。

(2)收集整理分析资料。根据预测目标，确定所应收集的数据资料。收集过程中要注意资料的广泛性和相关性以及可靠性，只有在充分了解过去和现在的基础上才能更好地预测未来。对数据资料的分析和整理要注意排除偶发因素的干扰，辨别不同因素之间的内在联系，从而找出它们发展变化的规律，并在资料的分析整理过程中探询预测的途径和方法。

(3)选择预测方法。一般来说，如果选用定量预测方法，可以建立数学模型；如果选用定性的预测方法，则可以建立逻辑思维模型。

(4)进行预测，提出预测结果报告。根据已掌握的数据资料，运用选定的预测方法，就可得出预测的结果，进而写出预测报告。预测报告应概括预测主要活动过程，预测目标，预测对象及有关因素的分析结论，主要资料和数据，预测方法的选择和模型的建立，以及预测值的评价和修正，实现预测结果的政策建议等内容。

(5)验证预测结论。提交预测报告并不等于预测活动的终止。为了进一步提高预测活动的精确性和质量就必须不断地总结。预测人员必须跟踪观察企业的市场经营活动，对比预测值和实际值的偏差，判断预测是否反映了问题的主要方面，一般来说，如果预测值与实际值的偏差在正负10%～15%的范围以内，就是一项成功的预测；如果偏差在正负5%～10%的范围以内，就是一项优良的预测；如果偏差在正负5%的范围以内，就是一项高精度的预测；如果偏差超过正负10%～15%，则需要重新研究整个预测过程，进一步补充资料，重新选择预测方法再次预测并总结经验。

4.4.2 常用预测方法

据有关资料统计，世界上已开发的预测方法近200种，其中广泛使用的有三十多种，经常使用的也有十多种。在这些方法中，人们依据预测性质的不同，将它们大致分为两大类——定性预测方法和定量预测方法。

定性预测是指研究和探讨预测对象在未来市场所表现的性质，而不注重量的表现。定性预测方法的特点在于：第一，主要凭借预测者个人的经验以及分析判断能力；第二，着重于事物发展的趋势、方向和重大转折点的预测。诸如国家经济形势的发展、经济政策的转变、市场总体形势的演变(如卖方市场向买方市场的过渡)、科学技术的发展与实际应用等。特别适用在对预测对象所掌握的历史资料不充分，或影响因素复杂难以分清主次，或对主要影响因素难以进行定量分析等情况下。

定量预测是指确定预测对象在未来市场的可能数量。定量预测方法的特点在于：第一，需要收集比较完整的历史数据资料；第二，需要建立数学模型，用数学模型表示预测对象的规律性，并用数学模型进行预测。其预测结果明确，预测精度较高。但是，这类方法对数据资料的质量和数量要求较高，预测过程比较机械，不易灵活掌握，尤其不易处理有较大波动的数据资料。这里介绍三种常用的预测方法。

4.4.2.1 德尔菲法

德尔菲法又被称为专家预测法，与专家在一起开会不同，这种方法主要是按规定的程序，采用函询的方式，依靠具有专门知识的专家背靠背地对预测对象做出预测结果。这种方法既保留了专家会议法能够集思广益的优点，同时又避免了其结果容易受到权威专家意见左右的缺点，使专家的不同意见充分发表，经过几轮的反复征询和意见的反馈，各位专家相互启发相互比较，意见会逐步趋向一致，即使不能趋向一致，也可使用统计方法进行处理，从而得出比较符合市场发展规律的预测结果。

使用德尔菲法进行预测，具体步骤是：

第一步，确定预测目标。预测的组织者在收集整理有关主题背景材料的基础上明确预测的目标是什么，并设计意见征询表，做好相关准备工作。

第二步，选择专家。挑选什么样的专家是由预测任务决定的，一般来说应该挑选精通预测业务、熟悉市场行情、能够理论结合实际、具有分析能力的专家。不仅要注意选择与预测主题相关的专家，还要选择与预测对象相关的边缘领域的专家。这样才能尽量保证对问题的考虑全面周详。

第三步，使用征询表对专家进行多轮的函询。在每一轮的征询过程中，每位专家都能了解上一轮全体专家的总体看法并发表自己的见解，经过多次反馈，专家的意见被综合、整理、修正、归纳，直至趋向一致。

第四步，如果意见不一致，可以对各专家最后一次征询的意见进行统计处理，作出预测结果。

4.4.2.2 时间序列分析法

所谓时间序列，也称为时间数列或动态数列。它是把表明某种现象统计指标的统计数据，按其发生时间的先后顺序排列起来而形成的数列，能反映该事物过去发展变动的过程和一定的规律性，所以能作为预测未来的依据。

运用时间序列预测方法进行预测必须注意一个前提条件，即未来是过去和现在的延续，以往的规律性没有被打破。但客观事物总是在不停地发展变化，不会永远停留在一个水平上，因此在利用这类方法进行预测时，首先要分析预测对象在预测期内会不会发生质的变化。总地说来，时间序列预测法对于短期预测的效果要比长期预测的效果好。

A 简单平均

简单平均法是以观察期时间序列数值的算术平均数作为预测值的一种方法。设观察变量有 n 个观察值 $X_1, X_2, \cdots, X_n$，则以这些观察值的算术平均数 $\overline{X}$ 作为预测值 $\hat{X}$。

$$\hat{X} = \overline{X} = \frac{1}{n}\sum_{i=1}^{n} X_i$$

算术平均法的优点是计算方便。当预测对象并无显著的长期趋势和季节变动时，采用此法其预测结果大致可以令人满意。其缺点是所有观察值不论新旧在预测中一律同等对待，这是不符合市场发展实际情况的。为克服此缺点，可以给每个观察值赋予不同的重要性权数，这就是加权平均计算预测值的方法。

B 加权移动平均

移动平均法是在算术平均法的基础上发展起来的，是利用过去若干期实际值的均值来进行预测的预测方法。移动平均法的优点一是计算量小；二是移动曲线能较好地拟合时间序列的变动趋势。因此，它也是应用广泛的一种预测方法。而加权移动平均是考虑选定平均期内越是离预测值近的实际值对预测值的影响越大，来给予不同的权数进行预测的一种方法。

$$\hat{X} = \frac{\sum_{i=m}^{n} f_i X_i}{\sum_{i=m}^{n} f_i}$$

式中 X_i——第 i 个实际值；

f_i——X_i 对应的权数；

m——选定移动平均期的起点；

n——选定移动平均期的终点；

$\hat{X}$——预测值。

在这种方法中，只要平均期选定，权重确定，拥有足够的历史数据，预测值就很容易得到。所以通常要在预测之前试算一个与实际值误差最小的平均期来进行预测。

C 指数平滑

指数平滑法就是遵循“重近轻远”的原则，对全部历史数据采用逐步衰减的不等加权办法进行数据处理的一种预测方法。从理论上讲，指数平滑法是用时间序列中所有历史值来计算平滑值的，但在实际操作上只使用了前期预测值和实际值，在前期预测值的基础上进行调整得到，我们这里只介绍最简单的一次指数平滑法。

一次指数平滑法，是以最后一个一次指数平滑值为基础确定预测对象估计值的预测方法，一般适用于预测目标时间序列波动无明显增加或减少的预测。

设 $x_0, x_1, \cdots, x_n$ 为时间序列观察值，$s_1^{(1)}, s_2^{(1)}, \cdots, s_n^{(1)}$ 为 t 期的观察值的一次平滑值，即为 t 期的预测值，α 为平滑系数，其值为 $0<\alpha<1$；$\hat{x}_{t+1}$ 为第 $t+1$ 期的预测值，则一次指数平滑法的基本计算公式为：

$$\hat{x}_{t+1} = s_t^{(1)} = \alpha x_t + (1-\alpha) s_{t-1}^{(1)}$$

此式是计算指数平滑值的递推公式，据此可以得到时间序列 t 观察期之前逐期的一次指数平滑值：

$$s_{t-1}^{(1)} = \alpha x_{t-1} + (1-\alpha) s_{t-2}^{(1)}$$
$$s_{t-2}^{(1)} = \alpha x_{t-2} + (1-\alpha) s_{t-3}^{(1)}$$
$$\vdots$$
$$s_1^{(1)} = \alpha x_1 + (1-\alpha) s_0^{(1)}$$

逐式反向代入可得：

$$s_t^{(1)} = \alpha x_t + \alpha(1-\alpha) x_{t-1} + \alpha(1-\alpha)^2 x_{t-2} + \cdots + \alpha(1-\alpha)^{t-1} x_1 + (1-\alpha)^t s_0^{(1)} \quad (4\text{-}1)$$

说明 t 观察期的一次指数平滑值是由第 t 期观察值开始，由近至远按公比为 $1-\alpha$ 的等比级数分配一组权数计算的加权平均数。

式(4-1)还可转化为下面的形式：

$$s_t^{(1)} = s_{t-1}^{(1)} + \alpha(x_t - s_{t-1}^{(1)}) \quad (4\text{-}2)$$

式(4-2)表明一次指数平滑法预测过程是非常简单的，即下期预测值等于本期预测值加上一个修正值，这个修正值等于本期预测值和实际值误差乘以一个修正系数，即平滑系数 α。显然，平滑系数的大小将直接影响预测效果。因此，平滑系数的确定就成为应用指数平滑法的关键问题。在实际预测工作中，一般根据经验和时间序列数值的变动特点选择，也可以根据历史数据进行试算，寻找使得实际值和预测值误差最小的平滑系数进行预测。下面举例说明一次指数平滑法进行预测和平滑系数的试算。

【例 4-7】 某企业近 10 个季度销售洗发水资料如表 4-8 所示，请用一次指数平滑法预测下季度洗发水的销售量。

表 4-8　某企业 10 个季度洗发水销售量表　　（万瓶）

季　度	销售量	预测值 1($\alpha=0.1$)	预测值 2($\alpha=0.6$)	$\lvert e_i \rvert$($\alpha=0.1$)	$\lvert e_i \rvert$($\alpha=0.6$)
	①	②	③	④＝｜①－②｜	⑤＝｜①－③｜
1	50	50	50	0	0
2	52	50	50	2	2
3	51	50.2	51.2	0.8	0.2
4	50	50.3	51.1	0.3	1.1
5	57	50.3	50.4	6.7	6.6
6	64	51	54.4	13	9.6
7	68	52.3	60.2	15.7	7.8
8	67	56.8	64.9	10.2	2.1
9	69	57.8	66	11.2	2.9
10	75	58.9	67.9	16.1	7.1
		60.5	72.1	7.6	3.88

解：我们先进行平滑系数的试算，选定其分别为0.1和0.6。在不同的平滑系数条件下，分别得到两组预测值，即②③列，分别计算两组预测值和实际值误差绝对值的累计，再平均。结果表明：在平滑系数0.6条件下，平均误差最小为3.88，于是取定平滑系数为0.6，代入公式计算下季度的预测值为：

$$s_t^{(1)} = s_{t-1}^{(1)} + \alpha(x_t - s_{t-1}^{(1)}) = 67.9 + 0.6 \times (75 - 69.7)$$
$$= 72.1(\text{万瓶})$$

4.4.2.3　回归分析法

回归预测法是统计预测中因果关系类预测法之一，在市场预测中占有重要地位。因果关系预测是根据对有关事物原因的了解，来预测对结果的影响。

利用回归法进行预测的必要条件：因变量与自变量之间必须是密切相关的，即强相关，而各个自变量之间的关系，又必须是不密切的或不相关的；自变量的未来值必须比因变量的预测值精确或容易求得。不具备这些必要条件的事物，不能利用回归法进行预测。

回归分析法有一元回归、多元回归和自回归之分。从回归方程式的类型来看，还可分为直线回归和曲线回归。我们这里只介绍其中最为简单的一元线性回归。

一元回归法是利用一个自变量和一个因变量的相关关系进行预测的方法。其数学表达式如下：

$$Y = a + bX$$

式中　Y——因变量；

X——自变量；

a,b——回归系数，是需要估计的待定参数。

其含义为，事物Y的变化主要受一个变量X的影响，影响的程度由b的大小而定。但事物的关系错综复杂，变量间不可能是完全直线关系，即Y的变化不仅受X的影响，还有其他次要的因素，所以$Y = a + bX$预测的结果只能是一种近似估计，其可靠程度需要对参数的估计值进行检验，检验Y与X之间是否有$Y = a + bX$的关系，只有在检验符合了要求后，才可进行预测。

回归分析预测法的步骤如下：

(1)找出变量间的因果关系，确定自变量与因变量。

(2)进行相关分析和相关系数检验。

(3)建立回归模型。

$$Y = a + bX$$

利用最小二乘法确定出a,b。

$$\sum_{i=1}^{n} e_i^2 = \sum_{i=1}^{n} (Y_i - \hat{a} - \hat{b}X_i)^2$$

$$\hat{b} = \frac{n\sum X_iY_i - \sum_{i=1}^{n} X_i \sum_{i=1}^{n} Y_i}{n\sum_{i=1}^{n} X_i^2 - (\sum_{i=1}^{n} X_i)^2},\ \hat{a} = \frac{\sum_{i=1}^{n} Y_i - b\sum_{i=1}^{n} X_i}{n}$$

(4)进行预测。将自变量代入预测模型中，即得到预测值。

(5)对预测值置信区间进行估计。

【例4-8】　某食品批发站，发现随着成年人口数量的增加，啤酒销售数量也在相应增加，以往几年的统计资料如表4-9所示。

表 4-9 啤酒销售数量与新增成年人口数的统计表

年 份	1999	2000	2001	2002	2003	2004	2005	2006	2007	2008
啤酒销量/万箱	28	31	50	53	61	70	60	66	63	65
新增成年人口/万人	25	28	34	38	47	62	45	56	54	55

根据以上资料，要根据新增成年人口数预测未来几年啤酒的销售趋势和数量。

解：(1)作散点图，如图 4-7 所示，进行线性相关分析。

求得线性相关系数 $r=0.948$，说明新增成年人口数与啤酒销量之间正线性相关程度很高。

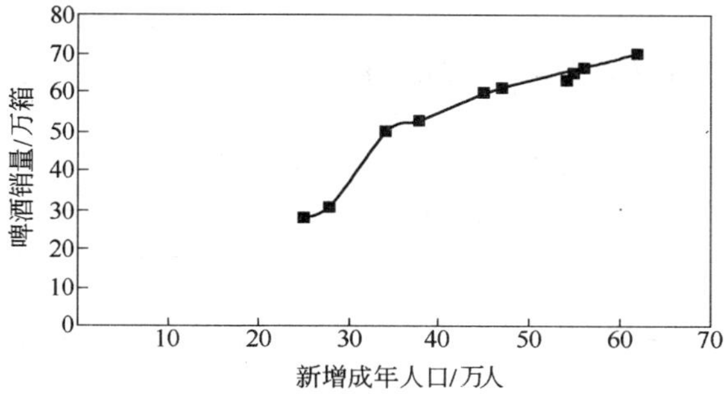

图 4-7 啤酒销量与新增成年人口散点图

相关系数检验：

取 $\alpha=5\%$，根据 α 和 $n-2=8$，查表得相关系数临界值 $r_c=0.6319$，$r>r_c$，可适用回归预测。

(2)建立回归方程。

代入公式计算：$a=5.86$，$b=1.10$，则得一元回归预测模型为：

$$Y=5.86+1.1X$$

(3)进行预测。

将今后每年新增成年人口数分别代入回归预测模型中，就能得到今后每年啤酒售量的预测值。例如，预计 2009 年新增成年人口 57 万人，将其代入预测模型中得销售量的预测值为：

$$\hat{y}=5.86+1.1\times57=68.6 \text{ 万箱}$$

(4)对预测值置信区间进行估计。

当 $x=57$ 万人时，$y=68.6$ 万箱，利用 2S 原则计算置信区间，置信区间为 $y\pm2S$，即在 58.8～78.3万箱内，置信度为 95%。

复习思考题

一、名词解释

决策 满意的原则 程序化决策 非程序化决策 确定型决策 风险型决策 不确定型决策

二、选择题

(1)决策的( )是针对“最优化”原则提出的。

A. 满意原则 B. 系统原则 C. 信息原则 D. 预测原则

(2)( )属于组织的高层决策，是组织高层领导者的一项主要职责。

A. 战略决策 B. 战术决策 C. 业务决策 D. 程序化决策

(3)( )的决策过程通常可通过惯例、已有的规章制度、标准工作流程等来加以解决。

A. 战略决策 B. 战术决策 C. 程序化决策 D. 非程序化决策

(4)( )的决策结果更多取决于决策者个人的经验、直觉和性格等。

A. 确定型决策 B. 风险型决策 C. 不确定型决策 D. 程序化决策

(5)在通常情况下,与个人决策相比,群体决策的效率相对( ),质量( )。

A. 较高,较高 B. 较高,较低 C. 较低,较高 D. 较低,较低

(6)关于决策,以下说法正确的是( )。

A. 依照科学的决策程序就可以取得正确的决策结果

B. 决策不会受到决策者价值观和经验的影响

C. 最科学的决策方法就是量化的决策方法

D. 以上都不对

(7)( )的设计是为了弥补专家会议法的缺陷,通过"背靠背"的信息沟通与循环反馈,使预测意见趋于一致的方法。

A. 头脑风暴法 B. 德尔菲法 C. 哥顿法 D. 名义小组法

(8)以下哪些是影响组织决策的主要因素?( )

A. 个人特质 B. 技术水平 C. 外部环境 D. 非正式组织

E. 组织文化

(9)关于预测,正确的说法是( )。

A. 是企业进行决策以及制定计划的基础

B. 预测的结果一定得是个数值

C. 国家或者地区的经济周期变化不在市场预测的范围之内

D. 都不对

(10)决策的过程有着一般的规律性,包含以下活动阶段:( )。

A. 分析问题 B. 确定目标

C. 制订可行方案 D. 分析评价方案

E. 选定方案

(11)信息是决策的原料,详尽而可靠的信息是科学决策的前提和保证。对信息的要求有( )。

A. 完备性 B. 广泛性

C. 客观性 D. 连续性

E. 新颖性

(12)头脑风暴法实施的原则有( )。

A. 自由思考 B. 庭外判决

C. 以量求质 D. 质量第一

E. 结合改善

(13)德尔菲法的优点有( )。

A. 便于独立思考和判断 B. 重视少数人的意见

C. 不存在组织者主观影响 D. 低成本实现集思广益

E. 应用范围广泛

(14)时间序列预测方法的特点是( )。

A. 假定以往的趋势将延续到未来

B. 时间序列预测法对于中短期预测的效果要比长期预测的效果好

C. 存在预测者的主观影响

D. 低成本实现集思广益

(15)回归分析预测法( )。

A. 只考虑时间因素的变化 B. 通常不需要收集大量的历史数据

C. 不需要建立数学模型　　D. 考虑市场诸因素变化对预测值的影响

E. 应用范围广泛

三、简答和计算题

(1)什么是决策,决策有哪些类型?

(2)简述决策的基本过程。

(3)预测的原则是什么?

(4)简述德尔菲法的优缺点。

(5)已知某企业固定成本 20 万元,单位售价 15 元,单位变动成本 10 元,试计算:

1)达到产量盈亏平衡点的销售额。

2)目标利润 2 万元的销售额。

3)产量 80000 件时销售发生困难,拟采取降价措施,在其他条件不变的情况下,单位售价应当如何调整?

(6)某厂生产一种产品,有下列四种方案可选择,寿命期 10 年,求 1)用决策树进行决策;2)用最小最大后悔值法进行决策。(每一个方案成功的概率分别为 0.9、0.8、0.7、0.6。失败的损益值为 0;方案成功生产产品到市场上进行销售,会碰到三种不同的自然状态,每种自然状态出现的概率如下表所示,单位:万元)

方　案			全套引入	部分引入	进口元件	自行研制
成功概率			0.9	0.8	0.7	0.6
销售的自然状态	低　价	0.1	200	200	100	20
	中　价	0.5	300	300	200	50
	高　价	0.4	400	400	300	100
期初投资			2000	500	300	100

四、论述题

试论决策是科学性与艺术性的统一。

五、案例分析题

可口可乐公司的决策失误

1. 可口可乐公司的决策

1984 年,为了应战百事可乐“年轻一代的选择”、“不够酷”等广告攻势,改变“老”形象,可口可乐公司决定修改配方推出新可乐产品。可口可乐公司早在 1982 年就秘密地展开一场代号为“堪萨斯工程”的市场调查,对顾客口味做了随机测试,发现顾客喜欢百事可乐的甜味而不是可口可乐的干爽味。这个结论最早是由百事可乐作出的,可口可乐公司后来的测试证实了这个结论。

2. 决策实施之后

可口可乐找到一种含甜味的新配方。1985 年 4 月 23 日,行销了 99 年的可口可乐在纽约市举行盛大的新闻发布会,主题为“公司百年历史中最有意义的饮料营销新动向”。可口可乐公司董事长罗伯特·戈伊朱埃塔在纽约市的林肯中心举行了盛大的新闻发布会,当众宣布“最好的饮料——可口可乐,将要变得更好”:新可乐取代传统可乐上市。结果遭到消费者的排斥,一场营销噩梦由此开始。仅以电话热线的统计为例,在新可乐上市 4 小时之内,接到抗议更改口味的电话 650 个。随后可口可乐公司不得不开辟 83 条热线,雇佣了更多的公关人员来处理这些抱怨与批评。1 个月后,每天接到的批评电话多达 5000 个,而且更有雪片般飞来的抗议信件。6 月,批评电话数字上升为 8000 多个。

在被消费者抗议的同时,百事可乐更是迎头痛击,宣布 4 月 23 日为公司假日,并称既然新可乐的口味更像百事了,那么可口可乐的消费者不如直接改喝百事算了。

3. 及时放弃原决策

在经历消费者的强烈抵制后，7 月 11 日可口可乐公司决定恢复传统配方的生产，可口可乐公司的高层管理者站在可口可乐标志下向公众道歉，并宣布立即恢复传统配方可口可乐的生产。消息传来，美国上下一片沸腾。所有传媒都以头条新闻报道了“老可乐”归来的喜讯。华尔街也为可口可乐公司的决定欢欣鼓舞，“老可乐”的回归使可口可乐公司的股价攀升到 12 年来的最高点——117 美元。

此战之后，可口可乐元气大伤，百事可乐与可口可乐销量之比由 1960 年的 1∶2.5 提高到 1985 年的 1∶1.15。1997 年以来，百事可乐在美国市场上与可口可乐开始平分秋色。

问题：

可口可乐更改其行销 99 年的饮料配方这一决策行为，使可口可乐公司陷入了空前的品牌忠诚旋涡，被《纽约时报》称为美国商界一百年来最重大的失误之一。试分析可口可乐决策失误所带来的经验和教训原因。

职 能 篇

5 计 划

学完本章后,你应该能够:

(1)掌握计划的定义和计划的基本要素,了解进行计划的好处;

(2)了解计划的分类,明确各种计划之间的区别;

(3)明确制定计划的基本步骤,掌握各种常用现代计划方法的基本原理、优缺点。

5.1 计划基础

从逻辑上来讲,计划是决策的逻辑延续,决策是计划的前提。决策制定以后,计划是决策的组织落实过程。计划根据组织的各种目标,将组织在一定时期内的活动任务分解给组织的每个部门、环节和个人,从而不仅为这些部门、环节和个人在该时期的工作提供了具体的依据,而且为决策目标的实现提供了保证。

在现实生活中,有的管理者认为目前的管理环境日新月异,因此常常以“计划不如变化快”为理由而不做计划。实际上无论是组织还是个人,无论是工作还是生活,都需要计划,这种需要不是由管理环境的确定性引起,而是由管理环境的不确定性引起的——越是面对快速变化和难以预知的环境,就越是需要主动掌握自己的命运,而非随波逐流。所以在变化的环境中,高效率的工作必不可少,但如果没有很好的计划来明确目标,设计行动方案,勤奋的工作也难以取得预期的效果。

5.1.1 什么是计划

计划有两种不同的含义。计划作为动词,通常是指管理者通过调查研究来预测未来、设置目标、制订计划以及实施修正的过程,以期在未来的发展中能够实现目标。这个过程也就是计划工作的过程,其核心在于有限资源的合理利用。而计划作为名词,则是指对未来活动所作的事前预测、安排和应变处理,是计划工作的成果,也是实际执行过程贯彻落实和监督检查的对象,同时也是对未来行动方案的一种具体说明,它告诉管理者和执行者,由谁应当在何时以何种方式来完成什么目标,奖惩方式如何,应变措施是什么等等信息。

5.1.1.1 计划的内容

一份完整的计划应该包括以下几方面内容:

(1)计划目标。计划之所以存在,主要是为了解决某个问题或者是达到某个目标,因而每一项计划都是针对某一个特定的目标而存在的。目标不明确的计划不知所云，至多只能叫做一个时间安排表，也不具有指导和鼓舞的作用。有的管理者习惯于一开始做计划就着手制订行动方案，把大部分精力都放在解决如何行动的问题上，这很可能导致耗费了有限的资源但是不能完全解决问题或者实现目标。因此，一项计划首先要明确该计划要达到的目标是什么。

(2)行动方案。目标明确以后，在计划中还必须说明行动的方案，即由什么人，在何时何地如何完成计划任务，以及还需要投入多少资源等基本问题。

(3)实施前提和应变措施。面对快速变化的管理环境，除了上述两个部分以外，为了在实施过程中明确在什么情况下需要修改计划，在一项计划中还应说明该项计划有效的前提条件，并说明当实际情况与计划前提条件不符时应采取的应变措施，便于在情况发生较大变化、计划实施条件不具备时，能够判断是应该放弃该项计划还是要竭尽全力、创造条件完成计划。

5.1.1.2　*计划工作的特点*

(1)目的性。计划是实现目标的方法和手段。任何组织和个人制订计划都是为了有效地达到某种目的。在计划工作的最初阶段，确定具体明确的目标是其首要任务，其后的所有工作都是围绕目标进行的。计划工作有利于组织根据所要实现的目标，将人们的集体活动形成一种彼此协调、相互支持、始终如一的结构，避免混乱和无序。可以说，没有计划或计划不周的行动将是盲目的行动，而盲目的行动是难以实现目标的。

(2)首要性。计划在各项管理职能中处于首要地位。其他的管理职能，如组织、领导、控制和创新都是为了促使和保证目标实现的，而旨在确定目标和制定实现目标行动方案的计划职能就理所当然地成为必须首先实施的职能。也就是说，为了有效地将各项管理工作做好，首先必须进行计划活动。

在计划的执行过程中，尤其是在控制环节部分，计划的首要性就更为突出。未经计划的活动是无法控制的，因为控制就是纠正脱离计划的偏差，以保持活动的既定方向。同样，没有计划指导的控制是毫无意义的，因为计划是为控制工作提供标准的。此外，控制职能的有效行使，往往需要根据情况的变化拟定新的计划或修改原定计划，而新的计划和修改过的计划又被作为连续进行的控制工作的基础。

(3)普遍性。无论是什么组织，也无论是组织中哪个层次的管理者，要想实施有效管理，就必须要做好计划工作。计划是各级管理者所必须履行的一个共同的职能，但是由于他们各自所处的位置和所拥有的职权不同，因而所从事的计划活动也会有不同的内容和特点。一般来说，高层管理者主要负责对组织活动制订长期性和结构性的计划，即致力于那些战略性的计划，而中层或基层管理者则主要致力于那些具体的战术性的或执行性的计划。此外，研究表明，计划活动本身能够使人产生成就感，因而，使下级人员从事计划活动将有利于调动他们的积极性和主动性，这对于贯彻执行计划、高效地完成组织目标大有好处。

(4)效率性。所谓计划的效率，是指实现目标所获得的收益和实行计划过程中所消耗之和的比率，即制定计划和实行计划时所有产出和所有投入的比率。如果一个计划能够达到目标，但它需要付出的代价太大，这个计划的效率就很低，因此它不是一个好的计划。另外，在投入和产出的概念当中，既包含可以量化考核的收益和消耗，如资金、时间、产品数量等等，同时还要考虑难以用数量表示的收益和消耗。如果一项计划部分提高了产量，但是却造成员工极大的不满和士气的低落，那么这一项计划的效率就不会很高。

5.1.2　计划的作用

有的管理者对计划缺乏足够的重视，认为“不计划照样可以完成任务”，或者认为“计划束缚了手脚”。实际上，随着市场需求不断变化，生产技术日新月异，生产规模不断扩大，分工与协作的程度空前提高，每一个社会组织所处的内外环境更加复杂，稳定程度也越来越低，想要不断地适应这种复杂变化的环境，只有科学地制定计划才可能综合考虑现在、未来多方面因素，协调内外环境多方面关系，求得本组织的生存和发展。具体来说，计划的作用可以归纳为以下几个方面：

(1)计划是行动的指南。计划的确定为组织成员清晰地指出了组织的目标和如何实现这些目标的行动方案，就如同提供了一份路线图，减少了在未来活动过程中的不确定性和模糊性。促使组织中的全体人员的活动方向趋于一致，从而形成一种复合的、巨大的组织力量，以保证达到计划所设定的目标，也就是说管理者是基于计划来进行指挥的，而整个组织的成员也是基于计划来展开行动的。

(2)计划是适应变化的手段。当今世界，唯一不变的就是变化。社会在变革，技术在革新，人们的价值观念也在不断变化。计划是预期这种变化并且设法消除变化对组织造成不良影响的一种有效的手段。计划是针对未来的，这就使计划制定者不得不对将来的变化进行预测，根据过去的和现在的信息来推测将来可能出现哪种变化，这些变化将对达成组织目标产生何种影响，在变化确实发生的时候应该采取什么对策，并制定出一系列备选方案。一旦出现变化，就可以及时采取措施，不至于无所适从。如果没有预先估计到这些变化，就可能导致组织的生存发展十分被动，最终因无法应付各种突如其来的变化而失败。诚然，有些变化是无法事先预知的，而且随着计划期的延长，这种不确定性也就相应增大，这种情况的出现部分是由于人们掌握的与将来有关的信息是有限的，部分是由于未来的某种变化可能完全由于某种偶然因素引起的，但这并不否认计划的作用。通过计划工作，进行科学的预测，可以把未来的风险降到最低限度。

(3)计划是有效配置资源的方法。在计划过程中，预先的分析研究有助于避免由于缺乏科学预测而进行轻率判断所造成的损失。同时，实现预定目标可以有多种途径和方案，计划工作要对各种方案进行可行性分析，从技术、经济等角度选择最有效的方案来达到目标，这无疑都是对有限资源的合理利用，最大限度地保证实现同样的目标，资源的使用量最少，从而减少盲目性所带来的浪费。此外，由于有了计划，组织中各成员的努力将形成一种合力，这将极大的提高工作效率和组织的效益，可以克服由于资源短缺或者由于未来情况不确定性所带来的困难，使一些原本难以实现的目标得以实现。

(4)计划是管理者进行控制的标准。为了保证计划执行的结果可以达到事先所设定的目标，管理者需要对计划的执行过程进行控制，即检查实际执行过程和计划有无偏差，如果出现容许范围之外的偏差就需要及时进行纠正，以保证实现预期目标。而控制中所使用的控制标准就来自于计划中建立的目标和一些指标。也许这些目标和指标还不能被直接地在控制过程中使用，但它确实提供了控制的标准。另外，如果执行过程中的偏差经过分析，是由于计划执行的前提条件发生了某种变化而造成的，这又可能使管理者修订计划，建立新的目标，导致计划的执行过程使用新的控制标准。计划和控制的这种关系，使得实际执行过程得以沿着计划目标的方向前进。

5.1.3 计划的种类

根据不同的标准，计划可以有不同的分类。但在实际管理工作中，这些分类很难截然分开，任何一种计划都可能兼有其他分类原则下别的计划类型的特征。例如政策是按范围划分的一种计划类型，但它也可能是一种长期计划。同样，综合计划是按计划的内容划分出来的，它完全可能又是一种中期计划，这并不矛盾，说明制定计划需要在计划的持续时间、明确程度、应用范围等多个方面进行综合考虑。

5.1.3.1 长期、中期和短期计划

按照计划期的长短可以把计划分为长期计划、中期计划和短期计划。一般说来，人们习惯于把持续时间在一年或者一年以下的计划称为短期计划；一年以上五年以下的计划称为中期计划；五年以上的计划称为长期计划。但是这种划分只是相对而言，比如，对于一项航天项目来说短期计划的实施可能要五年，而对于一家小企业来说，市场变化迅速，它的短期计划可能只能用两个月，这需要具体情况具体分析。

5.1.3.2 战略、管理和作业计划

按照计划时间的长短以及影响范围的大小，可把计划分为战略计划、管理计划和作业计划。同时这种划分方法也与管理者所在的不同层次相对应。

(1)战略计划。战略计划是应用于组织整体的，为组织未来较长时期设立总体目标以及寻求组织在变化环境中的地位的计划。战略计划通常由高层管理者制定。它的作用是决定或变动一个组织的基本目的以及基本政策。战略计划的特点是长期性和整体性，一次计划可以决定在相当长的时期内大量资源的运动方向；它的涉及面很广，相关因素较多，需要站在组织整体的层面上进行综合考虑。另外，由于所涉因素关系复杂又不明确，还含有很多无法量化研究的因素，因此战略计划的制定必须借助于非确定性分析和推理判断才能对它们有所认识。战略计划的这些特点决定了它对管理计划和作业计划的指导作用。

(2)管理计划。管理计划是由中层管理者制定的，它将战略计划中具有广泛性的目标和政策，转变为确定的目标和政策，并且规定了达到各种目标的确切时间。管理计划中的目标和政策比战略计划具体、详细，并具有相互协调的作用。此外，战略计划是以问题为中心的，而管理计划是以时间为中心的，一般情况下，管理计划是按年度分别拟订的。

(3)作业计划。作业计划是由基层管理者制定的。管理计划虽然已经相当详细，但在时间、预算和工作程序方面还不能满足实际实施的需要，还必须制定作业计划。作业计划根据管理计划确定计划期间的预算、利润、销售量、产量以及其他更为具体的目标，确定工作流程，划分合理的工作单位，分派任务和资源，以及确定权力和责任。

5.1.3.3 综合、局部和项目计划

(1)综合计划。综合计划一般指具有多个目标和多方面内容的计划。就其涉及对象来说，它关系到整个组织或组织中的许多方面。如企业中年度的生产经营计划包括：销售计划、生产计划、劳动工资计划、物资供应计划、成本计划、财务计划、技术组织措施计划等。这些计划都有各自的内容，但它们又互相联系，互相影响，互相制约，形成一个有机的整体。

(2)局部计划。局部计划限于指定范围的计划。它包括各种职能部门制定的职能计划，如技术改造计划、设备维修计划等；还包括执行计划的部门划分的部门计划。局部计划是在综合计划的基础上制定的，它的内容专一性强，是综合计划的一个子计划，是为达到整个组织的分目标而确立的。

(3)项目计划。项目计划是针对组织的特定课题作出决策的计划。例如某种产品开发计划、企业的扩建计划等都是项目计划，项目计划在某些方面类似于综合计划。

5.1.3.4 使命、目标、战略、政策、程序、规则、方案和预算

哈罗德·孔茨和海因·韦里克两位著名学者则从抽象到具体，将计划分为一个层次体系。从他们的分类中我们可以看到计划的表现形式是多种多样的。

(1)使命。使命指明一个组织在社会上存在的作用、所处的地位。例如，企业的使命是向社会提供有经济价值的产品和服务；一个大学的使命是教书育人和科学研究；医院的使命是治病救

人。组织的使命说明一个组织是干什么的，应该干什么。

(2)目标。一个组织的使命比较抽象，它需要具体化成为组织在一定时期的目标和各部门的目标。例如，一个企业在实践其使命的过程当中需要明确近3年或者5年中应当生产多少产品，开发和储备多少新技术，培养多少人才等等。目标是计划工作的终点，也是组织、领导和控制活动所要达到的结果。

(3)战略。战略是为实现组织的长远目标所选择的发展方向、所确定的行动路线以及资源分配方案的一个总纲。战略是指导全局和长远发展的方针，它所传达的是组织在未来希望成为什么样子的信息，并不需要确切描述如何实现这个目标的过程。

(4)政策。政策也是一种计划，它是组织在决策时或处理问题时用来指导、沟通思想和行动方针的明文规定。政策有助于将一些问题事先确定下来，避免每次重复分析相同的情况；比如"公司仅仅雇佣具有硕士学位人员的政策"，决定了在雇佣新员工时取舍标准。政策允许对某些事情有酌情处理的自由，否则政策就成为规则了，而这种自由的大小取决于政策本身以及管理人员的管理艺术。组织为了促使目标的实现，政策必须保持连续性和完整性，这样才能使政策深入人心，形成一种持久作用的机制。

(5)程序。程序是面向行动的计划，它规定了如何处理那些重复发生的例行问题的标准方法。程序的实质是对所要进行的活动规定时间顺序，因此，程序也是一种工作步骤。制定程序的目的是减轻主管人员决策的负担，明确各个工作岗位的职责，提高管理活动的效率和质量。此外，程序通常还是一种经过优化的计划，它是对大量日常工作过程及方法的提炼和规范化。程序是多种多样的，组织中所有重复发生的管理活动都应当有程序。例如，组织的上层主管部门应当有重大决策程序、预算审批程序、会议程序等；在组织的中层职能管理部门，应当有各自的业务管理程序。一般来说，越是基层，所规定的程序也就越细，数量也越多。管理的程序化水平是管理水平的重要标志，制定和贯彻各项管理工作的程序是组织的一项基础工作。

(6)规则。规则是一种最简单的计划。它是对具体场合和具体情况下，允许或不允许采取某种特定行动的规定。规则与政策和程序不同。它与政策的区别在于规则在应用中不具有自由处置权，与程序的区别在于，规则不规定时间顺序，可以把程序看作一系列规则的总和。规则和程序，就其实质而言，旨在抑制思考。所以，有些组织只是在不希望它的员工运用自由处置权的情况下才加以采用。

(7)方案。方案是为了实施既定方针所必需的目标、政策、程序、任务分配、执行步骤、使用的资源等而制定的综合性计划。方案一般是粗线条的、纲要性的，如需实施还需要制定一系列的支持性计划。

(8)预算。预算是以数字表示预期结果的一种计划。例如企业的财务收支预算，也可叫"财务收支计划"。预算使各级管理人员，从资金角度，全面、细致地了解企业生产经营活动的规模、重点和预期结果。另外预算也是一种控制方法。

5.1.3.5　具体计划和指导性计划

按照明确程度划分，可以将计划分为具体性计划和指导性计划。具体计划明确规定了目标或者行动方案，而指导性计划只规定一些一般的方针，它指出计划的重点，但是不确定具体的目标和具体的活动方案。与具体计划相比较，指导性计划具有更大的灵活性。

5.1.4　计划的编制过程

计划有不同的类型，也有多种的具体表现形式，但是管理人员在编制计划过程中所遵循的步骤是基本一致的：

(1)明确目标。目标的明确是一项计划的核心,所以制定任何计划都必须首先明确目标。确定目标是决策工作的主要任务,也是制定计划的第一步。计划的目标来源于对组织所处环境的清晰认识和在此基础上对于自身特点的明确定位。而后,计划工作的主要任务就是将决策所确立的目标进行时间和空间上的分解,使之落实到各个部门,各个环节和不同的时间段落,指明了计划的方向。另外,计划中的目标应该具体可衡量,并且简明扼要、易懂易记,符合对目标描述的SMART要求。

(2)清楚与计划有关的各种条件。计划是为了指导行动而存在的,现实生活中各种不可能的条件,不能作为计划的基础。因此,在明确目标以后,要积极与各方面沟通,收集各方面的信息,明确计划的前提假设或对该计划的各种限制条件。

在这个过程当中,需要把自身置于一个更大的开放系统中,从动态的角度了解自身与环境的不断变化;还要立足于现在,研究过去,从中总结宝贵的经验教训,获得事物发展的基本规律;在此基础上,对未来进行预测,明确关于环境的前提假设,以确定其对计划的影响程度。这对于增强计划的应变能力非常重要。

(3)拟订和选择行动方案。确定目标、明确前提条件后,就要从现实出发分析实现目标所需解决的问题或需要开展的工作。实现某一目标的途径是多样的,其行动方案也是多样的,拟订和选择行动计划通常都包括三个内容:拟订可行的行动计划、评估计划和选定计划。

拟订可行的行动计划要求拟订尽可能多的计划。可供选择的计划数量越多,对选中的计划的相对满意程度就越高,行动就越有效。因此,在计划拟订阶段,广泛发动群众集思广益,充分利用组织内外的专家,既要思路开阔,又要大胆创新,产生尽可能多的行动计划。在该阶段常用的方法是头脑风暴法。

评价行动计划,要注意考虑以下几点:第一,认真考察每一个计划的制约因素和隐患;第二,要用总体效益观点来衡量计划;第三,既要考虑到每一计划有形的可以用数量表示出来的因素,又要考虑到无形的不能用数量表示出来的因素;第四,要动态地考察计划的效果,不仅要考虑计划执行所带来的利益,还要考虑计划执行所带来的损失,特别注意那些潜在的、间接的损失。

这一阶段的最后一步是按一定的原则综合运用多种方法来选择出一个或几个较优计划。选择出的计划方案应当使责任明确,进度与资源良好配合,设置了应变措施或者替代方案的。

(4)制定派生计划。主要计划还需要派生计划的支持,因为一个主要计划总是需要若干个派生计划来支持,只有在完成派生计划的基础上才可能完成主要计划。比如一家公司年初制定了当年销售额比上年增长5%的销售计划,与这一计划相连的有许多计划,如生产计划、促销计划等。再如当一家公司决定开拓一项新的业务时,这个决策要制定很多派生计划,如雇佣和培训各种人员的计划、筹集资金计划、广告计划等。

(5)编制预算。计划工作的最后一步就是将计划数字化,使用数字来反映整个计划。预算不仅使计划更加明确,而且也成为衡量计划完成情况的重要标准。

(6)计划的审定。在完成计划初步编制后,还要进行计划的审定。计划审定主要是评价所制定计划的完整性和可行性。计划的完整性审定主要是看该项计划要素是否齐全,是否包含了完整计划的各项要素,也可称之为计划形式审查;计划的可行性审查也叫内容审查,主要是评价计划中所列各事项的可行性。如果在计划的审定过程中,发现缺少某一部分或某一部分不合适,就要立即进行修改,以使计划更加行之有效。计划的审定可以由上级审定、同事审定,也可由群众讨论评价。若经常从事计划审定工作,可根据计划评审的要求将一些问题列成一张清单,作为检核表据此审定。

5.2 战略计划

战略计划是指应用于组织整体的，为组织未来较长时期（通常为 5 年以上）设立总体目标以及寻求组织在变化环境中的地位的计划。战略计划的任务不在于看清组织目前是什么样子，而在于看清组织将来会成为什么样子。

战略计划是组织中最重要的计划，战略决策的正确与否直接关系到组织的生死存亡。目前组织所面临的环境发生了根本性的变化，具体表现为：市场需求变化加快，朝着个性化多样化的方向发展；科学技术日新月异，新技术层出不穷；世界越来越变成一个紧密联系的整体，出现价值观念多元化，生活方式多元化等等趋势。组织要谋求长远的生存和发展，就必须根据内外环境的不断变化作出预测和判断，制定正确的战略计划，方向性地决定组织未来的发展，因而战略计划在组织中的地位变得越来越重要。

5.2.1 战略的层次

如果组织只生产一种产品或服务，那么，制定一个战略计划就可以包括组织的全部活动。但是，对那些拥有多种不同的事业领域，各个事业领域之间的联系又很弱的大型组织来讲，制定不同层次的多种战略计划就显得十分必要了。按照组织层次，战略可以分成公司战略、事业战略和职能战略三个层次。

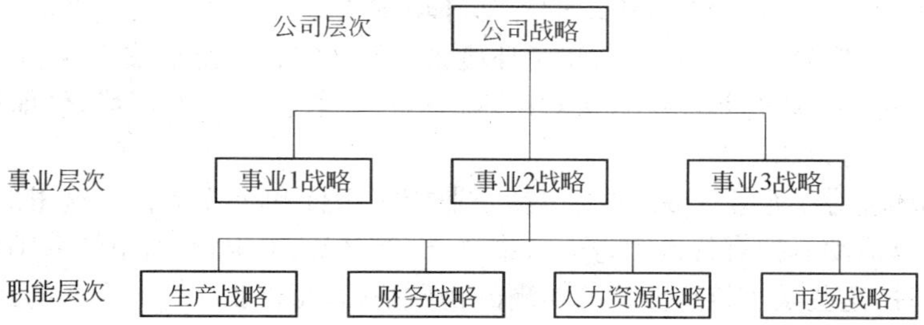

图 5-1　战略的层次

5.2.1.1　公司战略

如果一个企业拥有两个或两个以上的事业，那么它将需要一种公司层面的战略。这个层面的战略，它要回答下列问题：公司的使命及方针是什么，将从事什么事业？有什么样的事业组合？公司总体目标是什么？为了增强企业的竞争地位，公司应该采取什么样的战略态度？各个事业的战略资源如何在各事业之间分配？这个层次的战略由组织的最高管理层制定。

5.2.1.2　事业战略

事业战略是在企业总体战略的指导下，某一特定战略经营单位的战略计划，是企业总体战略的子战略。它要回答下列问题：为完成公司总体目标，本事业如何在市场上竞争？资源如何在事业内部分配？这个层次的战略由事业单位管理者制定，由组织高层审查批准。

5.2.1.3　职能战略

职能战略是职能部门为支撑事业战略而制定的本职能部门的战略，它主要回答的问题是，为支持和配合事业战略，本部门应该采取什么行动？如果说企业战略和事业战略强调“做正确的事”，那么职能战略则强调“做好正确的事”。职能战略通常由职能部门的管理者制定，由组织高层审查批准。

三个战略层次向下层层指导，向上层层支持，构成一个企业战略的完整体系。

5.2.2 制定战略计划的过程

制定战略计划通常需要经过以下几个步骤：

(1)明确组织使命与目标。组织的宗旨是社会所赋予组织的基本任务，是组织之所以存在的目的和理由。而组织的使命是实现宗旨的方法，如企业的宗旨是生产、分配商品与服务，它的使命就是通过生产特定产品来实现这个宗旨。根据彼得·德鲁克的见解，要确定组织的使命必须依次回答以下三个问题：

1)我们的企业是什么？即站在顾客的角度来考虑，企业提供的产品和服务是否能够满足顾客的需求，这个问题决定了企业应该提供什么样的产品和服务，也就是确定了企业的业务领域。

2)我们的企业将是什么？即站在环境变化的角度来考虑这种变化可能对企业使命产生的影响，目的是使企业能够预期和适应环境的变化。

3)我们的企业应该是什么？即为了实现企业的使命，有什么机会或者可以创造什么机会把企业改造为一个不同于别人的企业。

组织的使命通常都比较抽象，如果要指导组织行动的话，还必须把它转化为具体可行的目标。如 AT&T 公司：我们致力于成为方便人们沟通的世界最佳者——为他们提供所需要的互相联系、获得信息与服务的方便途径——任何时间，任何地点。

(2)进行组织内外部环境分析。组织的外部环境主要是指存在于组织外部的对组织绩效有潜在影响的因素。一般分为一般环境与特定环境。一般环境通常是指政治、经济、社会与文化以及技术环境；而特定环境则是指能够直接对组织绩效产生直接影响的环境，例如供应商、竞争对手、顾客以及公众压力集团等等。

组织的内部环境对于企业来说，主要包括企业资源条件和企业文化。这里的资源泛指企业因为从事生产经营活动所拥有的人力、资金、物料、机器设备、组织管理、市场营销、新产品开发等方面的能力和条件，这些是支持企业战略实现的物质基础；而企业文化对企业的经营战略起着支持和制约的作用。进行企业文化分析的目的就是要了解和掌握企业文化的现状及企业文化的特色，以制定出与企业文化相适应的战略计划。

(3)战略选择。通过内外部环境的分析，明确在目前条件下，与竞争对手相比，组织自身的优势和弱点，寻求一个适当的战略定位，从而趋利避害，发挥优势，谋求长远的发展。

5.2.3 战略环境分析

企业为了制定更加切合实际的战略计划，在竞争中取胜，就必须充分分析和研究所处的内外环境，了解自身的优势和劣势，以利用机会避开威胁。

5.2.3.1 SWOT 分析法

SWOT 是英文 Strengths(优势)、Weaknesses(弱点)、Opportunities(机会)和 Treats(威胁)四个词的首字母缩拼词。该分析法是将企业外部环境和内部环境的各种因素结合起来进行分析的一种战略环境综合分析法。外部环境分析的目的是识别外部的机会和威胁，内部环境分析的目的是识别组织内部所具有的优势与弱点。这些因素的平衡决定了公司应做什么，以及什么时候去做。

利用 SWOT 分析法可以帮助企业开发四类战略，分别是：SO、WO、ST、WT 四种可供选择的战略(见表 5-1)。优势与机会匹配的 SO 战略——依靠内部优势利用外部机会；弱点与机会匹配的 WO 战略——利用外部机会克服内部弱点；优势与威胁匹配的 ST 战略——利用内部优势回避外部威胁;弱点与威胁匹配 WT 的战略——减少内部弱点回避外部威胁。使用这种方法的难点在于进行内部和外部因素的匹配,需要决策者的主观分析,客观上不存在唯一的最佳匹配方式。

表 5-1　SWOT 矩阵

内部因素 / 外部因素	内部优势(S)	内部弱势(W)
外部机会(O)	SO 战略	WO 战略
外部威胁(T)	ST 战略	WT 战略

5.2.3.2　*五种竞争力量模型*

美国哈佛大学商学院的波特(Michael E. Porter)认为:企业在行业中采取什么样的竞争策略取决于它所在行业的竞争态势,而行业的竞争态势又取决于五种基本竞争力量的对比。这五种竞争力量分别来自于:行业中现有竞争者的对抗、潜在的进入者的威胁、替代品生产者的威胁、购买者的讨价还价能力、供应者的讨价还价能力等。正是这些力量的状况及综合强度影响决定了企业在行业中的最终获利能力。波特将这五种竞争力量建立模型如图 5-2 所示。

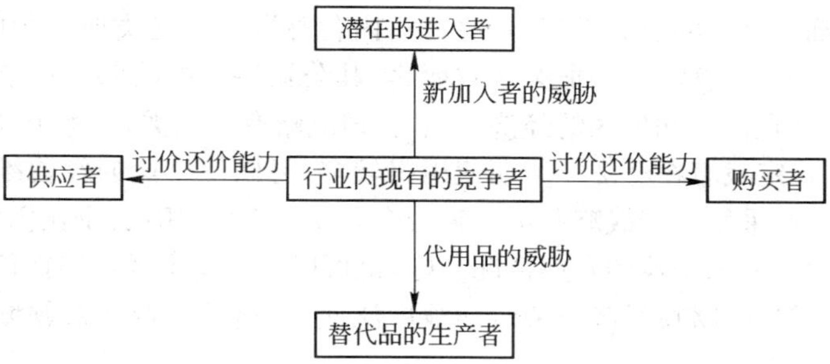

图 5-2　五种竞争力量模型

波特模型行业竞争力量分析主要包括下列内容:

(1)行业内现有竞争者分析。主要分析现有竞争对手的数量、分布、实力、威胁;找出主要竞争对手,分析其信息,了解其发展动向。

(2)潜在进入者威胁分析。潜在竞争对手威胁的大小主要取决于进入的障碍,即其是否有能力越过进入障碍成为企业现实的竞争对手。进入的障碍主要有:

1)是否具有规模经济,令潜在的进入者与市场竞争对手同样程度地享受生产规模扩大所带来的成本节约的好处。

2)是否可以提供差别化的产品或者服务。

3)是否具有在技术、设备、人才、销售渠道等方面的优势以与现有企业的在位优势抗衡。

4)是否需要取得有关政府部门的市场准入等。

(3)替代品生产者威胁分析。替代产品以限制一个行业最高价格的形式加剧这个行业的竞争,即限制了这个行业的利润率。由于替代产品的存在,即使这个行业只有少数几家企业也不能形成垄断价格。替代产品分析包括:

1)哪些产品可以替代本企业产品。

2)哪些产品真正构成威胁。

(4)购买者讨价还价能力分析。如果购买者拥有较强的讨价还价能力,对企业将是不利的。主要需要分析:

1)购买的数量、产品的性质。

2)差别产品还是无差别产品。

3)用户后向一体化的可能性。

4)产品对用户的重要性。

(5)供应者讨价还价能力分析。供应商讨价还价能力的高低主要由以下因素决定:

1)供应厂家和用户的数量:供应厂家数量少,对供应商有利;用户多且分散对供应商有利,用户少而集中,对供应商不利。

2)寻求替代的可能性:没有相近的替代产品对供应商有利。

3)企业后向一体化的可能性:如果企业实行后向一体化生产对企业有利;如不能,又没有替代品对供应商有利。

5.2.4 战略的选择

5.2.4.1 公司战略

公司战略是关于组织为了实现其使命或目标,对应投资于哪一行业或哪一国家、地区所作的计划。它主要用于确定公司的业务类型,解决公司内各种资源在各类业务中的分配问题。如果某一组织所拥有的业务种类较单一,那么对它而言,其公司层次的战略也可能就是其业务战略。从总体上来说,结合所在国家和地区的经济环境,公司战略有三大类,多种不同的实现形式:

(1)稳定战略。稳定战略在经济复苏期使用得较多,可以使企业的经营维持现状,而不去拓展新的业务领域。企业采取稳定战略并不意味着企业无所事事,相反,企业仍要为现行经营系统和既定计划继续努力。如果企业的发展情况良好,也可以采用稳定战略维持住目前的市场地位。

(2)成长战略。成长战略在经济繁荣时期被广泛使用,追求企业经营领域的扩大,有多种实现形式:

1)纵向集成战略。纵向集成战略是一种公司层次的战略,指由公司自己生产原来由外部供应的原料、零部件,或者自己销售自己生产的产品,来获得新的价值增长即为纵向集成,具体又可以分为向前集成和向后集成两种战略。

2)多元化战略,即通常所说的多种经营战略,目的是在原有业务的基础上增加新的产品和服务。根据所扩展业务是否与原有业务相关,多元化可以分为混合多元化,即开发与本组织原有业务并无关联的新业务。也可以是中心多元化,即扩展与本行业原有业务相关的业务。

3)跨国经营战略。在全球经济日益一体化的今天,任何一家企业无法避免的都会面临国际市场的竞争压力,也会收获到国际市场所带来的更多机会,跨国经营不失为发展的一个很好选择。面对全球市场,可以有两种:全球战略和国别战略。如果企业以标准化的产品、基本相同的营销方法满足全球市场的需要,那么它们实行的是全球战略。如果企业以差别化的形式满足不同国家消费者需求,那么它们实行的是国别战略。

除此以外,随着"双赢"概念理念的不断深入人心,大家发现在某些情况下,与其他企业开展合作比竞争更能获得优势,一方面稳定立足于自身已有优势,另一方面可以互相利用对方的资源,把注意力由如何分蛋糕的问题转移到如何做大蛋糕的问题上,可以打造更为强大的竞争力。所以在新的环境下,合作与竞争同样重要。

(3)紧缩战略。紧缩战略包括放慢企业发展的步伐、缩小企业的规模或者退出某个经营领域。在不利的外部环境和资源条件限制下,采用紧缩战略也有其积极的意义和作用,在经济衰退和萧条时期,紧缩战略采用得最多。

5.2.4.2 事业战略

公司战略确定了组织所应从事的业务领域,而事业层次的战略则是用于确定如何在特定的市场或产业中使企业获得竞争优势的计划。分析事业战略常用的方法是波特的竞争战略:他在分析了5种竞争力量之后指出,企业可以选取以下三种竞争战略之一来寻求优势,同时他发现,那些不是有意识地采用这三种战略的企业无法形成战略优势,没有战略优势的企业获得的利润低于平均水平。

(1)总成本领先战略。企业强调以低单位产品价格为用户提供标准化产品,目标是成为行业当中的低成本生产者。低成本战略可以使企业在保证质量和维持合理利润的前提下,与竞争对手开展价格竞争从而具有竞争优势。

(2)差别化战略。企业力求在为顾客所重视的诸多特质当中选择一项或者几项来满足顾客的需要,如产品的特殊功能、高超的质量、优质的服务、独特的品牌等等。力图使自己所提供的产品或服务不同于竞争对手。这种战略将增加公司在产品设计、研发等方面的投入,使产品的成本上升。但是,如果顾客出于对产品或服务的偏爱而愿意接受较高的价格,这将弥补公司采用差别化战略而带来的成本上升。当然,这并不排除在一些管理良好的公司中,如丰田、麦当劳等能够在保持较低价格的同时,对其产品进行差别化。

(3)目标集聚战略。企业将目标集中于某个专门的细分市场或购买群体。在这个狭窄的目标市场上,组织既可以使用差异化方法,也可以使用低成本方法。采用低成本战略的企业,旨在成为服务于该细分市场的最低成本的企业,实行差别化战略的企业则是服务于一个或几个细分市场的独具特色的企业。

5.2.4.3 职能战略

职能战略也可称为职能支持战略,是以某个职能领域的业务为范围而进行的局部计划,目的是在前两个战略的统领下,改善组织中主要职能部门创造价值的能力。从总体上来说,增加价值的途径不外乎两种:一是降低价值创造过程的成本;二是通过差别化的办法来增加价值。这些部门通常包括市场营销、财务、生产、研究与开发、人力资源管理以及组织设计等职能部门,于是就有相对应的营销战略、财务战略和生产战略等服务于同一个时期的事业以及公司战略。

职能战略的形成要求正确地回答组织所要解决的问题。因此,在制定职能战略时,首先要找出哪些是需要组织解决的问题,进而找到解决问题的正确答案。

(1)营销战略。营销战略的目的是确定组织向社会提供什么产品或服务,进而将产品或服务推荐给顾客,同时鼓励他们来购买。这需要了解:谁是我们的顾客?他们需要什么?他们的期望是什么?他们的支付能力有多大?我们在多大程度上能够满足顾客的需要?顾客为什么购买?他们用什么方式购买?他们通过什么渠道购买?我们希望从中得到多少利润?我们如何促销?我们如何定价?我们如何售后服务?等等。

(2)财务战略。财务战略的目的是筹措组织经营所需要的全部资金。该战略需要解决的问题主要是:我们需要多少资金?从哪里获得资金?如何获得资金?如何使用资金?

(3)生产战略。生产战略的目的是产出能够满足顾客需要的产品或服务。该战略需要回答的问题主要有:我们在哪里生产?生产多少?如何生产?何时生产?谁来生产?如何控制质量?如何控制成本?如何保证按期交货?如何提高生产效率?

5.3 计划方法

5.3.1 网络计划技术

网络计划技术是一种科学的组织生产和进行计划管理的科学方法，它包括以网络为基础来制定计划的各种方法，如关键路线法(CPM)、计划评审技术(PERT)、组合网络法(CNT)等。

网络计划技术的原理是运用网络图的形式来表达一项计划中各项活动之间的先后次序和相互关系；在此基础上进行网络分析，计算网络时间，确定关键活动和关键路线；接着利用时差，不断地改善初始网络计划，最终求得在工期、资源与成本方面的优化方案；并通过执行过程中信息的反馈进行监督和控制，保证预定计划目标的实现。

现代化生产是以复杂的生产过程、复杂的技术装备和精细的劳动分工为特点的，需要不同的资源(人员、设备、原材料、信息等)在不同的时间空间进行精确衔接，这就要求在生产过程中有科学的组织、严密的计划和精准的协调。实践证明，网络计划技术适用于具有一次性的项目，如新产品开发、建筑工程、设备大修、单件小批量生产、重大科研项目等等；尤其在计划协调复杂分工协作关系方面成效显著，具有其他计划技术所不可比拟的优势。如 1958 年美国海军首次使用计划评审技术进行北极星武器系统的计划和控制工作，成功协调了一万多家厂商的分工协作关系，并使工期提前了两年。

5.3.1.1 编制网络计划的步骤

从总体上来说，编制网络计划需要把一项计划任务分解为完成它所需的各项活动，根据活动的先后顺序进行排序，然后通过网络图的形式对整个工作进行统筹规划和控制，从而以较少的资源、较短的工期完成计划任务。

(1)确定计划任务目标。首先需要确定该项计划任务要达到的目标，目标的描述应当具体明确，尽量使用如成本、时间、质量等等可以量化的指标。

(2)列出活动清单。根据所确定的目标，进行层层分解，直至将目标的完成分解为责任明确且执行清晰的一项项活动，最终形成一张完成目标所必须执行的活动清单。

(3)活动之间关系分析。确定上述清单中各项活动的相互关系。在网络计划中，活动之间的相互关系可以分为三类：

1)紧前活动：是指紧接在此项活动之前展开的活动。紧前活动不结束，则该活动不能开始。

2)紧后活动：是指紧接在该活动之后展开的活动。该活动不结束，紧后活动不能开始。

3)平行活动：是指与该活动同时进行的活动。根据活动之间关系的分析可以得到一张活动之间关系列表。

(4)绘制网络图，用图的形式表示一项计划。

(5)计算网络时间值，确定整个计划当中的关键路线。

(6)进行网络计划的优化。

5.3.1.2 绘制网络图

根据活动之间关系的列表可以绘制网络图。

(1)网络图的构成要素如下：

1)箭线。一根箭线代表一项活动，该活动由箭尾方向向箭头方向行进。在无时标的网络图中箭线的长短与活动所花费时间和其他资源的多少无关。网络图中除了实箭线以外还有虚箭线，仅仅表示其前后活动之间的衔接关系。

2)事件。也称为节点，用圆圈表示，是一个瞬时的概念，代表前一项活动的结束和后一项活动的开始。在绘制网络图时，对各个节点要按其先后次序进行统一编号。

3)路线。路线是网络图中从初始节点开始到最终节点结束的一些由箭线和节点连接而成的通道。一张网络图中有多条路线存在，其中关键路线可能是一条也可能是多条。

(2)网络图的绘制规则如下：

有向性——箭线方向不能向左。

两点一线——两个节点之间只能有一条箭线。

源汇合一——任何网络图都只有一个初始节点和一个最终节点。

无回路——箭线不能从一个节点出发又回到这个节点。

避免交叉——网络图中尽量避免箭线的交叉，如不能避免则应搭桥。

节点编号——箭头节点编号大于箭尾节点编号。

【例 5-1】 请根据表 5-2 所给资料绘制网络图。

表 5-2

活　动	紧前活动
A	—
B	A
C	A
D	B、C
E	B
F	D
G	D
H	E、G
I	F、H

解：根据表 5-2 所绘制网络图，如图 5-3 所示。

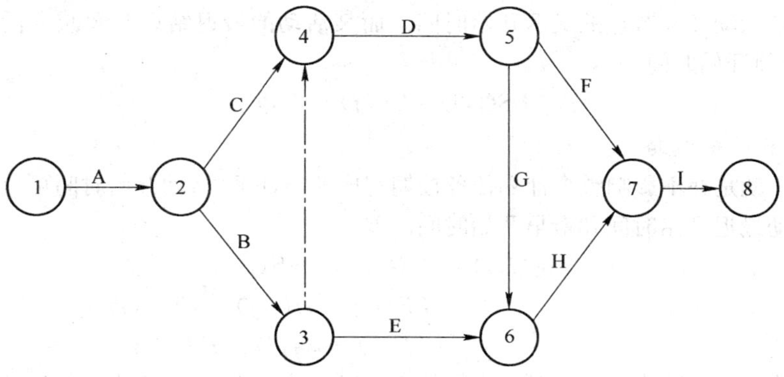

图 5-3　例 5-1 的网络图

5.3.1.3　计算网络时间值

A　作业时间

作业时间即为完成一项作业所需花费的时间，通常采用三值估计法求得：

$$t_e(i,j)=\frac{a+4m+b}{6}$$

式中　$t_e(i,j)$——作业时间的期望值；

a——最乐观时间，在最顺利的情况下，完成该项作业的最短时间；

b——最保守时间，在最不顺利的情况下，完成该项作业的最长时间；

m——最可能时间，在正常情况下，完成该项作业所需的时间。

B　节点时间

(1)节点最早开始时间。节点最早可能开始时间，是初始节点到该节点的最长路程时间。表示该节点前面的工作全部完成，从该节点出发的工作最早能够开始的时间。因此，计算时取节点前面工作的结束时间的最大值，作为节点的最早可能开始时间。网络图中初始节点的最早开始时间一般设定为零，所以其他节点的计算公式应为：

$$ES(j)=\max_{i\to j}\{ES(i)+t(i,j)\}$$

(2)节点最迟结束时间。节点最迟结束的时间是指以此节点为终点的各项活动最迟必须完成的时间。由于网络图中最终节点之后没有后续工作，所以最终节点的最迟开始时间就是它的最早开始时间，中间节点的最迟开始时间可以逆序倒推，如果某个节点发出的工作不止一项，必须选取其中最小值，才能保证从该节点发出的工作可以在最早开始时间开始：

$$LF(n)=ES(n)$$

$$LF(i)=\min_{i\to j}\{LF(j)-t(i,j)\}$$

C　活动时间

活动时间包括一项活动的最早开始时间、活动的最迟开始时间、活动的最早结束时间以及活动的最迟结束时间，活动时间可以在节点时间的基础上进行计算。

(1)活动最早开始时间。活动的最早开始时间是在其所有紧前活动都结束后的最早可能开始时间，等于该活动箭尾节点的最早可能开始时间。

$$ES(i,j)=ES(i)$$

(2)活动的最迟开始时间。活动的最迟开始时间是为了不影响计划任务，活动最迟必须开始的时间，等于该活动箭头节点的最迟开始时间。而某活动的最迟结束时间减去活动的持续时间即为其最迟必须开始时间。

$$LS(i,j)=LF(j)-t(i,j)$$

D　时差和关键线路

(1)时差。就是在不影响整个计划任务按期完成的条件下，活动开始时间可以向后推迟的时间，也就是活动最迟开始时间和最早开始时间的差。

$$\begin{aligned}S_{总}(i,j)&=LS(i,j)-ES(i,j)\\&=LF(i,j)-t(i,j)-ES(i,j)\\&=LF(j)-t(i,j)-ES(i)\end{aligned}$$

(2)关键路线。在网络图中由时差为零的活动组成的路线，关键路线上各活动时间之和即为总工期。

5.3.1.4　网络计划的优化

利用网络计划可以进行多种优化，诸如时间优化，时间-资源优化，时间-费用优化等等，这里介绍时间-费用优化。

对于完成一项计划任务来说，无法达到时间、费用和质量三类指标同时最优，因而时间-费用优化追求的目标是费用最低，工期较优。我们可以将完成计划任务所需费用分为两个部分，直接费用和间接费用。其中直接费用是和任务完成直接相关的那部分费用，可以直接计入项目成本，如原材料的耗费；而间接费用则指与任务的完成有关系，但是只能摊入任务成本的那部分费用，如管理费用等。直接费用与时间之间成反比关系，如要压缩工期就得增加直接费用的投入，而间接费用与时间之间是正比关系，工期越长，间接费用就越多。

一项计划任务的总费用是由直接费用和间接费用组成的，缩短工期将引起直接费用的增加和间接费用的减少；反之，拉长工期会使直接费用减少，间接费用增加。时间-费用优化的原理即为通过压缩工期（时间），使间接费用的减少大于直接费用的增加，则最终达到缩短工期，同时降低总费用的目的。

【例 5-2】 某项计划任务共由 9 项活动构成，每项活动在正常和赶工条件下的时间和费用如表 5-3 所示，间接费用 1000 元/周。其网络图如图 5-4 所示。请使用时间-费用优化的方法进行优化。

表 5-3　每项活动在正常和赶工条件下的时间和费用

作业	作业时间（周）		直接费用（千元）		直接费用率（千元/周）
	正常	极限	正常	极限	
	①	②	③	④	⑤=（④－③）/（①－②）
A	6	3	4	5	0.33
B	5	1	3	5	0.5
C	7	5	4	10	3
D	5	2	3	6	1
E	6	2	4	7	0.75
F	6	4	3	6	1.5
G	9	5	6	11	1.25
H	2	1	2	4	2
I	4	1	2	5	1

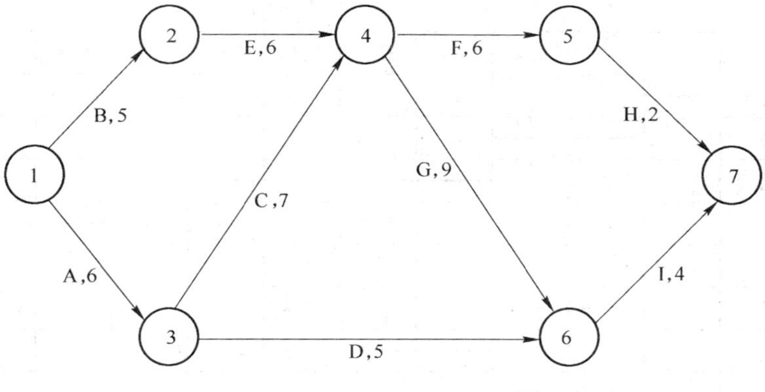

图 5-4　例 5-2 的网络图

解：

（1）确定关键路线，计算正常情况下的总工期和总费用。

由图可知关键路线为 A→C→G→I，总工期即为关键路线的持续时间 26 周。

总费用 = 直接费用 + 间接费用 = (4 + 3 + 4 + 3 + 4 + 3 + 6 + 2 + 2) + 26×1 = 57(千元)

(2)选择可以赶工的活动,计算赶工以后工期和总费用的节约。

要缩短工期必须选择关键路线上的活动进行压缩,首先考虑关键路线上直接费用率最低的活动进行,同时也要保证压缩过的关键路线仍然是关键路线,即其延续时间不小于其他路线的延续时间,如果出现多条关键路线应当同时同力度压缩。

第一次优化:选择关键线路上直接费用率最小的 A 作业进行压缩,赶工限制为 3 周,为保证关键线路不变,关键线路和次长线路的差为 2 周,所以只能选择其中较小的 2 周,则总费用的减少为:

$$1\times2-0.33\times2=1.34(千元)$$

第二次优化:此时关键线路有两条 A－C－G－I 和 B－E－G－I,先压缩共有作业 I,赶工限制为 3 周,关键线路和次长线路的差为 5 周,所以只能选择其中较小的 3 周,则总费用的减少为:

$$1\times3-1\times3=0(千元)$$

第三次优化:此时关键线路没有变化,仍为 A－C－G－I 和 B－E－G－I,选择压缩作业 A、B,赶工限制分别为 1、4,关键线路和次长线路的差为 2 周,所以只能选择其中较小的 1 周,则总费用的减少为:

$$1\times1-(0.33+0.5)\times1=0.17(千元)$$

经过判断,已经不能继续优化。所以经过时间－费用优化以后,总工期缩短为:26－2－3－1＝20(周),总费用减少为:57－1.34－0－0.17＝55.49(千元)。

5.3.2 甘特图

甘特图是由“科学管理之父”泰勒的亲密同事亨利·甘特在 20 世纪初提出的,又被称为横道图、棒状图或者条形图,是一种简便易行的进度计划和控制工具。它的横轴表示时间进度,纵轴表示完成计划任务所需完成的各项工作,每一条横道表示一项工作。甘特图可以表明计划任务以及其中的每一项工作何时开始何时结束,如果再加上表示实际工作进度的横道,管理者就可以轻松地进行计划执行过程中的进度控制了。

表 5-4 列出了某城市在一个节日凌晨期间的广场布置计划。

表 5-4 某城市节日广场布置计划

序号	项目	时间											
		0:00	0:30	1:00	1:30	2:00	2:30	3:00	3:30	4:00	4:30	5:00	5:30
1	人员材料进场	——											
2	布置线路		——	——									
3	安置灯光				——	——	——	——					
4	试效果								——	——	——		
5	调整灯光											——	——
6	摆放花架		——	——									
7	摆放鲜花				——	——	——						
8	布置管道		——	——									
9	连通管道和试压				——	——	——	——					
10	试喷								——	——			
11	调整										——	——	

甘特图绘制简便，形象直观，至今仍在很多领域被广泛运用。但是它也有不足：在控制过程中，如果某些工作提前或者延后，甘特图可以说明实际进度和计划进度是否存在差异，但是不能说明这种差异存在的原因，也不能说明如果有诸多差异存在，管理者在时间和金钱等资源有限的前提下应当首先解决谁，需要进行进一步的分析；另外，甘特图可以清楚地表示完成计划任务需要展开的工作有哪些，但是无法表示工作和工作之间的逻辑关系，尤其是对于一些规模较大的计划任务，工作数目多，逻辑关系复杂，这时候只能借助于网络计划技术了。

5.3.3 滚动计划

滚动计划方法是一种编制具有灵活性的、能够适应环境变化的长期计划方法。其编制方法是：在已编制出的计划的基础上，每经过一段固定的时期（例如一年或一个季度，这段固定的时期被称为滚动期）便根据变化了的环境条件和计划的实际执行情况，从确保实现计划目标出发对原计划进行调整。每次调整时，保持原计划期限不变，而将计划期顺序向前推进一个滚动期。

采用滚动计划法，相对缩短了计划时期，加大了计划的准确性和可操作性，从而是战略性计划实施的有效方法；可以根据环境条件变化和实际完成情况，定期地对计划进行修订，使组织始终有一个较为切合实际的长期计划作指导，并使长期计划能够始终与短期计划紧密地衔接在一起；另外，滚动计划方法大大加强了计划的弹性，这对环境快速变化的时代尤为重要，它可以提高组织的应变能力。

下面通过举一个图表例子来说明滚动计划法，如图 5-5 所示。

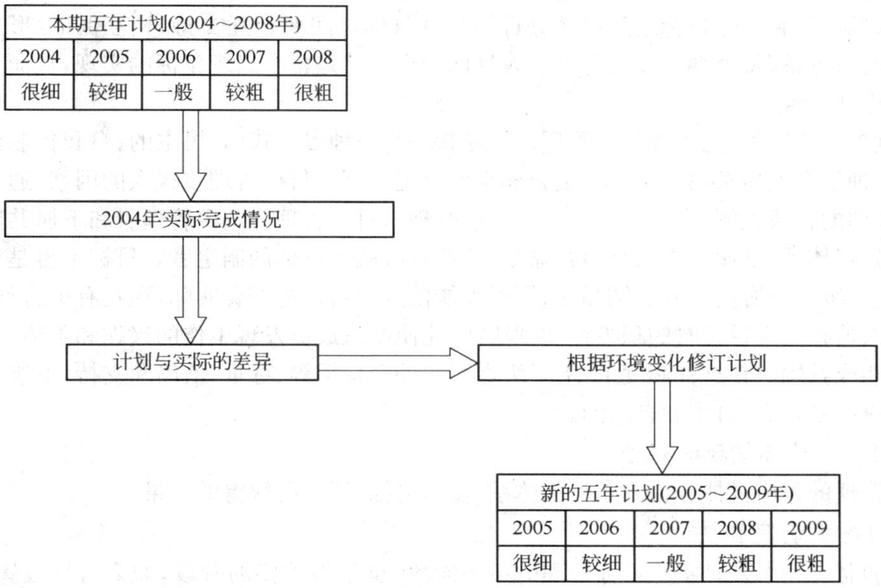

图 5-5 滚动计划

5.3.4 目标管理

目标管理（management by objectives，MBO）是由美国著名的管理专家德鲁克在 1954 年发表的《管理实践》一书中提出的一种管理方法。这种管理方法提出后，逐步发展成为许多西方国家组织普遍采用的一种系统地制定目标，并据此进行管理的有效方法。中国于 20 世纪 70 年代末引进了这一方法，并运用于企业管理，取得了明显的效果。目前已成为中国不少企业实际采用的管理方法之一。

5.3.4.1 目标管理的基本思想

概括地说，目标管理是一种综合的以工作为中心和以人为中心的管理方法，它首先由一个组织中的上级管理人员与下级管理人员、员工一起制定组织目标，并由此形成一定时期内组织的总目标，以及组织内每一个成员的责任和分目标，明确规定每个成员的职责范围，最后又用这些目标来进行管理、评价和决定对每一个部门和成员的贡献标准。在指导思想上，目标管理以Y理论为基础（Y理论认为，在目标明确的情况下，人们能够对自己负责）；在具体方法上，则是科学管理理论的进一步发展。它强调通过目标来进行管理，其基本思想可概括为以下三个方面：

（1）以目标为中心，注重成果。目标管理强调明确目标是有效管理的首要前提。明确的目标使整个组织有了协同行动的准则，可使每个成员的思想、意志、行动统一在一起，以最经济有效的方式去实现目标。在目标管理中，注重目标的制定，各分目标都必须以总目标为依据，分目标是总目标连锁体系的有机组成部分，计划制定和执行以目标为导向，任务完成后又按目标的完成情况来进行考核。目标管理把重点放在目标的实现上，而不是行动本身，这克服了以往只注重工作而忽略目标的旧式管理的弊端，有助于克服管理的盲目性、随意性，可收到事半功倍的效果。

（2）强调系统管理。任何组织都会有不同层次、不同性质的多个目标，如果各目标相互之间不协调一致，那么组织规模越大、人员越多时，发生冲突和浪费的可能性就越大；同时，组织总目标的实现有赖于组织各分目标的实现，总目标和分目标之间以及分目标与分目标之间是相互关联的。目标管理强调目标的分解，将组织的整体目标逐级分解，转换为各个部门、各个员工的分目标，要求总目标和各分目标之间以及分目标与分目标之间要相互支持、相互保证，形成相互支援的目标网络体系，每个部门以及每个个人目标的实现就是整个组织目标的实现，从而保证了目标的整体性和一致性。

（3）重视人的因素，注重参与式管理。目标管理是一种参与式的、民主的、自我控制的管理制度，也是一种把个人需求与组织目标结合起来的管理制度。目标管理重视人的因素，通过工作的目的性、管理的自我控制、个人的创造性来进行管理。目标管理强调由管理者和下属共同确定目标和建立目标体系，下属不再只是执行命令，他们本身就是目标的制定者。目标不再是异己的东西，而是上下级共同协商研究的结晶，这样不仅能使组织目标更符合实际，更具有可行性，而且能激发各级人员在实现目标时的积极性和创造性，能使组织成员发现工作的兴趣和价值，享受工作的满足感和成就感。在这种制度下，上下级之间的关系是平等、尊重、信赖和支持，下级在承诺目标和被授权后是自觉、自主和自治的。

5.3.4.2 目标管理的程序

目标管理的程序具体分为确立目标体系、实施目标、评价所取得的成果。

A 目标的制定和展开

目标的制定和展开是实施目标管理的第一阶段，也是最重要的阶段，如果目标设置合理、明确，那么后两个阶段就容易了。目标设置可细分为四步：

（1）高层管理人员预定目标，然后与下属进行讨论、修改；

（2）根据预设目标重新审视组织结构和人员的分工；

（3）确定组织目标并与下级共同商定其目标；

（4）上下级就相应责权利和奖惩进行协商并达成协议。

B 目标的实施

目标管理在实施阶段强调自主、自我管理，但这并不等于达成协议后管理人员就可以放手不管，相反，管理人员要利用双方经常接触的机会和正常的信息反馈渠道对工作情况进行检查。同时要加强对下级的指导和帮助，做好基础管理工作，完善必要的规章制度，形成日常工作靠规章制度、业务工作靠目标管理的工作模式。

C　总结和评价所取得的成果

到预定的期限后，由下级提出书面报告，上下级在一起对目标完成情况进行考核，决定奖惩。目标管理以制定目标为起点，以考核目标完成情况为终结。也就是说，它所考核的对象是成果，成果是评价工作好坏与优劣的唯一标准。考核应以目标为依据，不能目标是一套，考核又是另一套。考核的标准、过程、结果应当公开，以产生宣传、鼓励先进，鞭策、帮助落后的效果。下属对考核结果如有意见，应允许申诉并认真加以处理。

5.3.4.3　对目标管理的分析

A　实施目标管理的优点

(1)目标管理可以极大地改善管理工作。目标管理的所有优点可以总结为一句话：它有利于组织全面提高管理水平。现实可行的目标依赖于计划工作的保证，同样计划也必须以最终目标为依据才有意义。这就迫使管理人员为实现最终目标而进行计划，同时也促使他们考虑为实现目标所采用的手段，考虑与这些目标相适应的组织机构和人员，而一套精心设计的分目标体系则提供了最好的控制标准。

(2)目标管理有利于改善组织结构。为了将目标落实到岗位上，组织的管理人员必须了解现有组织结构的状况，从而有利于发现组织结构设计中所存在的缺陷，并根据组织预期的结果对组织结构进行改善。因此，目标管理的另一个主要优点是它能够迫使管理人员分清组织的作用和结构，尽可能地围绕关键结果来设置职位。

(3)目标管理可以鼓励员工勇于承诺和自我实现。目标管理的另一个优点是鼓励员工对其目标承担义务。因此，目标管理有利于激励员工的主动精神，诱发他们的责任感。通过实施目标管理，每一个职工都参加了为自己拟定目标的工作，他们不再是被动的接受者，而是有着明确目标的、能够掌握自己命运的主动的追求者。当员工掌握了自己的命运之后，他们在工作中就会充满热情。

(4)目标管理有利于形成有效的控制。目标管理不仅提高了计划工作的有效性，而且有助于形成有效的控制。控制就是对进行着的业务活动加以衡量，发现计划实施过程中所发生的偏离并采取措施加以纠正，从而保证既定目标的实现。对业务活动的衡量取决于所使用的标准，而一套明确的、可考核的目标，将是最好的控制标准。

B　目标管理可能的缺点

(1)结果可能袒护过程。因为目标管理方法注重成果，很可能产生这样一种态度，只要能够获得成果，任何行动都可以接受。这种态度很可能使人们做出对组织造成伤害的不明智的决策。例如，厂长可能会决定减少或取消机器的必要保养维修，以保证工厂的年度生产计划能够完成。这个决定虽然可以使工厂年度生产计划按时完成，但却因设备加速磨损而损害了公司的长期利益。过于注重成果，特别是经济成果，会对下级产生压力，引起不道德的行为。

这个问题的解决途径是强调“如何”达到目标，而不是只讲达到什么目标。如何达到目标的问题可以在上级和下级协商计划期应达到什么目标时一并加以讨论。当目标商定之后，接着便讨论可以通过什么方式完成目标。目标评估完成之后，还可以重新提起这个问题。为了减少采用不道德的手段去获得成果的可能性，高层管理者必须承认合理的目标，奖励道德的行为，惩罚不道德的行为。

(2)过分强调短期目标。目标管理所确定的目标一般都不超过一年,这对长期生存的组织会有一定影响。在某些情况下,短期目标的成就会妨碍组织的长期利益。例如,销售目标可能使推销员把精力集中于那些购买大量产品的顾客,忽略了去发展刚开始时不可能大量购买的新客户,使将来销售的可能性受到损害。避免发生短期行为的办法,是使制定的现行目标不仅要和其他目标相配合,而且要和长期目标相配合。

(3)花费太多时间。有效的目标管理计划需要投入足够的时间进行准备。在计划早期,当组织成员对目标管理过程还不太熟悉时,投入的时间还要更多些。目标管理的原理虽然并不难理解,但实际做起来却要花费许多时间,统一认识、商定目标等都是很费时间的。许多组织推行目标管理之所以失败或收效甚微,都是因为这些组织的管理者不能或不愿在统一思想、协商目标、提供协助等方面花费必要的时间,从而削弱了目标管理的效果。

(4)缺乏灵活性。目标管理的另一个缺点是缺乏灵活性。如果目标经常改变,可能会使人认为这个目标是没有经过深思熟虑和周密计划的,因而是毫无意义的。另外,目标经常变动,如果下级不能完成目标,也很难确定到底是上级的责任还是下级的责任使目标没有实现。在计划工作的前提条件已经发生变化,组织的目标和政策已经改变的情况下,让下级为过时的目标继续奋斗,显然是不明智的行为。

(5)过分强调定量目标。目标管理需要制定的目标必须是可以考核的,但真正可考核的目标是很难确定的,在每年、每季都这样要求的情况下更是如此。建立可考核的目标并不比从事其他计划工作更困难,但比只是安排工作任务的计划来说,要付出更多的努力。定量目标容易考核,定性目标则难以考核,因此很容易使人产生重视定量目标、轻视定性目标的倾向。为了使目标可以考核,人们可能过分使用定量目标,在不宜使用数字的领域里也企图使用数字。

复习思考题

一、名词解释

战略计划　　滚动计划法　　SWOT 分析法　　目标管理　　关键路线

二、选择题

(1)计划由于具有确认组织目标的独特作用,而成为其他各项职能执行的基础,这是指计划具有(　)。

A. 目的性　　B. 首位性　　C. 普遍性　　D. 效率性

(2)根据计划的明确程度,可以把计划分为(　)。

A. 长期计划和短期计划　　B. 战略性计划和战术性计划

C. 具体性计划和指导性计划　　D. 程序性计划和非程序性计划

(3)长期计划的时间跨度通常为(　)。

A. 5 年以上　　B. 5～10 年　　C. 5 年左右　　D. 3～5 年

(4)(　)明确规定了目标,并提供了一整套明确的行动步骤和方案。

A. 长期计划　　B. 战略计划　　C. 指导性计划　　D. 具体性计划

(5)把计划分为一种层次体系的是(　)。

A. 孔茨和韦里克　　B. 德鲁克　　C. 西蒙　　D. 亨利·甘特

(6)关键路线是(　)。

A. 持续时间最长的路线　　B. 管理的重点　　C. 可以有多条　　D. 都不对

(7)(　)是一份用数字表示预期结果的报表,可以称为是一份“数字化”的计划。

A. 政策　　B. 预算　　C. 规划　　D. 规则

(8)在波特的五力模型中,五力分别指(　)。

A. 现有竞争者　　B. 供应者　　C. 购买者　　D. 潜在进入者
E. 替代品生产者　　F. 政策的制订者　　G. 行业协会

(9)计划工作的真正起点是(　　)。

A. 确定目标　　B. 认清前提　　C. 估量机会　　D. 拟订可行方案

(10)(　　)的优点是直观地表明了各活动的计划进度和当前进度,能动态地反映项目进展情况,缺点是难以反映多项活动之间存在的复杂的逻辑关系。

A. 滚动计划法　　B. 线性规划方法　　C. 网络计划技术　　D. 甘特图

(11)(　　)是一种定期修订未来计划的方法。

A. 甘特图　　B. 计划评审方法　　C. 关键路线法　　D. 滚动计划法

(12)1954 年,(　　)提出了一个具有划时代意义的概念——目标管理。

A. 泰勒　　B. 法约尔　　C. 梅奥　　D. 德鲁克

(13)计划的作用体现在(　　)。

A. 计划是管理者开展活动的有力依据　　B. 计划是管理者降低风险、掌握主动的手段
C. 计划是管理者提高效益的重要方法　　D. 计划是管理者进行控制的标准
E. 计划能保证管理者实现其目标

(14)目标管理的特点有(　　)。

A. 参与管理　　B. 自我控制　　C. 下放权力　　D. 群众监督
E. 注重成果

(15)以下对目标的描述中恰当的是(　　)。

A. 一项陈述中包含两个或多个承诺　　B. 仅以过程或活动的形式来表述
C. 没有完成目标的具体期限　　D. 尽可能地用数字精确地说明
E. 从公司管理的实际出发

三、简述题和计算题

(1)编制计划的步骤是什么?

(2)简述网络计划技术的实施步骤。

(3)简述目标管理的实施过程及其缺陷。

(4)根据下表资料绘制网络图。

活　动	紧前活动
A	—
B	—
C	A、B
D	A、B
E	B
F	C
G	C
H	D、E、F

(5)请根据下表所给资料进行时间－费用优化(间接费用 1.25 千元/周)。

作　业	紧后作业	作业时间(周)		直接费用(千元)	
		正　常	极　限	正　常	极　限
A	C、D	6	3	4	5
B	E	5	1	3	5
C	F、G	7	5	4	10

续表

作　业	紧后作业	作业时间(周)		直接费用(千元)	
		正　常	极　限	正　常	极　限
D	I	5	2	3	6
E	F、G	6	2	4	7
F	H	6	4	3	6
G	I	9	5	6	11
H	—	2	1	2	4
I	—	4	1	2	5

四、论述题

有的管理者不喜欢计划，因为他们认为现在的管理环境变化很快，正所谓“计划不如变化快”。你认为他们的认识正确吗，为什么？

五、案例分析题

引进还是改进

丹尼森·金是一家电子技术公司的所有者和执行总裁，这家公司设在新加坡，中等规模，主要生产印刷线路板。公司的产品主要销给新加坡当地一些有名的跨国公司以及销往国外。该公司以其产品的高质量和快速供货而著称。

金先生通过与其他董事的商量以及对国外的考察之后，认为有必要引进现有产品的最新样式和设计，以满足顾客的需求变化。

金先生获有工程学位，在电子行业具有丰富的经验，对于投资和企业扩张，他是比较保守的，他将其价值归结于事业上的成功。

但是改进现有产品模型压力重重。因为这将意味着要建立一个研究与开发机构，招聘具有资格的人员，此外，对高度自动化生产过程的改变需要一大笔投资，维护这样一个系统，将会增加成本。为适应周期性的供货还必须扩大库存体系。培训各个层次的人员也需要一大笔开支。可能还必须建立一个市场研究部门估计需求的变化。

由于上述种种原因的限制，金先生选择决定不引进新产品模型，他想改进现有产品，以降低成本和价格，他认为顾客真正想得到的是价值。

然而，他最后决定前，他想征求一位管理咨询人员的意见。

问题：

(1)你认为金先生公司的使命是什么？

(2)金先生公司在外部环境中的机会和威胁各是什么？

(3)金先生公司的优势和弱点是什么，成功的关键因素是什么？

6 组　织

学完本章后，你应该能够：

(1)正确理解组织的含义、功能以及对不同的组织进行分类；

(2)正确理解不同组织结构的特征、优点和缺点，并能根据组织设计原则进行组织结构设计；

(3)正确掌握人员配备与绩效考评的方法；

(4)正确理解组织变革的动力、阻力和方式。

6.1　组织基础

6.1.1　组织概述

6.1.1.1　组织的含义

对于“组织”一词，可以从不同的角度理解。在管理学领域，不同的管理学家从不同的研究视角给出了不同的组织定义。巴纳德将其定义为“有意识地加以协调的两个或两个以上的人的活动或力量的协作系统”；孔茨则将其定义为“正式的有意识形成的职务结构或职位结构”。可见，组织不仅是人的结合，而且是一种特定的体系。

从语法角度看，组织一词既可用作名词，也可用作动词。名词的组织指的是以有形实体存在的组织机构(如工商企业)；动词的组织指的则是无形的作为关系网络或力量协作系统存在的组织活动(如设计组织结构)。无形的组织活动与有形的组织机构之间是手段与目的的关系，即作为“力量协作系统”存在的无形的组织活动是实现有形的组织机构目标的手段。可见，我们可以从静态和动态两个角度理解组织概念。

(1)有形的组织机构。从静态角度考察，组织是以有形实体形式存在的。它是为实现某一共同目标，通过分工与协作，由不同层次的权利和责任制度而构成的人群综合系统。其中，共同目标是组织存在的基础和前提，分工与协作关系是由组织目标限定的，权力和责任是达成组织目标的重要保证。通常我们提及某一个组织名称，都是在名词的意义上使用组织这一概念的。在现实生活中，存在着各种类型的实体组织，例如政府机构、行业协会、工厂商店、学校医院等等。它们形态各异，规模不一，承担着不同的社会职能。

(2)无形的组织活动。从动态角度考察，组织是指一系列的活动。它是在特定环境中为了有效地实现共同目标和任务，确定组织成员、任务及各项活动之间的关系，对资源进行合理配置的过程。其主要内容包括：组织结构的设计、适当的分权与授权、人力资源管理、组织文化建设等。无论哪一种类型的组织，为了实现既定的组织目标，都要开展一系列活动，以有效地配置组织内部有限的资源。众所周知，管理具有五项基本职能，当我们谈到管理的组织职能的时候，即是在动词的意义上使用组织这一概念。

综上所述，组织不只是由一组静态的工作关系所构成，真正的组织运作是动态的。它既是一种结构，又是一种实现管理目的的工具和载体。它既是一个合作的系统，又是一个配置资源的过程。或者说，它涵盖了从静态的结构到动态的活动的所有内容。

6.1.1.2 组织的功能

组织活动的功用,绝不是仅仅为了简单地把个体力量集合在一起。个体力量的集合可以形成一堆散沙,也可以成为一个“抱团”的群体。群体的力量可以完成单独个体力量的简单总合所不能完成的任务。

优良组织的基本功能,就是避免集合在一起的个体力量相互抵消,而寻求对个体力量进行汇聚和放大的效应。

组织主要有以下两个功能:

(1)力量汇聚功能。力量汇聚是组织的基本功能,是把分散的个体汇聚成为集体,可以实现单独个体无法达到的目标。用简单的数学公式表示,就是“1+1=2”。力量汇聚功能是组织产生和存在的必要前提,由于生理的、物质的、社会的限制,人们为了达到个人的和共同的目标,必须进行合作,于是作为协作群体的组织便应运而生。

(2)力量放大功能。力量放大是组织的核心功能,比力量汇聚功能更进一步,通过组织内部有效的分工与协作,个体力量的集合还可以实现个体力量简单加总无法达到的目标。用简单的数学公式表示,就是“1+1>2”。这种力量放大功能是在力量汇聚功能基础上产生的,从某种意义上讲,它比力量汇聚功能更为重要。力量放大功能是组织发展和壮大的根本保障,只有借助于力量放大功能,组织才能取得“产出”大于“投入”的经济效果,才能产生“整体大于部分之和”的协同效应。否则,组织只能勉强维持生存,难以求得发展和壮大。

6.1.1.3 组织的分类

A 营利性组织与非营利性组织

依据组织基本性质的不同,可将其分为两类:营利性组织与非营利性组织。

(1)营利性组织。营利性组织是指以经济利益为导向,从事生产和经营活动的组织。它提供各类产品和服务,主要履行经济职能。营利性组织在社会中大量存在,如工厂、商店、银行、酒店等。

(2)非营利性组织。非营利性组织是指以社会利益为导向,以维持社会秩序和促进社会发展为己任的组织。它提供各种社会服务,主要履行社会职能。非营利性组织在保证整个社会的协调稳定和有序发展方面起着不可缺少的作用,如政府、军队、学校、社团等。

B 正式组织与非正式组织

依据组织形成方式的不同,可将其分为两类:正式组织和非正式组织。

(1)正式组织。正式组织是指为了有效地实现组织目标而明确规定组织成员之间职责范围和相互关系的一种结构,其制度和规范对成员具有正式约束力。

(2)非正式组织。非正式组织是指人们在共同的工作或活动中,基于共同的兴趣和爱好,以共同的利益和需要为基础自发形成的群体。

正式组织与非正式组织之间的关系是既相互联系又相互区别。一方面,正式组织与非正式组织存在紧密联系。两者常常相促而生、相伴而存。另一方面,正式组织与非正式组织又存在重大差别。正式组织以共同目标为维系纽带,非正式组织则以共同情感为维系纽带。所有的正式组织中都存在着非正式组织,因而,在正式组织的运行中必须重视非正式组织的特殊作用,通过正确的引导,发挥非正式组织的积极功能。

6.1.2 组织结构

6.1.2.1 组织结构的含义

组织结构是组织中正式确定的使工作任务得以分解、组合和协调的框架体系。

适宜的组织结构对达成组织目标、推动组织发展起着至关重要的作用。不同的组织各有特点，即使是同一个组织，也在不断发展变化，因此，不存在一个适合所有组织、适合组织所有发展阶段的理想结构模式。正如人类由骨骼决定体形一样，组织也是由结构决定其形状。通过对工作任务的不同分解、组合及协调，组织呈现不同的结构形态。

6.1.2.2 组织结构的特点

组织结构的特点有三种：复杂性、正规化和集权化，不同形态的组织结构特点各有不同。

(1)复杂性。复杂性是指组织分化的程度。对一个组织而言，劳动分工越细，纵向管理层次越多，组织单位的地理位置分布越广，则协调人员及其活动越是困难，相应地，组织结构也就越复杂。

(2)正规化。正规化是指组织依靠规则和程序引导员工行为的程度。无论何种类型的组织，通常都制定有一定的规章条例，用于提示员工可以做什么和不可以做什么。一般而言，一个组织使用的规章条例越多，其正规化程度就越高。

(3)集权化。集权化是指组织决策制定权力的集中程度。在一些组织中，决策制定权力高度集中，这类组织的集权化程度较高；在另外一些组织中，决策制定权力则更多地授予下层管理人员，这类组织集权化程度较低或分权化程度较高。

综上所述，组织结构就是对组织的复杂性、正规化和集权化程度的一种度量。

6.1.2.3 组织结构的基本类型

依据不同的标准，可将组织结构分为不同的类型。

A 机械式组织与有机式组织

依据组织结构特点的不同，可以将各种形式的组织简单地归纳为两大类，即机械式组织和有机式组织。两种组织形式的特点对比，如图 6-1 所示。

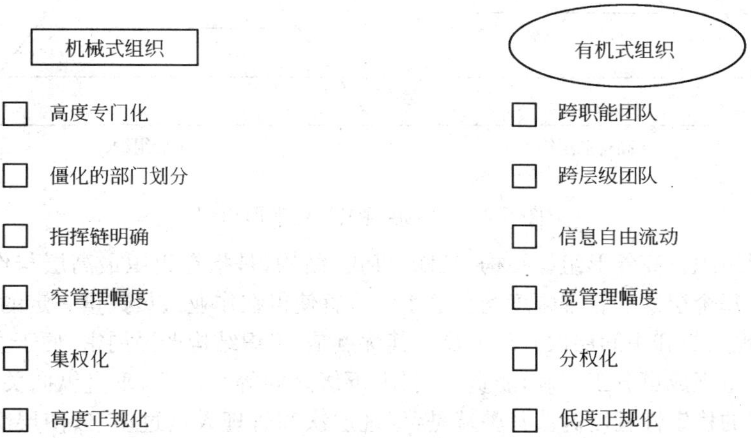

图 6-1 机械式组织与有机式组织的对比

(1)机械式组织。机械式组织也称为官僚行政组织，是综合运用传统组织设计原则的产物，是一种严密的、僵硬的具有一定刚性的结构形式，它追求的主要目标是稳定运行中的效率。机械式组织注重对任务进行高度的劳动分工和职能分工，以客观的不受个人情感影响的方式挑选符合职务规范要求的合格的任职人员，并对分工以后的专业化工作进行严密的层次控制，同时制定出许多程序、规则和标准。

(2)有机式组织。有机式组织也称适应性组织，是一种松散的、灵活的、具有高度适应性的结构形式，它追求的主要目标是动态适应中的创新。有机式组织也进行劳动分工，但员工所做的工作并不是高度标准化的，而是往往需要完成许多非常规的任务，同时，员工受过良好的训练，被授权开展多种工作和处理多样问题，主要依靠职业标准和员工团队来指导自己的行为，并不需要过多的正式规则和直接监督。

在现实生活中，纯粹的机械式组织和有机式组织并不存在。它们分别代表着两个极端，在这两者之间存在着多种中间过渡状态。比较而言，大型公司和政府机构在一定程度上具有机械式结构的特点。

在选择组织类型时，应依据组织的发展目标和内外条件，视具体情形而定。当前，组织面临的环境日益充满不确定性，组织结构的发展趋势是由机械式向有机式转变。但这并不意味着有机式结构一定优于机械式结构，对于有些组织，如军队，可能机械式结构更为适合，只不过为了更好地适应环境变化，在选用机械式结构时，应注意使其保持适度的灵活性和弹性。

B 高耸形组织与扁平形组织

依据纵向层次设置多寡的不同，可以将各种形式的组织形象直观地划分为两种形态，即高耸形组织和扁平形组织，如图 6-2 所示。

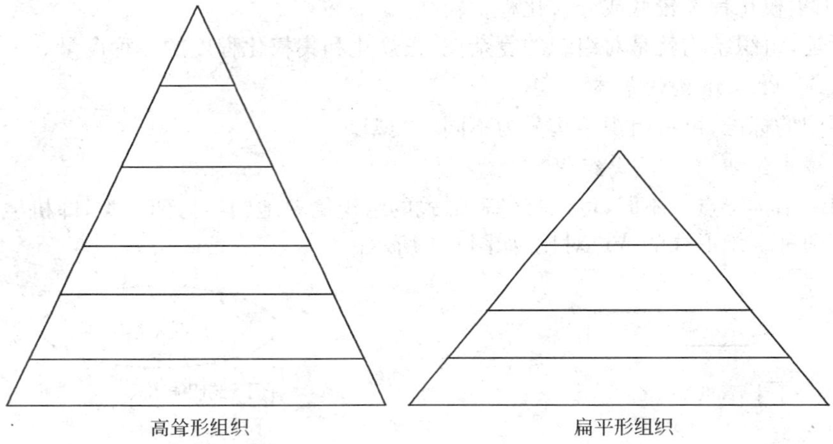

图 6-2 高耸形组织与扁平形组织

(1)高耸形组织。高耸形组织结构，又称“直式”结构，是指在组织最高层与作业层之间具有多级管理层次，每个层次的管理幅度均较窄小。这就使得在作业人员数量一定的情况下，需要增加许多基层管理人员和中间层次管理人员。其优点是：组织结构严谨周密，便于主管人员对下属实施严密控制；组织成员分工明确，职责分明；上下级之间等级森严，垂直纵向关系清晰，有利于统一指挥；组织的稳定性程度高。其弊端是：管理层次和管理人员过多，致使层次间和部门间的协调困难；并导致管理费用升高，降低了管理工作的经济性；信息的传递要经过各级管理人员的逐层过滤，致使信息交流不畅且易失真；决策民主化程度不够，不利于发挥基层人员的工作积极性；由于管理层次过多，造成决策迟缓，上下级缺乏沟通，管理工作的效率降低。

(2)扁平形组织。扁平形组织结构，又称“横式”结构，是指组织的管理幅度大，管理层次少，与高耸形组织相反，其结构特征是“扁平”。其优点是：高层领导比较容易了解基层情况；节省管理费用开支；加快信息传递速度，减少信息失真；有利于促进基层管理人员的成长；有利于提高决策的民主化程度。其弊端是：由于管理幅度加大，各级管理人员工作负荷加重；管理幅度的加大会使同级间的沟通联络产生新的困难；对管理人员的素质要求较高；下属人员需要自觉、自律，否则容易出现失控。

高耸形结构与扁平形结构各有优缺点，不能说扁平结构一定优于高耸结构。同时，高耸与扁平的划分也是相对的。在适宜的条件下，两者都可能成为有效的结构形态。近年来，随着环境不确定性的增强，组织结构趋向扁平化方向发展。

6.1.2.4　组织结构的影响因素

组织内外的各种变化因素，都会对其内部的结构设计产生重大影响。影响组织结构的因素主要包括战略因素、规模因素、技术因素、环境因素四种。

A　战略因素

组织战略是制约组织结构的重要前提。组织目标是由组织战略决定的，而组织结构是实现组织目标的手段，因此组织结构应当服从组织战略。组织在发展过程中需要不断地对其战略的形式和内容做出调整，组织战略的变化必然带来组织结构的更新。组织战略在两个层次上影响着组织结构：其一，不同的组织战略要求开展不同的业务和管理活动，由此影响到部门和管理职务的设计；其二，组织战略重点的改变会引起组织业务活动中心的转移和核心职能的改变，从而使各部门、各职务在组织中的相对位置发生变化，相应地要求对各部门及各管理职务之间的关系做出调整。

B　规模因素

一般而言，组织规模越大，工作就越专业化，条例制度就越多，组织的复杂性和正规化程度也就越高，或者说组织结构越呈现为机械式。伴随着组织的发展，组织活动的内容日趋复杂，组织活动的规模和范围日趋扩大，组织成员日益增多，组织结构也必须随之调整，才能适应成长后的组织的新情况。在组织的不同成长阶段，要求不同的组织结构模式与之相适应。在组织成长的早期，组织结构通常是简单、灵活而集权的；随着组织规模的扩大和员工人数的增多，组织结构将由松散转为正规、集权。

需要注意的是：组织规模与组织结构之间的这种关系并不是线性的，随着组织的进一步扩大，规模对结构的影响强度在逐渐减弱。例如，一个拥有 2000 名员工的组织已经建立了相当机械式的结构，当它再增加 500 名员工时，不会对其组织结构产生多大影响。而对一个仅有 200 名员工的组织来说，同样增加 500 名员工，则可能会使其转变为更为机械式的结构。

C　技术因素

组织的技术类型与组织结构具有一定的相关性。任何组织都需要利用某种技术，将投入转换为产出。为实现这一目标，组织要使用设备、材料、知识和富有经验的员工，并将这些因素组合到一定类型和形式的活动之中。技术以及技术设备的水平，不仅影响组织活动的效果和效率，而且会对组织的部门划分、职务设置、部门间关系、组织结构总体特征等产生相当程度的影响。

最早对技术与结构关系进行研究的是英国不列颠大学的琼·伍德沃德(Joan Woodward)，她对英国南部的近 100 家小型制造企业进行了调查，并将这些企业按技术复杂程度由低到高的顺序依次分为三种类型：

(1)单件生产，指定制产品生产者和小批生产者(如定制服装)；

(2)大批量生产，指大批和大量生产的制造商(如冰箱、汽车)；

(3)连续生产，指连续流程的生产者(如炼油厂、化工厂)。

伍德沃德的结论是：技术类型和组织结构之间存在着明显的相关性；组织的绩效与技术和结构之间的“适应度”密切相关。依据上述结论，她认为，成功的企业是那些能够根据技术的要求而采取合适的结构安排的企业；制造业的企业组织结构并不存在一种最佳的方式，单件生产和连续生产企业采用有机式结构最为有效,大量生产企业则与机械式结构相匹配。

继伍德沃德后,在技术与结构的关系上不断有新的研究。总体的研究结论是:组织技术在常规化程度上有所不同,常规化的技术宜采用机械式结构,非常规化的技术宜采用有机式结构。

D　环境因素

外部环境是组织结构的一个重要外部力量。组织是社会大系统的一个组成部分,外部环境的发展和变化必然会对组织结构产生重要影响。环境的不确定性影响着组织的绩效水平,组织结构的调适是应对环境不确定性的一种措施。环境的不断变化,给组织带来了机会和威胁。与此同时,组织对环境因素及其发展变化的确认、识别、理解和把握,以及对之做出适当反应的能力是影响组织运作的关键。在构成组织环境的诸多因素中,经济、科技、政治、法律等环境力量对组织运营的影响更为深远,影响到组织的长期决策和战略选择。

从根本上讲,机械式组织与简单、稳定的环境更为适应,有机式组织则与复杂、动态的环境最匹配。当前,随着日趋激烈的全球竞争,不断加速的产品创新以及快速变化的顾客需求,使得环境的不确定性日益增强,组织日益处于不断变化的动态环境之中,这就要求组织结构更具有机性,以增强灵活性和适应性。

6.1.2.5　组织结构的具体形式

A　直线制组织结构

直线制组织结构又称"军队型"结构。它是一种集权式的组织结构形式,是指组织中的各种职位按垂直系统直线排列,各级行政主管行使统一指挥和管理职能,不设专门职能机构,如图6-3所示。

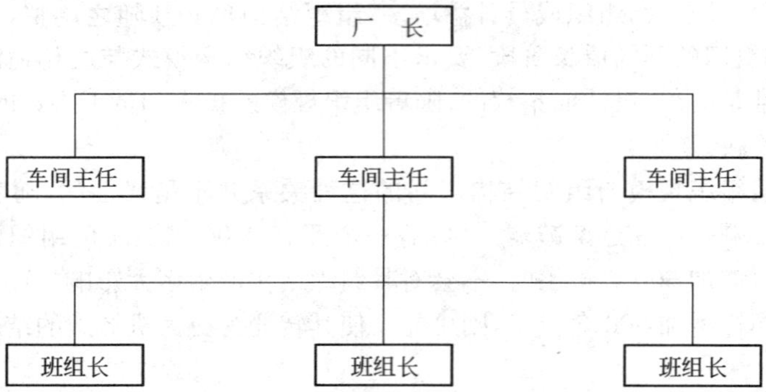

图6-3　直线制组织结构

直线制组织结构是最早出现、也是最为简单的一种结构,只有在组织规模较小,员工人数较少,生产和管理工作相对简单的情况下才适用。多数组织在初创时期可能会在短期内选择直线制结构,随着组织的成长壮大,员工人数的不断增多,组织在未来通常会采取更为复杂的结构形式。从管理实践看,直线制结构在所有者与经营者合一的小企业中应用最广。

直线制组织结构的优点是:设置简单,权责分明,便于统一指挥和集中管理。该机构的缺陷是:缺乏横向协调关系,要求行政主管通晓多种专业管理知识,由于没有职能机构做助手,容易产生忙乱现象。

B　职能制组织结构

职能制组织结构又称"U形"结构。它是指在各级行政主管之下,根据业务活动的相似性来设立管理职能部门。各职能部门拥有相应的管理职责和权力,在其职能范围内有权直接指挥下级单位,如图6-4所示。

职能制是一种传统的组织形式，在“科学管理之父”泰罗提出的职能工长制基础上演化而来，其适用对象是只有单一类型产品或少数几类产品并且处于相对稳定市场环境的企业。

职能制组织结构的主要优点是：

(1)将专业技能紧密联系的业务活动归类组合到一个单位内部，提高了管理的专业化程度和工作效率；

(2)便于组织成员发挥职能专长，提高业务水平；

(3)减轻了各级行政主管的工作负担。

职能制组织结构的局限性是：

(1)各职能部门长期只从事某项专门业务，缺乏总体观念，不利于培养全面的高级管理人才；

(2)各职能部门只注意依据本部门的准则行动，可能导致部门之间的活动缺乏协调性，影响组织目标的实现；

(3)各职能部门都拥有指挥权，致使每一个下级机构和人员都有多个上司并接受多头领导，不利于统一领导和统一指挥。

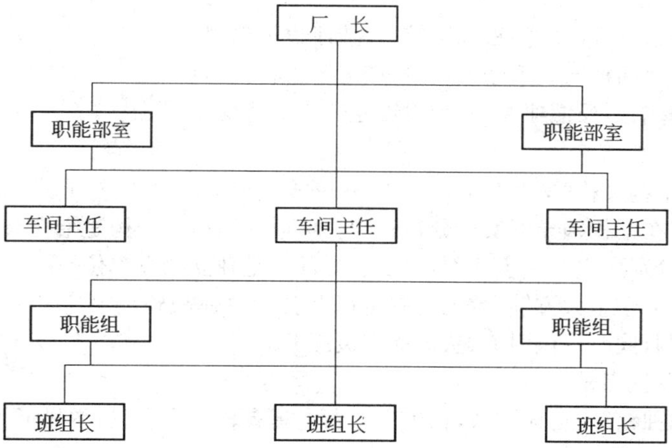

图 6-4　职能制组织结构

C　直线职能制组织结构

直线职能制是把直线制和职能制结合起来形成的组织结构，是以直线为基础，在各级行政负责人之下设置相应的职能部门，分别从事专业管理，作为该级行政主管的助手，实行行政主管统一指挥与职能部门参谋指导相结合。在这种组织结构形式中，各级行政领导人实行逐级负责，职能部门起业务指导作用，如图 6-5 所示。

直线职能制普遍适用于组织规模不大、产品品种不太复杂、市场环境较为稳定的各类中小企业。由于综合了直线制和职能制这两种结构形式的优点，它在世界范围内被各国普遍采用，也被我国的大多数组织所采用。

直线职能制的主要优势是：

(1)既保留了直线制集中统一指挥的长处，又吸取了职能制发挥专业管理的长处；

(2)既摒弃了直线制管理粗放的缺陷，又避免了职能制造成多头指挥的弊端。

但直线职能制组织结构也存在一些不足之处：

(1)权力集中于最高管理层，下级缺乏必要的自主权；

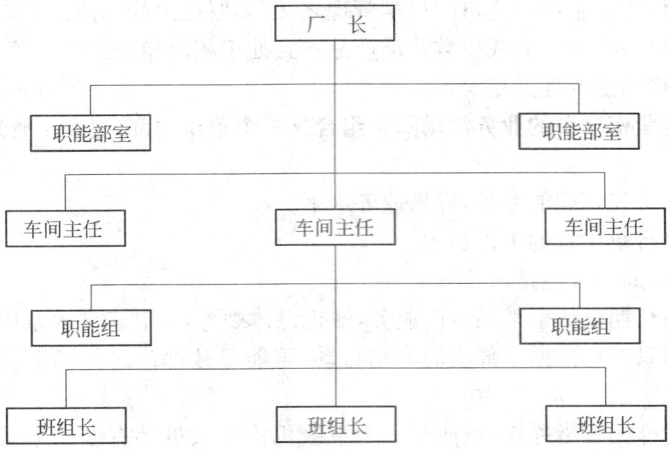

图 6-5　直线职能制组织结构

(2)参谋部门与指挥部门之间目标不统一，造成决策迟缓；

(3)各职能部门之间横向联系较差，容易产生矛盾；

(4)信息传递路线长，反馈速度慢，难以迅速适应环境变化。

D　事业部制组织结构

事业部制组织结构又称“M形”组织。它是一种分权式的组织结构形式。主要特点是“集中决策，分散经营”，即在集权领导下实行分权管理。事业部制组织结构是指在公司总部领导下，按产品、地域、顾客等分别设立若干事业部，每个事业部都是独立核算单位，在经营管理上拥有很大自主权，公司总部致力于重大方针、政策的制定以及公司总体战略的制定和实施，对各事业部的活动进行协调和控制，同时提供财务、法律等支援服务。

事业部制的主要优点是：

(1)各事业部单独核算、自成体系，在生产经营上具有较大自主权，增强了管理的灵活性和适应性；

(2)最高管理层能够摆脱日常行政事务，集中精力进行长远的战略规划；

(3)事业部经理对经营结果负完全责任，能够拓展事业部经理的多方面才能和全局视野，有利于培养能够独挡一面的高级管理人才。

事业部制的主要缺点是：

(1)职能部门重复设置，造成管理机构重叠，管理成本上升，管理效率降低；

(2)由于各事业部独立经营，容易滋长本位主义倾向，不利于事业部之间的相互支持，如图6-6所示。

E　矩阵制组织结构

“矩阵”是从数学中移植过来的概念，用以形象直观地说明该组织结构的特点。矩阵制组织结构的基本内涵是，类同于数学中的矩阵，组织结构由纵横两套管理系统组成，一套是按职能划分的纵向领导系统，一套是为完成某一任务而组成的横向项目系统。在传统的按照职能划分的部门基础上，添加按照任务划分的项目小组的结构，就形成了纵横交错的矩阵结构。项目小组是为完成一定的管理目标或某种临时性任务而设置的，由具有不同专长技能、选自不同部门的人员组成。为了加强对项目小组的管理，每个项目在总经理或厂长领导下由专人负责。小组成员既受项目小组领导，又与原职能部门保持组织与业务联系，受原职能部门领导，如图 6-7 所示。

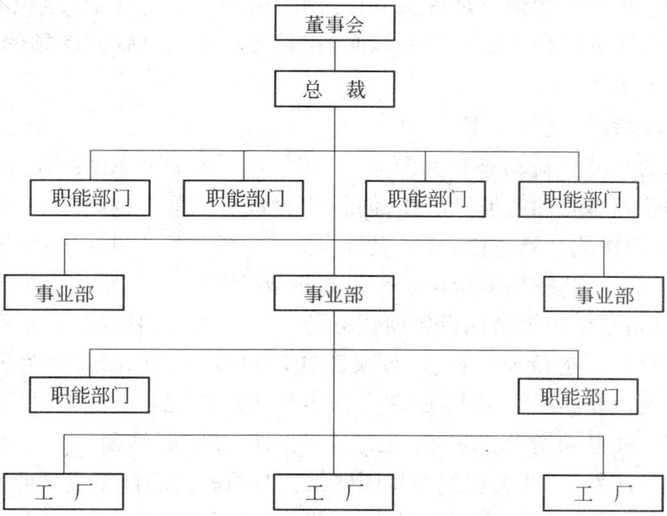

图 6-6　事业部制组织结构

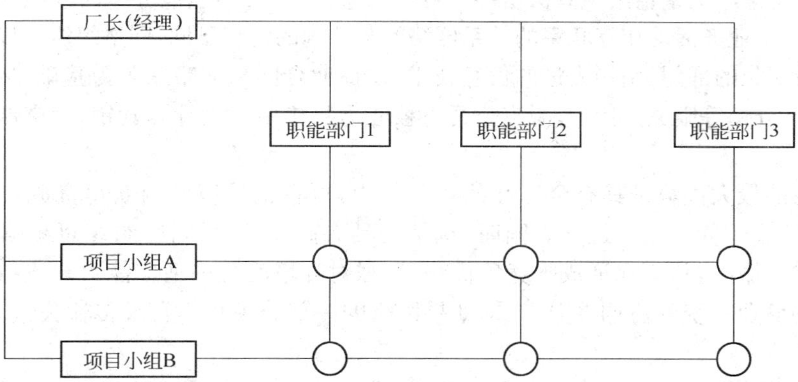

图 6-7　矩阵制组织结构

矩阵制组织结构的主要优点是：

(1)将组织的纵向联系和横向联系很好地结合起来，有利于加强各职能部门之间的协作配合与及时沟通；

(2)具有较强的灵活性和适应性，能根据特定需要和外部环境的变化迅速应变；

(3)把不同部门、不同专长的专业人员组织在一起，有利于相互启发、集思广益，攻克各种复杂的技术难题，进行新技术的开发和新产品的研制。

矩阵制组织结构也存在着一些问题：

(1)稳定性差。由于小组成员是由各部门临时抽调的，任务一经完成，就会返回原部门工作，容易使小组成员产生临时观点，影响工作效率。

(2)权责不清。由于每个成员都要接受两个或两个以上的上级领导，这种双重指挥链容易造成管理秩序混乱，权责划分不清。

在上述五种组织结构中，相对而言，前四种组织结构形式更为机械，最后一种的矩阵制组织结构形式更具有机性。同时，每种结构都各有优势和缺陷，组织应根据环境变化和自身目标予以选择。需要指出的是,组织结构图只是提供了有关组织结构的基本信息,组织不只是由一组静态的工作关系所构成,现实的组织更像动态的画面,它是运动的、灵活的、新颖的,甚至是虚拟的形式,并且处在不断发展之中。

6.1.2.6 组织结构的发展趋势

当前,组织面临的环境日益动态化和复杂化,传统的层级制组织结构已经无法适应环境要求,这就使得组织的管理者必须依据灵活性、创新性的原则来重新构建和安排组织结构,使其能够适应不断变化的环境挑战。具体说来,组织结构主要呈现出以下几种发展趋势:

(1)团队结构组织。团队结构是建构扁平化的新型组织形式的基石,有利于提高决策的速度和质量。团队结构是指整个组织由执行各项任务的工作小组或团队组成,不存在从高层到基层的管理职权链,通过对员工进行充分授权,使员工团队可以自由地以其认为最好的方式安排工作,并对工作结果负责。在团队结构中,团队是基本的组织单元,关注知识共享,承担广泛行动。根据组织任务的需要,团队可分为两种类型:永久性团队和临时性团队。为了保持总体的稳定性,又想获得一定的灵活性,一些大型组织将团队结构与原有的职能型或事业部型组织结构相结合。例如,摩托罗拉公司设立了自我管理团队,惠普公司则采用了跨职能团队。

(2)网络结构组织。网络结构是一种依托于信息技术的新型组织,是一种涉及多个个体的互动协作系统。网络结构是指组织只保留一个较小的总部,将许多职能分包给组织外部的不同公司,从而形成一个业务活动相互联系的关系网络。与传统的组织不同,网络组织可以使组织集中精力于自身最擅长的部门,利用先进的信息技术,以商业合同和战略联盟为基础,从不同的外部组织获取制造、分销等服务。例如,耐克公司将核心力量集中于设计和营销,生产制造则交给外部供应商。

网络结构的最大优势是具有全球性的竞争能力,可在世界范围内获得资源,产品的研发、生产、分销可能在不同的国家进行。同时,该结构具有高度的灵活性,组织可根据需要从外部购买所需的各种服务,从而保证成本竞争优势,增强对环境变化的适应能力。该结构的主要劣势源于复杂的商业系统的协调性要求,即如果网络的一部分中止运行或传输失败,就会殃及整个系统。

(3)无边界组织。传统意义的组织是有边界组织,即组织中有明确的部门和层次的划分。无边界组织的基本内涵是,在构建组织结构时,不是按照某种预先设定的结构来限定组织的横向、纵向和外部边界,而是力求打破和取消组织边界,以保持组织的灵活性和有效运营。其中,外部边界则是指将组织与顾客、供应商及其他利益相关者分离开来的隔墙。通过运用跨层级的团队和参与式决策等结构性手段,可以取消组织内部的纵向边界,使组织结构趋向扁平化;通过跨职能团队以及围绕工作流程而不是职能部门组织相关的工作活动等方式,可以取消组织内部的横向边界;通过与供应商建立战略联盟以及体现价值链管理思想的顾客联系手段等方式,可以削弱或取消组织的外部边界。无边界组织实质上是一种组织设计思想和理念,其操作要点是尽量淡化和模糊组织边界,而非绝对的真正消除组织边界。

在数字时代的管理实践中,电子商务企业是无边界组织的最好范例。在电子商务企业中,信息和工作活动能在各个参与者之间自由流动,其结构已不仅仅包含工作安排和员工关系问题,还包含与顾客、供应商及其他利益相关者的关系。

从某种意义上讲,无边界组织可看作是团队结构和网络结构的复合体。在内部关系中,团队工作取代了正式的权力关系,使组织各成员相互分离的传统结构性界限不复存在;在外部关系中,随着环境的变化而不断形成或解体的外包合同与经营联盟适应了组织对速度和灵活性的需要。

6.1.3 组织设计

6.1.3.1 组织设计理论

组织设计是以组织结构安排为核心的组织系统的整体设计工作，是一项操作性很强的工作，它是在组织理论的指导下进行的。

组织设计理论可分为静态的组织设计理论和动态的组织设计理论。静态的组织设计理论主要研究组织的职权结构、部门结构和规章制度等，关注重点是组织的静态结构，古典的组织理论对此做过大量的研究。动态的组织设计理论则在静态组织设计理论的基础上，加进了人的因素，主要研究组织结构设计完成以后在运行中的各种问题，如协调、控制、激励、绩效评估、人员培训等，关注重点是组织的动态运行。依据现代的动态设计理论，应本着“权变”原则，以系统、动态的观点进行组织设计，使组织系统不断地与外部环境进行资源和信息交换，并不断地进行组织内部各种关系的调整，以保证组织的灵活性和适应性，从而形成一种开放式的组织模式。

上述两者并不是互相排斥的。在动态的组织设计理论中，静态组织设计理论所研究的问题依然占主导地位，依然是组织设计的核心内容。动态组织设计理论是静态组织设计理论的进一步完善和发展。

6.1.3.2 组织设计的目的与任务

A 组织设计的目的

组织设计的根本目的是建立有益于管理的组织，对组织成员的分工协作关系做出正式、规范的安排，有效地实现组织的各项目标。也就是说，组织设计实质上是组织实现目标的一种手段。

组织目标可归纳为两类：一是稳定运行中的效率；二是动态适应中的创新。与之相应，组织设计的具体目的体现为两方面内容：其一，任何组织的结构设计都必须提供某种程度的稳定性，以保证生产经营活动处于有秩序、可预见的受控状态之中，促进工作关系的改善和工作效率的提高；其二，稳定性并不等同于僵硬性，僵化的组织设计无法确保组织在动态变化的环境中求得长久的生存和发展。面对外部环境可能出现的变化，组织设计必须具有足够弹性，以提高灵活应变能力，促进组织生产经营的创新和长远目标的实现。

B 组织设计的任务

组织设计工作包括以下三项具体任务：

(1)职务分析与设计。职务分析与设计就是在对组织目标进行逐级分解的基础上，具体确定出组织内各项作业和管理活动开展所需设置的职务的类别与数量，以及每个职务所拥有的职责权限和任职人员所应具备的素质。这是组织设计的基础工作。

(2)部门、层次划分与设计。部门、层次划分与设计就是根据各职务所从事工作的性质、内容及职务间的相互联系，依照一定的原则，将各个职务组合成横向的作业或管理单位，这样就形成了组织的“部门”，同时，将这些部门单位按照一定的方式组合成上一层级的更大的部门，这样就形成了组织的“层次”。这是组织设计的中心工作。

(3)形成结构。所谓形成结构，就是通过职责权限的分配和各种联系手段的设置，使组织中的各构成部门(各职务、各部门、各层次)连接成一个有机的整体，使各方面的行动协调配合起来。这是组织设计的关键工作。

6.1.3.3 组织设计的六项原则

以法约尔、泰罗、韦伯等人的观点为代表，古典组织理论提出了许多经典的组织设计原则，这些原则对现代组织设计依然具有重要的指导作用。当前，随着时代的发展，组织面临的环境复杂多变，受时代背景所限，古典理论不可避免地存在某些局限性。权变理论认为，不存在最佳的组织结构形式，即管理者对组织结构的选择不是固定的，而是根据外部环境的特点等具体条件进行相应抉择。依据权变理论，参照古典原则，结合组织现实，组织设计的基本原则可归纳为：

(1)劳动分工原则。劳动分工是进行组织设计的一项基本原则，它是指将一项工作划分为若干步骤，每个人专门从事其中的某一个步骤，以提高劳动生产率。传统理论认为，劳动分工使不同员工特有的多样技能得到有效利用，可以产生更高的生产率。现代观点则认为，过度分工会导致问题的发生，在某一点上，劳动分工产生的人员非经济性(如厌倦、压力、低生产率等)会超过专业化的优势。

从总体上看，劳动分工思想至今仍指导着组织的设计工作，并具有较好效果，制造业中的装配线就是最好的例证。

(2)部门化原则。部门化原则是与劳动分工原则紧密相连的，劳动分工的结果，必然导致部门的形成。据组织目标的不同，划分部门的方法主要由职能部门化、产品部门化、地区部门化、过程部门化、顾客部门化等。对大型组织来说，通常需要综合使用上述部门化方法中的几种。

现代观点认为，在传统理论所倡导的部门化方法广泛运用于许多大型组织的同时，出现了两种新趋势：一是激烈的竞争使顾客部门化日益受到重视，许多组织依据具有相同需要的共同顾客来组合工作；二是组织任务的日益复杂使得跨越传统部门界限的跨职能团队被更多地采用，从而在一定程度上改善了原来僵硬的部门划分。

(3)指挥链原则。指挥链是传统组织设计的基石，它是指从组织高层延伸到基层的一条持续的职权线。

传统理论认为，与指挥链相关的概念有三个，即职权、职责、统一指挥。其中：职权是指管理职务所固有的发布命令和期望命令得到执行的权利；职责是指完成任务的义务；统一指挥则是指每个下属应当而且只能向一个上级主管直接负责，以防止政出多门。

现代观点认为，随着信息技术的发展和对员工授权的加大，指挥链概念的重要性已经相对降低。利用计算机，组织员工可以不通过正式的指挥链与组织其他成员沟通，员工更多地被授权制定原本只有管理者才有权作出的决策，自我管理的跨职能团队和双重指挥链的矩阵制结构也被越来越多地采用。

(4)管理幅度原则。管理幅度的选择是影响组织设计的一个重要因素，因为管理幅度的宽窄在很大程度上决定了组织的管理层次和管理人员的数目。

传统理论认为，应采取窄小的管理幅度，以便对下属实行严密控制和有效指挥。现代观点则认为，在其他条件相同的情况下，应采取宽大的管理幅度，以提高组织的运行效率。

管理幅度是一个权变因素，管理者所处的组织层次不同，管理幅度也将不同，随着组织层次的提高，控制幅度应相应减少。此外，管理者的知识经验、下属的工作能力、任务的复杂程度等因素均会对管理幅度产生影响。实践表明，以宽管理幅度来设计扁平结构已成组织设计的发展趋势。同时，为了确保组织绩效不因管理幅度加大而受到负面影响，应加强员工培训。

(5)集权与分权原则。集权与分权的选择影响着组织设计的效率，它反映了组织决策制定权的集中程度和归属情况。

传统观点认为，应把组织决策权尽可能集中于高层管理者。现代观点则认为，应把组织决策权尽可能地下授给直接采取行动那一层次的管理人员。

集权与分权是一个相对的概念，而非绝对的两极，组织既不可能是完全集权的，也不可能是完全分权的。如果高层管理者在进行关键性决策时，没有基层人员的参与，则组织是集权化的；反之，如果基层人员更多地参与了决策制定，则组织的分权化程度较高。

(6)正规化原则。在高度正规化的组织设计中,有明确的职位说明、工作程序和规则条例,员工被要求以完全相同的方式处理同样的投入,从而产生一致的、统一的产出。同时,标准化也取消了员工采取其他行为方式的可能性,甚至排除了员工的思考;反之,如果组织正规化程度较低,员工的工作行为就有较大自主权。

传统理论认为,组织设计应遵循高度正规化原则,用标准和规则来约束和协调员工行为。现代观点则认为,在确保组织目标的前提下,应尽可能提高员工对工作的自主程度。在管理实践中,不同的正规化程度存在较大差别,即使在同一组织内部,正规化程度也有所不同。例如,在报社中,新闻记者通常拥有较大的工作自主权,他们可以选定报道主题,并以自己喜欢的方式撰写,而编辑、排版人员就没有这种自由,他们在时空两方面所受到的约束使其工作更为标准化。

6.1.3.4　组织设计的主要内容

(1)职务设计。职务设计是组织设计的最基本单元。根据组织技术的要求和员工的技能,将组织的各项任务进行不同组合,从而形成不同的职务设计。通过职务设计,每个员工负责完成某类职务的特定任务。

(2)部门设计。部门设计是组织结构设计的基础。在职务设计的基础上,按照专业化分工的要求,将分解后的职务活动按照相关性的原则加以归并,从而形成横向的部门划分,每个部门负责完成某类特定的任务。

(3)管理层次与管理幅度的设计。管理层次与管理幅度的设计决定了组织的基本构架。首先要对影响管理层次和管理幅度的各种因素加以分析,据此确定适当的管理幅度,并划分出纵向的管理层次,以保证整个组织结构安排的精干高效。

(4)组织决策系统的设计。决策系统的设计保证了组织的统一指挥与领导。主要包括组织领导体制的设计,高层组织的权力结构设计与决策机制设计,各种咨询性或顾问性组织的设计等。

(5)组织执行系统的设计。执行系统的设计保证了组织各项活动的有效实施和开展。具体内容是为达成组织目标、执行组织决策,明确规定不同职能部门的任务职责。

(6)横向联系和控制系统的设计。横向联系和控制系统的设计,有助于加强部门间的横向联系,纠正可能出现的各种偏差,促进组织整体目标的实现。具体包括设置一定的协调机构,制定一定的协调制度,采取有效的协调方式和手段,以及建立相应的监督与奖励机制等。

(7)组织的行为规范设计。行为规范设计为组织各项活动的开展提供了可供遵循的制度规章。具体包括制定各部门的活动目标、规则程序和工作标准等。

(8)组织变革与发展的规划设计。变革与发展规划设计则为组织的未来发展提供了方向和指南。具体包括组织未来的发展战略、发展目标等。

6.1.3.5　组织设计的基本程序

组织设计是为组织目标服务的,其实质是实现组织目标的手段,因此,在进行组织设计时,首先应明确组织目标,然后再在此基础上进行组织的分化和整合工作,使组织成为一个既有明确分工、又能相互协调的有机整体。

(1)确定组织目标。这是进行组织设计的根本出发点。组织目标是组织存在的基础,任何组织都以实现一定目标为宗旨,在进行组织设计时,首先应在综合分析组织外部环境和内部条件的基础上,合理确定组织的总体目标及各种具体的派生目标。

(2)确定业务内容。根据组织目标的要求,确定为实现组织目标所必需的各项业务工作,并根据性质不同将其进行分类,如产品开发、质量管理、市场研究、营销服务等。然后,明确各类活动的工作范围和工作量,并对业务流程进行总体设计。

(3)确定组织结构。根据组织规模、技术特点、业务工作量的大小,并参考其他同类组织的设计经验,选择确定组织结构的具体形式和组织部门的具体类型,并把性质相同或相近的业务工作分别划归适当的部门负责,形成层次化、部门化的结构。

(4)配备职务人员。根据各部门业务性质和工作要求的不同,挑选和配备称职的工作人员与行政负责人,并明确其职务与职称。

(5)规划职责权限。根据责权对等的原则,一方面要根据组织目标的要求,明确规定各部门及其负责人对业务工作应负的责任以及评价工作业绩的标准;另一方面还要根据做好业务工作的实际需要,授予各部门及其负责人相应的权力。

(6)联为一体。这是组织设计的最后步骤。在部门划分的基础上,应明确规定各部门之间的相互关系以及相互沟通与协调的原则方法,把组织实体整合连接起来,使之成为一个能够协调运作、有效实现组织目标的管理系统。

6.2　人员配备

6.2.1　人员配备概述

6.2.1.1　人员配备的概念

组织结构为组织运行提供了可供依托的框架,设计了合理的组织机构只是基础,为保证组织系统的运行,必须为组织结构中的各个职位选配适合的人员,这就是人员配备。其内容是选择、聘任。但是各种组织把人员配备列为组织工作的一部分内容,成为人事管理,并且把人员配备职能的含义拓展了,不仅包括选择、聘任,还包括培训、考评以及吸引各类人员等方面,即选人、用人、育人、评人和引人、留人。

组织中需要配备的人员,主要有各级管理人员和一般管理人员两类,这两类人员的配备所采用基本方法和原理是相似的,我们重点介绍管理人员的选聘,培训与考评的基本内容。

人员配备的基本任务就是"让合适的人去做合适的事,合适的事选合适的人来做"。谋求人与事的最佳组合,实现人与事的不断发展,即达到事得其人,人适其事,人尽其才,事竟其功的目的。

6.2.1.2　人员配备的原则

(1)因事择人的原则。选人的目的在于使其担任一定的职务并完成与该职务相应的职责。而要卓有成效地完成既定的工作,要求工作者具有相应的知识、能力与经验。因而,因事择人是人员配备的首要原则。

(2)因材器用的原则。不同的工作要求不同的人去做,而不同的人也具有不同的能力和素质,能够从事不同的工作。从人的角度来考虑,只有根据人的特点、要求来安排工作,才能发挥人的积极性和创造性。

(3)人与事动态平衡的原则。处在动态环境中的组织是在不断发展的,所需要完成的工作也在不断变化,而工作中的人的知识、能力和素质也是不断提高的,因而,人与事的组合必须及时调整,达到人与事的动态平衡。

6.2.1.3　人员配备的过程

人员配备是一个系统的逻辑过程,这一个过程受组织内外许多因素的影响。人员配备过程中要进行以下工作:

(1)确定人员需要量与人员质量要求。人员配备是在组织设计的基础上进行的。人员需要量,基本上取决于设计出的职务数量和类型,职务类型决定了需要什么样的人,职务数量则告诉我们每种类型的职务需要多少人。人员配备不仅要确定人员需要的数量，而且也提出了人员质量的要求。

构成组织结构基础的职务可以分为多种类型。如全体职务可以分为管理人员和生产作业人员（或一般人员）；管理人员又可以分为高层、中层、基层管理人员；每一层次的管理人员又可分为直线管理人员、参谋人员等；生产作业人员可分为基本生产作业人员与辅助生产作业人员等。

人员需要量除以职务设计为主要依据外，还必须考虑组织的发展计划、人员的流动率等因素，如在人员流动率较高的组织中一般要求的某一职务人员数量稍微多于组织设计的理论计算量，因为无论从社会上招聘，还是从组织内部调配均需要有一个招聘、培训过程，否则会影响工作的顺利开展。

对于管理人员的需要量还应该考虑相应的人员储备量，不能满足的需要作为净需要量从社会上招聘。

(2)选聘人员。根据人员需要的职务类型和数量，必须对组织内外的候选人员进行筛选，做出恰当的选择。安排在相应的职务上，尤其是对人员的品德、知识、技能等进行综合评价，有一系列的原则、程序与方法。从内调配与从外招聘各有优劣。一般对社会上的候选人的能力了解得较少，而对组织内的调配对象掌握的情况更多些，但在实际中，从内调配人员往往是从较低层次工作，调配到较高层次工作。组织所了解、掌握的只是他们在原有职务上的工作能力与工作态度，能否胜任既定的职务也是需要慎重评价的，一旦把不合适的人安排在不合适的岗位上，无论对个人还是对组织都会带来灾难性后果。

(3)人员培训与安置。组织为了更好地生存与发展，必须对成员进行坚持不懈的培训，包括对新成员或新担任职务的培训，也包括对在职人员的日常培训。组织成员在明天的工作中表现出来的技术和能力需要在今天培训，组织发展所需的干部要求现在开始准备。通过培训告诉组织成员要做什么，怎么做和为什么要这样做，从而达成共识，统一行动。培训人员工作，组织的人事部门应该有计划地做，但是组织的直线主管人员也需对下属进行培训承担责任。经过培训后的人员，尽快地安置在相应岗位上，成为一个合格的职务承担者。

(4)绩效考评与改进。绩效考评可以为人事部门提供人力资源规划的依据，并指导晋升，岗位轮换及解聘决策，同时可以反馈员工自我实现方面的信息，提高他们的满意度，鼓励他们进行自我激励；此外，也是确定员工个人报酬的基本依据，确定和评估培训方案的必要前提。

6.2.2　管理人员的选聘与培训

由于每一具体的组成成员都是在一定的管理人员的领导和指挥下开展工作的，管理人员的选择，培养和考评就成为组织人事管理的核心。

6.2.2.1　管理人员的选聘

A　管理人员选聘的途径

管理人员选聘的途径有两种：第一种，从组织内部提升，即“内升制”；第二种，从组织外部招聘，即“外求制”。

a　内部提升

内部提升是指组织成员的能力增强并得到充分地证实后，被委以承担更大责任的更高职务。实行“内升制”，一般要求在组织中，建立起详尽的工作人员调查登记材料，以此为基础绘制出管理人才储备图，以便在一些管理职位体现空缺时，能够据此选出合适的管理人员。

“内升制”的优点：

(1)利于鼓舞士气、提高工作热情，使组织成员感到有提升的机会，调动内部成员的积极性。

(2)有利于吸引外部人才,让外部人才知道,一旦加入这一组织,通过自己的努力,可以从熟悉基层业务做起,迅速提升到较高管理职位上。内升制为新来者提供了美好的发展前景,不是表面上认为的排斥外部人员的做法。

(3)被提升的组织成员,一般而言组织了解得充分,选择得较准确;同时,被提升的组织内部成员对组织的历史、现状、问题以及工作方式、人际关系比较了解,能较快地胜任工作。

(4)可使组织对其成员的培训投资获得回报,获得比当初投资更多的培训投资收益。

当然,“内升制”也有缺点:

(1)引起同事不满,当提升的数量有限时,条件相当的人有的被提升,有的仍在原岗位上,没有被提升的将会受到一定程度的挫伤。因而,要求正确地、全面地进行评价,体现公平、公正、公开的原则。

(2)容易造成“近亲繁殖”。由于组织成员习惯了组织内的一些既定做法,不易带来新的观念,而不断创新是组织生存与发展的不可缺少的因素。

(3)组织内部提升往往不能满足组织发展迅速的要求,同时也不利于从外部吸引更优秀的急用人才。

b 外部招聘

外部招聘是根据一定的标准和程序,从组织外部的众多候选人中选择符合空缺职位工作要求的管理人员。

“外求制”的优点有:

(1)有较广泛丰富的人才来源满足组织的需要,而且往往可以招聘到理论与实践方面均优秀的人才,节省组织自身培养培训的大量时间和费用。

(2)可带来“外来优势”,不受组织内原有思维方式、行为习惯的太多约束,为组织带来新的思想、新的想法,产生利于创新的“气候”,避免“近亲繁殖”。

(3)可以平息和缓和内部竞争者之间的紧张关系,避免因内部提升的人员与未被提升人员的不团结现象。从外部招聘的人员在组织内部没有形成稳定的关系,有利于规章、制度等的推行。

“外求制”也有不可回避的缺点:

(1)外聘管理人员不熟悉组织内部情况,同时也缺乏工作开展的人事基础,需要较长时期的适应才能有效地工作。

(2)组织对外聘人员情况了解不够深入、透彻和全面,不可避免地过多注重学历、资历等,而往往忽视对其实际工作能力的检查与考验。

(3)“外求制”的最大弊端就是对组织内部人员的打击,挫伤他们的积极性。

B 管理人员选聘的方法

管理人员选聘,无论是内部提升,还是外部招聘,都要遵循一定的程序。选择科学合理的方法对候选人进行评价与选择,这里以外部招聘为主介绍主要的选聘方式。

当外部候选人经过一定的程序,如笔试、面试后,对初选合格者一般可以适用以下方法进行知识、能力的考核与测评,一般地,可以分为组织自行组织的测评与组织委托其他机构测评,即自行组织测评与委托测评两类。

自行组织测评一般应用的方法有:知识与智力测评、心理测评、竞聘演讲与答辩、情景模拟等。这些方法各自的测评侧重点会有不同,有些偏于知识的掌握与知识结构,有些偏于分析与解决实际问题的能力;有些偏于业务能力,有些偏于心理个性。因而,在实践中是多种方法的综合适用,尤其是关键职位的候选人的测评是需要做到细致周到的,以免在“识人”方面的较大错误。

由于自行组织测评需要较专业的测评人员,花的时间和精力多,而且可能是测评不全面、准确，因而，很多组织委托社会上的人力资源测评专业机构来进行。如近年出现的“猎头公司”。但是，委托测评机构也只是一个组织人事决策的参谋机构，不会也不能替代组织自行组织的测评，人事决策最终还是组织自身来完成。

6.2.2.2 管理人员的培训

管理人员的培训，既包括职前培训，也包括在职培训，尽管这两种培训在培训的内容、培训的方法等方面有所不同，但是其共同点占主要方面。

A 管理人员职业培训与传统管理教育的区别

管理人员职业培训（简称管理培训）是组织的最高领导层必须注意的一个战略问题，应该是他们的重要职责，但是管理人员职业培训的重心更多地放在提高管理人员的素质上，而不是太多地放在纠正管理人员的错误或解决问题上，它与传统管理教育的区别见表6-1。

表6-1 整体素质的提高与重点人才的培养相结合

区 别	传统管理教育	管理职业培训
培训目的	增加知识，改善态度， 提高技能	提高绩效，注重培养、更新、提高能力 （知识、技术、态度三者结合运用）
培训责任人	人事部门	管理人员本人
培训执行者	人事部门专业培训人员	管理人员的直接主管，人事部门协助
培训方法	讲 授	传帮带，角色转换，示范，榜样等

B 培训内容

无论哪种类型的管理职业培训，其培训的具体内容一般包括以下三方面：

（1）政治思想教育。一般来说，应包括马克思主义基本原理的学习，党和国家方针政策的学习，社会主义伦理道德的学习及爱国主义教育，理想教育等；也应该包括企业的历史、传统、基本方针、企业理念、价值观等。这些培训的目的是要培训管理人员的政治素质，理解和掌握党和国家在某一时期的方针政策，遵纪守法，同时也是培养起对企业理念、价值观的理解，作为管理行为的准则，增强管理团队凝聚力的重要方面。

（2）管理业务知识。主要是企业产品知识，工艺技术特点，本行业发展现状、趋势与企业的地位，企业的组织结构，以及企业管理理论的基本原理等，使管理人员既能胜任所在岗位的工作，又利于组织的整体协调，力求培养具有深厚的管理知识基础和“一专多能”的管理人才。

（3）管理能力。管理能力，包括管理技巧，都是管理知识运用到管理实践中的反映。管理是运用管理科学的基本原理和方法的实践性很强的工作，需要提高管理人员认识问题、分析问题和解决问题的能力与技巧。不同职位层次的管理人员，由于工作性质、职责和职权范围不一样，所需的管理能力和技巧等也不一样，因而，培训时应根据不同职位层次要求有所侧重。

C 培训方法

培训学习是一个动态的个人化过程，也是一个要管理人员自己去完成的过程，因而，必须强调、提倡培训学习的自我管理。

管理人员培训方法众多，主要有理论培训、深造培训、职务轮换。担任助理职务或副职、研讨会、考察等，组织在具体的培训工作中，要根据自己组织的特点以及所培训人员的特点来选择合适的方法，使培训工作真正取得预期的成效。

6.2.3 管理人员的绩效考评

管理人员的绩效考评，是通过运用科学的考核标准和方法，对管理人员的工作绩效进行定期的考评,从而全面了解管理人员完成工作的情况,发现其不足和存在的问题,并提出相应的改进措施。它是组织中的一个十分重大的问题,关系到组织目标的实现,关系到组织的生死存亡。因而,任何组织要想有效地实现其目标,就必须十分重视和切实搞好管理人员的绩效考评工作。而且,管理人员绩效考评也是确定管理人员报酬、人事调整、培训的主要依据,同时,也有利于组织内部的沟通、改进工作等。

6.2.3.1 管理人员绩效考评的原则

A 管理人员绩效的含义

管理人员绩效,是指管理人员那些经过考评的工作行为、表现及其结果。对组织而言,绩效就是组织任务在数量、质量和效率等方面完成的情况;对管理人员个人来说,则是评价者对管理人员围绕组织目标而开展的工作的效果与效率的评价。

管理人员绩效具有多因性、多维性与动态性。多因性是指管理人员的绩效好坏,高低不是取决于单一因素,而受制于主、客观的多种因素的影响,如管理人员的能力与积极性、管理工作的环境与条件以及一些偶然因素等。多维性是指管理人员的绩效应该从多种维度或方面去分析和评价,如生产部经理的绩效除完成产量指标外,还应该从质量、成本控制,与其他部门的协调程度等方面进行综合考虑,逐一评估,尽管各维度可能权重不一样,考评侧重点会有所不同。动态性是指管理人员的绩效是动态变化的,既包括由于绩效考评标准本身变化而引起的变化,也包括管理人员完成工作的效率变化而引起的变化。

B 管理人员绩效考评的原则

管理人员的绩效的性质与管理人员绩效考评的目的等决定了考评工作本身应该遵循一定的原则。

(1)考评标准应该科学合理。考评标准,是对管理人员的职能和绩效进行评价的准则和尺度,既要衡量在完成目标和计划时的成绩,还要衡量作为管理者的工作业绩,在确定考评标准时要考虑行业的先进水平,也要考虑企业自身的特点,考评标准太高、太严或者是太低、太松均不利于考评,应做到管理人员通过努力可以完成,做到科学合理。

(2)考评指标应该客观。考评,是以考评的内容为基础的,在此基础上,需要设计一系列指标,才能具体地衡量管理人员在各方面的工作绩效。要做到考评指标的客观,必须做到:

1)指标体系应做到较为全面反映工作的内容,又要准确具体,体现“少而精”的原则。

2)指标尽可能定量化。考评指标有定性指标和定量指标,两者是相辅相成的,要防止定性指标过多,评价不具体和片面强调定量化而导致的似是而非这两种倾向。但是,现在我国管理实践中,考评指标定性是指标偏高,空洞而抽象的局面应该要努力克服。

3)指标既要考虑组织与人员的现实需要,又要考虑其长远发展。

(3)考评方法要可行。考评方法可行是指考评的方法要为人们所接受并长期使用,这一点对考评是否能真正取得成效是很重要的。考评方法众多,各个组织应该根据考评的内容、考评的目的、考评的数据收据难易程度等选择具体的方法,这在后面将进行介绍。

(4)考评结果应反馈给被考评者。考评的目的最根本的是为了改进工作,考评结果应及时告诉被考评者,让被考评者知道其优点和缺点,哪些是应该继续发扬的,哪些是应该努力或改进的,这一原则要求企业内有良好的沟通氛围。

(5)考评与激励相结合。考评要达到预期的目的,往往需要与考评制度相对应的激励制度,做到奖罚分明,责任明确。这两个方面应该同时考虑,同时设计,并要注意两者的一致性。

6.2.3.2 管理人员绩效考评的内容

管理人员绩效考评内容的确定,必须要回答三个方面的问题:

(1)绩效考评的目的是什么?

(2)构建考评指标体系的路径是什么?

(3)具体的考评指标如何选择?

A 绩效考评的目的

绩效考评所获得的信息可用于两个主要目的:一是发展目的,如确定如何激励管理者使其有更高的绩效表现,评估管理者存在的且通过额外的培训加以改进的弱点,帮助管理者形成适宜的职业目标;二是评价和决策目的,如管理者晋升的决定,薪酬等级的设立及任务的分派等。

评价性考评是将着眼点放在对被评价者做出判断上。它先对被评价者一段时间的绩效表现进行历史性回顾与分析,再将它与某些预先确定的目标或职务说明书上所罗列的操作性条款进行比较后再做出判断。这种类型的考评往往与外部奖酬的分配,如薪水的发放联系在一起。而发展性考评在系统分析确定被评价者的发展需要后,试图去确定被评价者可以改进的知识和技能,从而达到开发其潜能的目的。这种类型的考评往往与职业生涯的规划和管理的连续性联系在一起。

目的不同,在构建具体的考评指标体系时就会有不同的考虑。评价性考评往往更致力于研究"究竟在什么方面会有差异"以及"差异的程度如何",而发展性考评更注重于剖析"为什么会形成差异"。

B 绩效指标体系构建的路径

根据绩效考评的目的,在构建考评指标体系时有两种路径可寻:一是"特质、行为、结果"路径;二是"知识、技能、能力、努力、外部条件"路径。第一种路径是从管理者的素质、管理者的行为和管理的结果三个不同方面来综合分析,构建考评的指标体系。在实践中,管理人员的绩效考评侧重于选用以结果为选择的重要方面,即重结果、轻行为,不考虑素质的现象,主要适用于即期绩效的考评。第二种路径是侧重于分析管理者的绩效影响因素和作用的大小,找出相应的原因和改进措施,着重于长远发展,激励管理者的改进,而对结果的衡量不是最重要的方面。

这两种路径都不能从单方面去考虑,而应该以单一方面分析着手,着眼于综合考虑来达到考评的目的。

C 具体的绩效考评指标

管理人员的工作特点,如事务性工作多,难以量化和明确等,决定了管理者的绩效考评指标选择是一件很困难的工作。对于即期绩效考评,一般可选用工作的产出类指标、工作质量指标、时间性指标、成本指标、利润指标等。而对于远期绩效考评,其指标的选择应该着重于组织目标与管理者个人目标的长期性和可持续发展性上。

由于组织成员的自主管理逐渐成为一种趋势,绩效考评的监控作用,主要立足于长远需要,因而在指标选取上要防止两种倾向:空泛而抽象和枚举各种指标。这两种倾向往往向管理者传递低质、低效的信息,难以达到提高组织和个人效能的目的。

在选择具体的考评指标时,即要深刻理解"绩效"概念的内涵,又要具有成本效益分析意识,总结出的几个原则是颇具借鉴意义的,即具体指标的选择应体现"宜精不宜多,宜明确不宜模糊,宜敏感不宜迟钝,宜关键不宜空泛的"原则。

6.2.3.3 管理人员绩效考评的方式与方法

A 管理人员绩效考评的方式

管理人员绩效考评方式主要有自我考评、直接主管考评、同事考评、直接下属考评和全方位考评(即 360 度考评)。

这些考评方式各有优点，但也各有不同。例如，自我考评很易受个性的强烈影响，此外被考评者由于担心上级考评不能客观地评价自己，因而会过多地谈论自己的成绩，而较少涉及自己的不足；直接主管考评由于对被考评者情况了解得不深入、全面，难以做到客观，有时也会产生主观成分；同事考评受人缘影响比较大，容易出现“你好我好大家好”的现象；直接下属考评则是下级可能由于怕被“穿小鞋”而不愿讲真话。全方位考评尽管可以从上下、左右各方面全方位来考评管理人员的绩效，比较全面、客观，但这种方式耗费大、涉及人员多，组织工作也较困难。因而，在企业中往往是各种不同方式综合运用，对不同层次管理者运用的主要方式也会不同。

B 管理人员绩效考评的方法

(1)目标管理法。以管理人员完成预定目标的结果来衡量其效果，而不是以实现的手段来衡量。它往往是根据设定的考评指标与考评标准，根据其完成的结果逐项评分，最后加总，根据总分确定完成目标的程度，是应用最广泛的方法。

(2)书面描述法。此方法不需要采用复杂的格式，由管理者写份记叙性的材料，描述其优缺点，过去的绩效和潜能等，然后提出予以改进和提高的想法。

(3)关键事件法。评估者将注意力集中在那些区分有效的和无效的工作绩效的方面，述及其具体行为。这种方法要求管理者有完整的绩效记录，往往较难做到把所有关键事件记录下来。

(4)多人比较法。这种方法是将管理人员的工作绩效与一个或多个其他人作比较。这是一种相对而非绝对的考评方法。

实践中应用的管理人员绩效考评方法还有很多，不同组织含有不同的绩效考评方法，不能套用，也不能雷同。但是，逐步把以主观判断为基础的主观绩效考评法过渡到以硬性指标为基础的客观绩效考评法是管理人员绩效考评的主要趋势。

6.3 组织变革

6.3.1 组织变革的动力

6.3.1.1 组织变革及其作用

A 组织变革的含义

所谓组织变革，是指组织为适应内外环境及条件的变化，对组织的目标、结构及组成要素等适时而有效地进行的各种调整和修正。组织变革是组织发展过程中的一项经常性的活动，任何组织在运行一段时间后，为了适应组织内外条件的变化，都必须进行相应的变革。这是因为，一方面，组织是一个由多种要素组成的有机体，要经历产生、成长、成熟和衰退的过程；另一方面，组织是构成社会大系统的一个子系统，要不断与周围环境进行物质、人员、信息的交流。因而，组织内部因素及其所处外部环境的发展变化，必然导致组织变革，这种变革涉及组织结构、组织制度、组织成员、组织文化、组织行为等多个层面。可见，组织是一个动态系统，组织的生存与发展就是不断寻求和保持组织目标与组织内部条件、组织外部环境之间动态平衡的过程。

B 组织变革的作用

组织变革对组织的生存和发展具有重大的影响作用：

(1)提高组织适应环境的能力。这是组织变革的基础目标。适应环境是组织生存的前提，内外环境发生变化，组织也应随之改变。组织变革要以对环境变化的正确认识为基础，通过建立健全组织运行机制，改造组织结构和流程，能增强组织的灵活性和对环境的适应性。

(2)提高组织的工作绩效。这是组织变革的核心目标。提高绩效是组织发展的基础，变革是手段，发展才是目的。通过组织变革，在提高适应能力的基础上，组织的目标任务更加明确，组织的决策程序更加科学，组织的管理效率不断提高，组织的自我更新能力不断增强，组织的工作绩效不断提升，从而实现组织的发展壮大。

6.3.1.2 组织变革的动因

组织变革的动因是指支持、引发、推动组织变革的驱动力。概括地讲，组织变革的动因主要来源于人们对变革必要性的认识及变革所能带来好处的认识。诱发组织变革的原因可以归结为两个方面：其一是组织外部环境的变化；其二是组织内部条件的变化。

A 组织外部环境的变化

组织是从属于社会大环境系统的一个子系统，它无力控制外部环境，而只能主动适应外部环境。适者生存是市场竞争的自然法则。外部环境变了，整个组织就进行相应的变化。只有以变应变才会获得新的发展机遇。导致组织变革的外部环境因素主要有：

(1)科学技术的进步；

(2)国家有关法律、法规的颁布与修订；

(3)国家宏观经济调控手段的改变；

(4)国家产业政策的调整及政治制度的变化；

(5)国际外交形势及本国外交政策的变化；

(6)国际、国内市场需要的变化及市场竞争激烈程度的加剧。

B 组织内部条件的变化

影响组织变革的内部条件主要包括：

(1)管理技术条件的改变；

(2)管理人员调整和管理水平的提高；

(3)组织运行政策与目标的改变；

(4)组织规模的扩大与业务的迅速发展；

(5)组织内部运行机制的优化；

(6)组织成员对工作的期望与个人价值观念的变化等。

以上这一切都会影响到组织目标、结构及权力系统等的调整和修正，从而引起组织的变革，而且有些变革是全面而深刻的。例如，当汽车制造厂产品单一且规模较小时，它往往实行的是集权型的直线职能制的组织结构；当产品品种增多，市场变化加快，且生产批量急剧扩大时，直线职能制显然就不适应了，这时必须建立分权型的事业部制，这是结构上的一种质的改变。

6.3.1.3 组织变革的推动力量

组织外部环境和内部条件的变化是组织变革的根本动因，但这仅仅为组织变革提供了必要性和理由。要使组织变革成为可能和现实，还需要一定的推动力量。

A 两种不同的变革观

由于对组织环境的看法不一，在对组织变革过程的认识上存在两种不同的观点。一种是“风平浪静”观，一种是“急流险滩”观。根据“风平浪静”观的假设，组织面临的环境是稳定和可预见的，对现状的打破是偶然和暂时的。根据“急流险滩”观的假设，组织面临的环境是动态的和不确定的，变化是一种自然的状态，对变革的管理是一个持续的过程。两种不同的变革观决定了对组织变革的两种不同的认知和反应。

20世纪80年代以前，组织处在“风平浪静”的经营环境之中。随着工业社会向信息社会转化，今天的组织日益处在一个充满不确定性的“急流险滩”的动态环境中。当然，不同行业所处的经营环境有所不同，与其他行业相比，高新技术行业如计算机软件业，长期面临“急流险滩”的经营环境。与此同时，过去长期处于“风平浪静”环境中的传统行业如汽车业、石油业等，在进入20世纪90年代以后，经营环境也发生了急剧变化，它们已经处在一个日趋变化的动态环境之中。可见，当今的管理者无法回避“急流险滩”，他们面临着持续不断的变化，面临着各种无序状态，从而要求其进行相应的组织变革。

B 变革的推动力量

组织变革是对现状的打破，它需要一种催化剂来推动。在通常情况下，组织中的管理者往往作为催化剂起作用，并承担了变革过程的管理责任，他们是推动组织变革的主要力量。在有些情况下，组织外的非管理者也可以参与到组织变革中来，如组织外部的咨询专家。在进行系统范围的巨大变革时，组织的管理者经常会聘请外部专家提供建议和协助。当然，外部咨询专家在组织变革中主要充当的是顾问角色，对变革的影响仅限于提供参考意见，真正的变革决策还需由管理者自行做出。可见，组织变革主要是由内部管理者发起并实施的，其他人员只是作为推动变革的辅助力量而存在。

无论是在“风平浪静”的环境之下还是在“急流险滩”的环境之中，变革都是组织无法回避的现实。当环境变化缓慢时，组织可以以渐进的方式对变化作出反应，变革推动者的传统角色是对组织进行逐步的修正和改进。在当今“急流险滩”式的环境中，只有灵活应变的组织才能获得成功，这就需要由革命型的变革推动者来推动变革进程。需要指出的是，在重大的组织变革中，首先应建立一个强有力的领导联盟，随着时间的推移，这种集权必须扩散到除高层管理者以外的整个组织。从这个意义上讲，组织的中层管理者和基层管理者是传达变革的媒介和变革的粘合剂。

6.3.2 组织变革的阻力

6.3.2.1 对变革阻力的认识

组织变革的阻力，是指反对、阻挠甚至对抗变革的制约力。组织变革意味着原有状态的改变，意味着破旧立新。面对改革，组织中的一些人必须放弃自己原有的观念、行为方式，适应新的方式。因此，组织变革不可能一帆风顺，势必遇到来自各方面的阻力。充分认识和了解这些阻力，并设法排除阻力是组织成功变革的基本条件。

6.3.2.2 产生变革阻力的原因

组织变革的阻力集中反映在三个层面上：个体层面、群体层面和组织层面。

A 个体层面

组织成员出于各种个人原因，可能抵制或反对变革。个人的能力、态度、性格和期望都会导致他们反对变革。例如，心理方面的阻力。人们一般有一种安于现状的特性。一旦人们熟悉了某种工作方式和人际关系后，就倾向于保持它，任何改变都会使他们感到是对原有安全的威胁，因而丧失原有的平衡。如果变革带来了新的领导人和新的同事，人们对这些新人开始总是带有疑虑、不信任的态度，本能地有一种掩护的倾向。对于大多数人来说，由于各种原因，他们仅仅考虑眼前的短期的事情，对于长远的变化没有兴趣。因此，当变革不能给他们马上带来好处时，他们就会反对变革。而在现实生活中，许多变革确实能带来长期利益。

B 群体层面

(1)组织结构变动的影响。不同的组织群体、不同的职能部门有不同的目标和要求，对变革方案的反应也有所不同。变革带来的组织结构变动可能会打破过去固有的管理层级和职能机构，对责权利重新做出调整和安排，这必然会触及某些群体、某些部门的利益和权利。如果变革与这些群体、部门的目标不一致，群体就会采取抵制和不合作的态度，以维持现状。

(2)人际关系调整的影响。组织变革意味着组织固有的关系结构的改变，原有的群体规范和人际关系可能因变革而改变和破坏，组织成员之间的关系也随之需要重新调整。非正式群体的存在使得这种新旧关系的调整需要一个较长过程，在这种新的关系结构尚未确立之前，组织成员之间很难磨合一致，一旦发生利益冲突就会对变革的目标和结果产生怀疑和动摇。特别是一部分能力有限的员工将在变革中处于相对不利的地位，随着利益差距的拉大，这些人必然会对组织变革产生抵触情绪。

C 组织层面

(1)组织运行的惯性。组织变革对现有的责权利关系和资源分配格局会造成一定程度的破坏和威胁，由于受现行组织制度和结构的束缚，变革进程会受到牵制的影响。一方面，组织系统内部各部门之间以及组织系统与外部环境之间存在着相互依赖和相互牵制的关系；另一方面，出于变革复杂性和化解变革阻力的考虑，在一定期间内进行的具有一定广度和深度的组织变革通常采取分阶段推进方式进行，这必然导致组织系统内外尚未予以变革的要素对计划范围内的变革构成一种内在的制约力量。

(2)固有的组织文化。组织所固有的文化优势也会成为阻碍变革的因素，制约和延缓变革的进程。这是因为，一方面，组织文化具有稳定性特点，其形成不是一蹴而就的，而是在长期的组织发展实践中经过耐心倡导和精心培育逐渐形成的，相对稳定的组织文化可能成为组织变革的障碍；另一方面，组织文化有强弱之分，这主要取决于组织的规模、历史、员工的流动程度及文化起源的强烈程度，强势的组织文化往往更容易成为变革的阻力。相对而言，有机、灵活的组织（如高科技组织）往往比机械、保守的组织（如大型军工企业）更易于接受变革。

6.3.2.3 排除变革阻力的方法

变革阻力会延缓组织变革的进程，甚至导致变革的失败。为保证组织变革的顺利进行，应积极采取措施，降低和消除阻碍变革的各种因素。具体方法是：

(1)增进内部沟通。产生变革阻力的根源之一在于信息失真和沟通不够。应与组织员工进行良好的内部沟通，做好变革计划的信息反馈与宣传解释工作，开诚布公地说明组织目前所处的运行环境、所面临的机遇与挑战等，澄清组织成员对变革的错误认识。通过相互沟通，增进信任，使组织上下达成共识，增强变革的紧迫感，为组织变革提供舆论准备。

(2)加强教育培训。教育培训能提高组织员工对变革的理解和适应能力。从某种意义上讲，组织变革首先是思想观念的变革。要通过自上而下的教育培训，使组织成员接受新观念，学会从新的视角和用新的方法来看待、处理新形势下的各种新问题，增强他们对组织变革的心理承受能力，增进他们对组织变革的理性认识，为组织变革提供思想准备。

(3)发动全员参与。减小变革阻力的最有效方法是让组织成员共同参与变革计划的制定与执行。通过对变革内容与执行方式的公开讨论，可以使参与者之间增进交流、相互接受，从而赢得组织有关人员共同参与变革，能最大限度地排除变革过程中可能出现的各种阻力，为组织变革奠定群众基础。

(4)把握策略与时机。变革策略与时机的把握是组织变革成功的重要保证。要注意策略，选准时机，循序渐进，配套进行。在组织变革之前，应详细分析可能发生的各种问题，预先采取有针对性的防范措施，为组织变革创造最佳的变革环境与变革气氛。

6.3.3 组织变革的途径

6.3.3.1 组织变革的方针

成功的组织变革没有固定的模式可言，但无论哪一种类型的组织，在进行变革时，都应遵循以下三个基本方针：

(1)精心设计。组织变革成功与否,首先取决于有无事先精心设计的"蓝图"。应杜绝"心血来潮"式和"朝令夕改"式的变革方式,在正式实施组织变革之前,要深入调查,仔细研究,充分论证各种可行方案,明确规定变革的方向、方针及所要达到的目标。

(2)全面发动。在进行组织变革的过程中,会遇到许多阻力,为此要做好全面地宣传和发动工作。具体做法是:要创造一种变革的讨论气氛,使组织成员充分认识到变革的紧迫性与重要性;要讲清变革的有利条件与有利时机,做好宣传鼓动工作,动员全员参与变革;要讲清变革的艰巨性与复杂性,使组织成员对变革中遇到的困难做好心理准备;要讲清变革的目的、目标、原则、程序、方法等,使组织成员心中有数。

(3)周密组织。在精心设计和全面发动的基础上,就要按照"蓝图"的要求周密地组织和实施变革。具体做法是:要尽可能地先进行试点,再逐步推广;要抓住重点,突破难点,使各方面的改革配套进行,整体推进;要把组织变革同提高成员素质紧密结合起来,通过变革,实现组织与成员的共同发展;要把组织结构的变革同建立健全基本管理制度结合起来,把变革的成果用制度的形式加以规范;在组织变革的实施过程中,要做好思想工作,减少冲突,消除阻力,确保变革顺利进行;要处理好实施组织变革与开展正常组织活动的关系,认识到变革的最终目的是为了更好地开展各项组织活动,不要本末倒置、为了变革而变革。

6.3.3.2 组织变革的程序

组织变革是一项复杂的系统工程,牵涉面广,工作量大,必须进行全面的规划与设计,按照科学的变革程序,有条不紊、按部就班地进行,如图 6-8 所示。

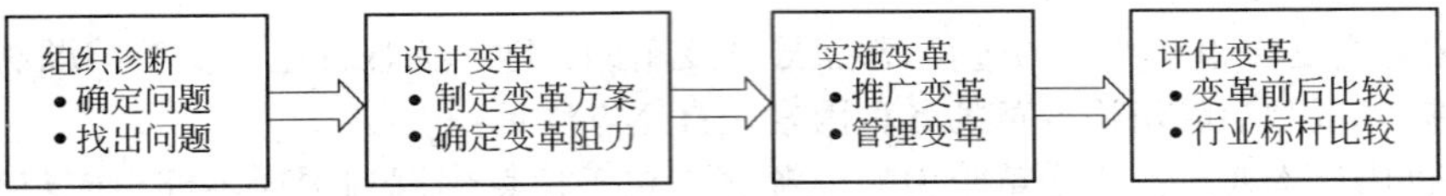

图 6-8 组织变革的基本程序

组织变革的具体程序如下:

(1)进行组织诊断。这是进行组织变革的首要步骤。在决定实施组织变革之前,首先应该邀请组织内部有关人员和外部咨询专家共同参与,根据外部环境与内部条件的变化,对组织现状进行综合分析和全面考察,研究确定组织中存在的主要问题,并发现和找出症结所在,以便有的放矢、对症下药。

(2)设计组织变革。这是进行组织变革的关键步骤。在对组织问题进行正确诊断的基础之上,应由各方参与人员相互交流、共同讨论、多方论证,提出组织变革的计划方案,作为进一步行动的指南。同时,还要根据组织的实际情况研究变革中可能遇到的障碍与阻力及其解决措施。

(3)实施组织变革。这是进行组织变革的核心步骤。在确定了计划方案之后,应充分利用组织的各种资源,动员各方力量,按照变革计划所规定的内容、步骤予以实施推广。在将计划付诸实施的过程中,还要对变革过程进行相应管理,注意根据实际情况的变化及时修正计划中不切实际的内容,以确保组织变革的有效性。

(4)评估组织变革。这是进行组织变革的必要步骤。在依据变革计划实施组织变革之后,还应通过信息反馈考察评估组织变革的实际效果,并分析原因,找出差距和不足,为下一步的组织变革提供依据。具体评估方法有两种:其一是对比组织变革前后的指标差异:其二是以行业中绩效最优的组织为标杆来衡量变革成效。

6.3.3.3 组织变革的过程

组织变革不是一个简单的变化过程，而是一个充满矛盾和冲突的过程。根据心理学家库尔特·卢因(Kurt Lewin)的观点，组织变革的具体实施过程包括解冻、变革、再冻结三个基本阶段，三者的有机联系构成了完整的组织变革过程，如图6-9所示。

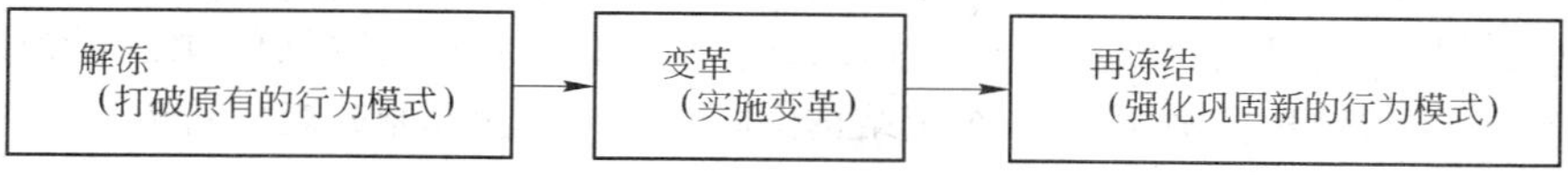

图6-9 组织变革的过程

A 解冻

解冻是组织变革的前奏阶段。该阶段的主要任务是引发变革的动力，创造变革的需要，做好变革的准备工作。任何一项组织变革都会或多或少面临来自组织自身及成员的一定程度的抵制，通过引导组织成员对组织的内部环境、结构功能进行深入分析，找出不适应性，营造出组织变革的危机气氛，让员工深刻理解组织变革的必要性和可行性，以激发起对组织变革的积极性。与此同时，还要向组织成员描绘组织变革的蓝图和方案，使其明确组织变革的目的和方向，从而自觉地参与和适应组织变革。

B 变革

变革是组织变革的实质性阶段。该阶段的主要任务是按照所拟订变革方案的要求开展具体的组织变革行动，以使组织从现有结构模式向目标模式转变。变革通常分为试验和推广两个步骤推进，即在组织变革方案全面付诸实施前先进行一定范围的典型试验，在试验取得初步成效后再进入大规模的全面实施阶段。通过典型示范，一方面，可促进组织成员对变革的认同，使其对新的态度和行为模式产生积极的心理反应；另一方面，还可使一部分对变革尚存疑虑的组织成员认识到组织变革的潜在效益，实现其从变革观望者、反对者向变革参与者、支持者的转变，进而实现其从思想到行动的全面转变。

C 再冻结

再冻结是组织变革的强化和巩固阶段。该阶段的主要任务是在变革工作告一段落后，采取一定措施将组织成员业已形成的新态度和行为模式强化和固定下来。在组织变革行动发生后，个体和组织都有一种退回到原有习惯行为方式中的倾向，为此，必须采取相应措施使其不断得到强化和巩固。缺少这一阶段，组织变革行动对组织及其成员将只有短暂影响，组织变革成果将可能退化消失。

需要指出的是卢因理论的出发点为：组织面临的经营环境是“风平浪静”的，变革是偶然的，是对平衡状态的一种打破，通过变革可建立另一种新的平衡状态。实际上，随着当前环境不确定性的增强，组织变革已经是组织发展过程中的一项经常性活动。这就意味着变化是绝对的，平衡只是相对的；变革是持续的，稳定只是暂时的。从这个意义上讲，卢因模型仅为我们提供了对组织变革过程的静态分析，实际上，解冻、变革、再冻结这三个环节是一个周而复始的循环过程。

6.3.3.4 组织变革的内容

组织运行过程的主要因素为：结构、技术、人员、文化，与之相应，组织变革的主要内容包括：结构变革、技术变革、人员变革和文化变革。

A 结构变革

结构变革是指职权关系、职务设计、集权程度、协调机制等结构要素的改变。依据情况的不同，结构变革可以分为局部调整和重新设计两种方式。

(1)局部调整。为了增强组织的灵活性，在保持原有组织结构类型基本不变的情况下，管理者可以对上述结构要素中的一个或多个加以变革。例如，为了降低组织的复杂性，可将几个部门的职责组合在一起，也可精简某些纵向层次；为了提高组织的正规化程度，可以制定更多的制度规章；为了提高组织的分权化程度，可以采取组织的分权化程度，可以采取适当的授权方式。

(2)重新设计。当组织的经营环境面临重大变化时，管理者需要对原有的结构设计进行重大调整，重新设计组织结构。例如，可使组织结构由职能制向事业部制或矩阵制转变。

B 技术变革

技术变革是指工作过程、工作方法、机器设备的改变。

传统的科学管理是基于动作和时间研究来推进技术变革的，现代的技术变革则主要通过引进新的设备、工具和方法，实现自动化、计算机化等，从根本上改变产品的生产方式和企业的组织方式。当前，许多组织都拥有现代化的办公设备和复杂的管理信息系统。例如，在工业生产领域，厂商更多地采用自动装配线，以机械取代人力，实现了生产的自动化；在商业零售领域，大型超级市场已将其收款台改造为输入终端，通过与计算机连接，能够提供实施的库存数据。

C 人员变革

人员变革是指员工的工作态度、期望水平、认知和行为的改变。

人是组织中最为活跃、最为复杂、最难把握的因素，组织中的人既可能成为变革的推动力量，也可能成为变革的阻碍力量，因此，在组织变革中必须充分考虑人性因素。任何组织都是由人创立的，组织各项工作的开展也是由人来完成和实施的，组织素质的高低、工作的成败，其关键就在于人。从某种意义上讲，组织变革就是人员变革，其根本目的是改善成员之间的关系，使组织中的个人和群体更为有效地在一起工作，最终促进组织目标的实现；其主要任务是促成组织成员之间对权力和利益等资源的重新分配；其具体方法是提高沟通质量、注重员工参与、改善人际关系。

D 文化变革

文化变革是指组织成员共有价值观的改变。

组织文化是组织在长期的实践活动中所形成的，为组织成员普遍认可和遵循的，具有本组织特色的价值观念和行为规范的总和。它是组织有效运行的内在驱动力，由相对稳定和持久的因素构成，需要相当一段时间才能形成，并且一经形成，就成为牢固和不易更改的东西。组织文化确立了对人们应该做什么、不应该做什么的约束，它不仅会影响组织一般成员的行为，还将制约管理者的决策选择。观念是行为的先导，从这个意义上说，组织变革首先是组织文化的变革，任何形式的组织变革必然同时伴随着组织文化的变革。在强势的组织文化中，存在特别大的变革阻力。一般来讲，在组织面临大规模危机、领导职位易人、组织规模小、组织建立时间短、组织文化弱等条件下，更有利于促成组织文化变革。

综上所述，组织变革具有系统性和互动性特点，组织系统中的任何一个因素发生改变，都会带来其他因素的变化。在组织发展的不同阶段，由于环境情况的不同，变革的内容和侧重点也有所不同。事实上，在组织变革的实践中，上述四种内容的变革并不是截然分开的，往往是以某一种变革为主导，各种内容的变革交织在一起。

6.3.3.5 组织变革的方式

在实施组织变革的过程中，应针对现存的问题和面临的内外环境变化，结合预定的组织变革目标和变革内容，采取适当方式对现有组织进行切实的改造和变革。组织变革的方式，可以从不同角度划分。

A　量变式和质变式

按照变革的程度不同,变革方式可以分为量变式和质变式两种。

(1)量变式。这是一种以改变组织机构和组织人员数量为主的变革方式。该种变革的重点在于增设或撤销部门单位,增加或减少管理人员等。

(2)质变式。这是一种以解决组织的深层次问题为重点,能使组织效能和内部关系发生根本变化的变革方式。

B　突变式和分段发展式

按照变革的进程不同,变革方式可以分为突变式和分段发展式两种。

(1)突变式。突变式是指在短时间内一次性地变革组织。这种变革方式雷厉风行,一次到位,解决问题迅速,但由于涉及面广,速度猛烈,容易引起社会心理震荡,并导致成员抵制。特别是当其他配套措施未能及时跟上时,容易造成疏漏,甚至中途夭折。因此,只有在组织面临重大危机迫切要求变革,或是在成员心理承受能力和社会条件充分允许并做了周密准备的情况下才能采用内容广泛而深刻的突变式变革。

(2)分段发展式。分段发展式是指在对组织相撞和内外条件综合分析的基础上,有计划、有步骤地逐个实现变革的分阶段目标,最终促成变革总目标的实现。这种变革方式既不是迅猛的革命,也不是逐步的演变,其优点是由于分阶段进行,可以随时加以调整,每个分阶段目标实现后还可以及时总结经验教训,修正和完善下一阶段目标。同时,将总目标分解为若干具体目标分阶段实施,还可以逐步释放变革可能引起的震荡,提高组织成员对变革的承受能力。但这种变革见效较慢,一般适用于客观因素发生重大变故,需进行广泛、深入、大规模的组织变革,而内部承受能力和外部条件还无法完全适应的情况。采用这种变革方式时,要注意使每一阶段的变革服从并服务于总体变革的要求,并把各阶段之间的变革衔接起来,以保证有效地实现变革的总目标。

C　自上而下式、自下而上式和上下结合式

按照变革的起始点不同,变革方式可以分为自上而下式、自下而上式和上下结合式三种。

(1)自上而下式。这是指变革先从中、上层组织入手,再扩展到整个组织。这种变革方式便于对总体组织做出调整,但其涉及面大、范围广,需要进行周密的计划,而且从减小阻力方面考虑,比较适宜于较浅层次的变革。

(2)自下而上式。这是指变革先从基层组织入手,再考虑中、上层组织的变革。这种变革方式便于进行"分块"变革,待收到局部效果后再扩及整个组织,缺点是由于组织中的许多问题相互牵扯,往往会拖延变革的进程。

(3)上下结合式。这是指对组织的上下各方面同时进行变革。这种变革方式的立足点是,鉴于组织是一个有高、中、基层构成的有机整体,阻止变革的推行需要将上下各方面结合起来,进行统筹安排。

D　强制式、民主式和参与式

按照变革方案的形成过程不同,变革方式可以分为强制式、民主式和参与式三种。

(1)强制式。强制式变革是指变革涉及者不参加方案的制定过程,变革方案通过强制手段付诸实施。其特点是变革方案的制定过程较短,但由于有关人员对变革没有事先准备,推行中可能面临较大阻力。

(2)民主式。民主式变革是指在有关人员相互协商的基础上形成变革方案。其特点是有关人员对变革有充分的准备,推行阻力较小,但变革方案形成过程长,见效慢。

(3)参与式。参与式变革是指在变革方案形成过程中,既广泛地动员各层次人员参与,又对人们的思想观念有意识地加以引导，以便尽快形成统一方案。其特点是寓实施于制定过程之中，即在制定变革方案时就充分考虑到推行的各种条件，如变革的时间紧迫性、变革人员的权威性以及减少阻力的需要等，其优缺点介于强制式与民主式之间。

E　主动思变式和被动应变式

按照变革的力量来源不同，变革方式可以分为主动思变式和被动应变式两种。

(1)主动思变式。主动思变式变革是指变革的动力来源于组织内部，并在事先预见的基础上做出变革决策。由于组织变革通常需要较长一段时间才能产生效果，如果组织能在危机来临之前就着手进行变革准备，则可以避免由于绩效大幅滑坡或面临生死存亡而仓促改组的弊端。

(2)被动应变式。被动应变式变革是指在迫于外部压力的情况下进行的组织变革。如由于绩效不佳的压力以及宏观行政干预的压力而进行的组织变革。

以上从不同侧面对变革方式所作的区分是相对的，它们在组织变革实践中往往相互交叉。因此，在进行组织变革时，不能绝对地采取某一种方式，而应根据实际情况灵活、综合地运用各种变革方式，充分发挥它们各自的功效，使其取长补短、相得益彰，以取得整体最佳的变革效果。

复习思考题

一、名词解释

组织　　组织结构　　组织设计　　人员配备　　绩效考评　　组织变革

二、选择题

(1)下列技术类型中，集权程度比较高的是(　)。

A. 单件小批生产　　B. 大批量生产　　C. 连续生产　　D. 间断生产

(2)下列哪类企业最适合采用矩阵式组织结构(　)。

A. 纺织厂　　B. 医院　　C. 电视剧制作中心　　D. 学校

(3)企业的组织结构必须与其战略相匹配，企业战略对组织结构设计的影响是(　)。

A. 战略不同，要求开展的业务活动也会不同，从而会影响部门设置

B. 不同的战略有不同的重点，会影响各部门与职务的相对重要性及相互关系

C. A 和 B 都对

D. A 和 B 都不对

(4)一家产品单一的跨国公司在世界许多地区拥有客户和分支机构，该公司的组织结构应考虑按什么因素来划分部门(　)。

A. 职能　　B. 产品　　C. 地区　　D. 矩阵结构

(5)组织中的管理幅度是指(　)。

A. 直接管理的下属数量　　B. 所管理的部门数量

C. 所管理的全部下属数量　　D. B 和 C

(6)某公司有员工 64 人，假设管理幅度为 8 人，该公司的管理人员应为多少人？管理层次有多少层？(　)

A. 10 人 4 层　　B. 9 人 3 层　　C. 9 人 4 层　　D. 8 人 3 层

(7)康全公司是一家设计环保设备的公司，经营规模虽然不大但发展迅速。公司成立以来，为了保持行动的统一性，一直实行较强的集权。请问当下列哪一种情况出现时，公司更有可能改变其过强的集权倾向(　)。

A. 宏观经济增长速度加快　　B. 公司经营业务范围拓宽

C. 市场对企业产品的需求下降　　D. 国家发布了新的技术标准

(8)所谓授权,是指(　)。

A. 在组织设计时,规定下属管理岗位必要的职责与权限

B. 在组织调整时,规定下属管理岗位必要的职责与权限

C. 领导者将部分处理问题的权力委派给某些下属

D. 委托代理关系

(9)管理学中的人员配备,是对(　)的配备。

A. 全体人员　B. 主管人员　C. 非主管人员　D. 高层管理者

(10)“对主管职务及其相应人员的要求越是明确,培训和评价主管人员的方法越是完善,主管人员工作的质量也就越有保证”是人员配备工作的(　)原理。

A. 用人之长　B. 职务要求明确　C. 责、权、利一致　D. 公开竞争

(11)组织变革的第一步是(　)。

A. 通过组织诊断,发现变革征兆　B. 分析变革因素,制定改革方案

C. 选择正确方案,实施变革计划　D. 评价变革效果,及时进行反馈

(12)改变员工原有的观念和态度是组织在(　)的中心任务。

A. 解冻期间　B. 变革阶段　C. 再冻结阶段

三、简述题

(1)简述组织的含义及功能。

(2)比较分析营利性组织与非营利性组织、正式组织与非正式组织的异同。

(3)简述组织结构的含义及特点。

(4)简述机械式组织与有机式组织的特点及适用条件,并说明它们与组织外部形态之间的关系。

(5)分析影响组织结构的内外因素。

(6)比较分析几种主要的组织结构形式的优缺点及适用条件。

(7)为什么说没有固定的管理幅度,确定管理幅度需要考虑哪些主要因素?

(8)说明对企业技术开发人员与管理人员绩效考评的主要不同点。

(9)简述组织变革的概念及其作用。

(10)什么是组织变革的动因,引起组织变革的动因有哪些?

(11)什么是组织变革的阻力?阐述产生变革阻力的原因及排除变革阻力的方法。

(12)试述组织变革的方针与程序。

(13)简述组织变革的过程。

(14)比较分析强制式、民主式与参与式这三种组织变革方式。

四、论述题

(1)试述组织设计者如何提高组织对环境的应变性。

(2)论述在组织层级化设计中,影响组织分权程度的主要因素。

(3)请阐述彼得原理描述的事实以及如何防止彼得现象的产生。

(4)试述如何选择合适的组织价值观标准。

(5)描述组织文化的形成。

五、案例分析题

杜邦公司组织结构的变革

杜邦公司(Du Pont Company)是世界上最大的化学品生产公司,建立至今已近200年。在这200年中,尤其是20世纪以来,企业的组织结构历经变革,其根本点在于不断适应企业的经营特点和市场情况的变化。杜邦公司所创设的组织结构,曾经成为美国许多公司包括著名大公司的效仿模式,并反映了企业组织结构发展演变的一般特点。

A　成功的单人决策及其局限性

历史上的杜邦家族是法国王室贵族，1789 年在法国大革命中化为灰烬，老杜邦带着两个儿子伊雷内和维克托逃到美国。1802 年，儿子们在特拉华州布兰迪瓦因河畔建起了火药厂。由于伊雷内在法国时是个火药配料师，与他共事的又是法国著名化学家拉瓦锡，加上美国历次战争的需要，工厂很快就站住了脚并发展起来。

整个 19 世纪中期，杜邦公司基本上是单人决策式经营，这一点在亨利这一代尤为明显。亨利是伊雷内的儿子，军人出身，由于接任公司以后完全是一套军人派头，所以人称“亨利将军”。在公司任职的 40 年中，亨利挥动军人严厉粗暴的铁腕统治着公司。他实行的一套管理方式，被称为“恺撒型经营管理”。

这套管理方式无法言喻，也难以模仿，实际上是经验式管理。公司的所有主要决策和许多细微决策都要由他亲自制定，所有支票都由他亲自开，所有契约也都得由他签订。他一人决定利润的分配，亲自周游全国，监督公司的好几百家经销商。他全力加速账款回收，严格支付条件，促进交货流畅，努力降低价格。亨利接任时公司负债高达 50 多万美元，但其后来却成为行业的首领。

在亨利的时代，这种单人决策式的经营基本上是成功的。这主要是因为：

（1）公司规模不大，直到 1902 年合资时才 2400 万美元的资产；

（2）经营产品比较单一，基本上是火药；

（3）公司产品质量占据绝对优势，竞争对手难以超越；

（4）市场变化不甚复杂。

单人决策之所以取得了较好效果，这与“将军”的非凡精力也是分不开的。直到 72 岁时，亨利仍不要秘书的帮助；任职期间，他亲自写的信不下 25 万封。

但是，正因为这样，亨利死后，继承者的经营终于崩溃了。亨利的侄子尤金，是公司的第三代继承人。亨利是与公司一起成长的，而尤金一下子登上舵位，缺乏经验，晕头转向。他试图承袭其伯父的作风经营公司，也采取绝对的控制，亲自处理细枝末节，亲自拆信复函，但他终于陷入公司的错综复杂的矛盾之中。1902 年，尤金去世，合作者也都心力交瘁，两位副董事长和秘书兼财务长终于相继累死，这不仅是由于他们的体力不胜负荷，还由于当时的经营方式已与时代不相适应。

B　集团式经营的首创

正当公司濒临危机，无人敢接重任、家族拟将公司出卖给别人的时候，三位堂兄弟出来力挽家威，他们不仅具有管理大企业的丰富知识，而且具有在铁路、钢铁、电气和机械行业中采用先进管理方法的实践经验，有的还请泰勒当过顾问。他们果断地抛弃了“亨利将军”的那种单枪匹马的管理方式，精心地设计了一个集团式经营的管理体制。在美国，杜邦公司是第一家把单人决策改为集团式经营的公司。

集团式经营最主要的特点是建立了“执行委员会”，隶属于最高决策机构董事会之下，是公司的最高管理机构。在董事会闭会期间，大部分权力由执行委员会行使，董事长兼任执行委员会主席。

1918 年时，执行委员会有 10 个委员、6 个部门主管、94 个助理，高级经营者年龄大多在 40 岁以下。公司抛弃了当时美国流行的体制，建立了预测、长期规划、预算编制和资源分配等管理方式。在管理职能分工的基础上，建立了制造、销售、采购、基本建设投资和运输等职能部门。在这些职能部门之上，是一个高度集中的总办事处，控制销售、采购、制造、人事等工作。

执行委员会每周召开一次会议，听取情况汇报，审阅业务报告，审查投资和利润，讨论公司的政策，并就各部门提出的建议进行商讨。对于各种问题的决议，一般采取投票、多数赞成通过的方法，权力高度集中于执行委员会。

各单位申请的投资，要经过有关部门专家的审核，对于超过一定数额的投资，各部门主管没有批准权。执行委员会作出的预测与决策，一方面要依据发展部提供的广泛的数据，另一方面要依据来自各部门详尽报告，各生产部门和职能部门必须按月按年向执委会报告工作。在月度报告中提出产品的销售情况、收益、投资以及发展趋势；年度报告还要论及五年及十年计划，以及所需资金、研究与发展方案。

由于在集团式经营的管理体制下，权力高度集中，实行统一指挥、垂直领导和专业分工的原则，所以秩序井然,职责清楚,效率显著提高,大大促进了杜邦公司的发展。20世纪初,杜邦公司生产的五种炸药占当时全美总产量的64%~74%,生产的无烟军用火药则占100%。第一次世界大战中,协约国军队40%的火药来自杜邦公司。公司的资产到1918年增加到3亿美元。

C　充分适应市场的多分部体制

杜邦公司在第一次世界大战中的大幅度扩展,以后逐步走向多角化经营,使组织结构遇到了严重问题。每次收购其他公司后,杜邦公司都因多角化经营遭到严重亏损。这种困扰除了由于战后通货从膨胀到紧缩之外,主要是由于公司的原有组织对企业成长缺乏适应力。1919年,公司的一个小委员会指出:问题在于过去的组织结构没有弹性。尤其是1920年夏到1922年春,市场需求突然下降,使许多企业出现了所谓存货危机。这使人们认识到:企业需要一种能力,即易于根据市场需求的变化改变商品流量的能力。继续保持那种使高层管理人员陷入日常经营、不去预测需求和适应市场变化的组织结构形式,显然是错误的。一个能够适应大生产的销售系统对于一家大公司来说,已经成为至关重要的问题。

杜邦公司经过周密的分析,提出了一系列组织结构设置的原则,创造了一个多分部的组织结构。在执行委员会下,除了设立由副董事长领导的财力和咨询两个总部外,还按各产品种类设立分部,而不是采取通常的职能式组织如生产、销售、采购等等。在各分部之下,则有会计、供应、生产、销售、运输等职能处。各分部是独立核算单位,分部经理可以独立自主地统管所属部分的采购、生产和销售。在这种形式的组织结构中,自治分部在不同的、明确划定的市场中,通过协调从供给者到消费者的流量,使生产和销售一体化,从而使生产和市场需求建立密切联系。这些以中层管理人员为首的分部,通过直线组织管理其职能活动。高层管理人员总部在大量财务和管理人员的帮助下,监督这些多功能的分部,用利润指标加以控制,使他们的产品流量与波动需求相适应。

由于多分部管理体制的基本原理是政策制定与行政管理分开的,从而使公司的最高管理层摆脱了日常性经营事务,把精力集中在考虑全局性的战略发展问题上,研究与制定公司的各项政策。

新分权化的组织使杜邦公司很快成为一个极具效率的集团,所有单位构成了一个有机的整体,公司组织具有了很大的弹性,能适应需要的变化。这使杜邦公司得以在20世纪20年代建立起美国第一个人造丝工厂,以后又控制了赛璐珞75%~100%的生产量,垄断了合成氨,而且在30年代后,杜邦公司还能以新的战略参加竞争,那就是致力于发展新产品,垄断新的化学产品生产。从30年代到60年代,被杜邦公司首先控制的,有着重要意义的化学工业新产品有:合成橡胶、尿素、乙烯、尼龙、的确良、塑料等,直到参与第一颗原子弹的制造,并迅速转向氢弹生产。

D　“三头马车式”的体制

杜邦公司的执行委员会和多分部的管理结构,是在不断对集权和分权进行调整的情况下去适应需要的。例如,20世纪60年代后期,公司发现各部门的经理过于独立,以致有些情况连执行委员会都不了解,因此又一次作了改革;一些高级副总经理同各工业部门和职能部门建立了联系,负责将部门的情况汇报给执行委员会,并协助各部门按执行委员会的政策和指令办事。

60年代以后,杜邦公司的组织结构又发生了一次重大的变更,这就是建立起了“三头马车式”的组织体制。

新的组织体制是为了适应日益严峻的企业竞争需要而产生的。60年代初,杜邦公司接二连三地遇到了难题:过去许多产品的专利权纷纷期满,在市场上受到日益增多的竞争者的挑战;道氏化学、孟山都、美国人造丝、联合碳化物以及一些大石油化工公司相继成了它的劲敌。以至于1960年到1972年,在美国消费物价指数上升4%,批发物价指数上升25%的情况下,杜邦公司的平均价格却降低了24%,使它在竞争中蒙受重大损失。再加上它掌握了多年的通用汽车公司10亿多美元的股票被迫出售,美国橡胶公司转到了洛克非勒手下,公司又历来没有强大的金融后盾,真可谓四面楚歌,危机重重。

1962年,公司的第十一任总经理科普兰上任,他被称为危机时代的起跑者。公司新的经营战略是:运用独特的技术情报,选取最佳销路的商品,强力开拓国际市场;发展传统特长商品,开发新的产品品种,稳住国内势力范围,争取巨额利润。然而要转变局面决非朝夕之功,这是一场持久战。有了新的经营方针,还必须有相应的组织结构作为保证。除了不断完善和调整公司原设的组织结构外,1967 年,科普兰把总经理一职在杜邦公司史无前例地让给了非杜邦家族的人,公司财务委员会议议长也由别人担任,自己专任董事长一职,从而形成了一个“三头马车式”的体制。1971 年,科普兰又出让了董事长的职务。

这一变革具有两方面的意义。一方面,杜邦公司是美国典型的家族公司,公司几乎有一条不成文的法律,即非杜邦家族的人不能担任最高管理职务。甚至实行同族通婚,以防止家族财产外溢。现在这些惯例却被大刀阔斧地砍去,不能不说是一个重大的改革,虽然杜邦公司一直由家族力量控制,但是董事会中的家族成员比例越来越少。在庞大的管理等级系统中,如果不是专门受过训练的杜邦家族成员,一样没有发言权。另一方面,在当代,企业结构日益庞大,业务活动非常复杂,最高领导层工作十分繁重,环境的变化速度越来越快,管理所需的知识越来越高深,只有实行集体领导,才能做出满意的决策。在新的体制下,最高领导层分别设立了办公室和委员会,作为管理大企业的“有效的富有伸缩性的管理工具”。科普兰曾说:“三头马车式”的集团体制,是今后经营世界性大规模企业不得不采取的安全措施。

60 年代后杜邦公司的几次成功,不能说与新体制无关。过去,杜邦公司是向联合碳化物公司购买乙炔生产合成橡胶等产品,现在,它自己开始廉价生产,使联合碳化物不得不关闭乙炔工厂。在许多化学公司挤入塑料行业竞争的情况下,杜邦公司另外找到了出路,向建筑和汽车等行业发展,使 60 年代每辆汽车消耗塑料比 50 年代增加三至六倍,70 年代初,又生产了一种尼龙乙纤维,挤入了钢铁工业市场。

所以,可以毫不夸张地说,杜邦公司成功的秘诀,首先在于使企业的组织结构设置适应需要,即适应生产特点、企业规模、市场情况等各方面的需要。而且,这样的组织结构也不是长久不变的,还需要不断地加以完善和发展。

问题:

(1)杜邦公司的组织结构是如何适应环境变化的?

(2)论述杜邦公司各发展阶段组织结构的演变,即其组织结构的模式及各种模式的优势和局限。

(3)简述杜邦公司 20 世纪 60 年代组织变革的意义和阻力。

(4)结合杜邦公司的实例谈谈我国私营企业、乡镇企业如何打破家族化或简单合伙制,建立真正意义上的现代企业制度。

7 领　　导

学完本章后，你应该能够：

(1)正确理解领导的定义，并理解领导权力的5个来源，了解有效的领导者应该具备的人格特征；

(2)正确理解菲德勒权变理论，以及路径—目标领导理论模型；

(3)定义激励，理解并阐述基本员工需要的满足型激励理论；

(4)理解并阐述过程型激励理论，解释强化理论，并说明如何利用强化理论来激励员工；

(5)正确的理解沟通，解释什么是沟通渠道，并说明沟通渠道如何影响组织沟通的质量；

(6)阐述正式组织沟通与非正式组织沟通之间的区别，正确的理解组织沟通的障碍。

7.1　领导与领导者

本章将探讨管理学中引起最广泛讨论和研究的话题之一——领导。我们要界定领导这个概念，探讨领导者和管理者的差异之所在并分析领导权力的来源。

7.1.1　领导的性质

今天，对于企业经营来说，也许没有哪个话题比领导更重要了。随着组织需要的变化，有关领导的理论也在不断发展。在所有关于领导的思想和论著中，有三个方面是非常突出的，它们是人、影响力和目标。领导出现于人群之中，涉及影响力的应用，并用来实现既定的目标。影响力的意思是，人与人之间的关系不是被动的。更进一步说，影响力是用来达到某一个目的或者目标的。因此，我们把领导定义为：领导是为了实现组织目标而对他人施加影响的能力。该定义抓住了这一要点：在实现目标的过程中，领导者要与其他人员打交道。

7.1.2　领导与管理

对于组织来说，管理和领导都是很重要的。有效的管理者也必须是领导者，因为管理者和领导者各有一些区别性的才能，这些才能将给组织带来不同的优势，如表7-1所示。在表7-1中，管理者和领导者各是不同的才能与技能的组合，这些才能和技能在个体的身上常常重叠在一起。一个人可能某一方面的才能比另一方面的才能更强，但是，理想的状态是，管理者能够均衡地发挥管理才能和领导才能。

管理者与领导者的主要差别之一在于权力的来源以及下属的服从程度。权力是影响他人行为的能力。管理权力来自于个体在组织中所处的职位。一方面，因为管理者的权力来源于组织结构，所以权力促进了组织的稳定性、秩序和解决问题的能力的发展。另一方面，领导权力来自于个人因素，例如个人的兴趣、目标和价值观。领导权力促进组织的愿景、创造力与变革。

在组织内部，一般说有五种权力来源：法定权力、奖励权力、处罚权力、专家权力和个人影响权力。有时，权力来自于某人在组织内部所处的职位，而其他权力来源都是建立在个人特征之上。

表 7-1　领导者和管理者的才能

领导者才能	管理者才能
灵　魂	思　想
高瞻远瞩	理　性
热　情	顾　问
创造力	持之以恒
灵　活	解决问题
鼓舞人心	意志坚强
敢于创新	善于分析
勇　敢	有条不紊
富于幻想	深思熟虑
经验主义	权威主义
激发变革	稳定性
个人权力	职位权力

7.1.3　职位权力

传统的管理者权力来自于组织。管理者的职位赋予他奖励或者惩罚下属的权力，其目的是影响下属的行为方式。法定权力、奖励权力和处罚权力都是管理者用来改变员工的行为方式的职位权力。

(1)法定权力。法定权力来自于组织内部正式的管理职位，授予该职位的权力就称作法定权力。一旦某人被选为主管，大多数员工就知道了，在有关工作安排方面，他们必须服从他的指挥。员工认为这种权力是法定的，这就是为什么他们要服从的原因。

(2)奖励权力。奖励权力是来自于职位的、对员工实施奖励的权力。管理者可以采取正式的奖励方法，如加薪或者提拔；他们也可以采取表扬、关注以及奖赏等奖励办法。管理者可以利用奖励来影响下属的行为。

(3)处罚权力。与奖励权力相反，处罚权力是一种实施处罚或者建议进行处罚的权力。当管理者有权解雇员工、降职使用员工、批评员工或者取消员工的加薪时，他们就行使了处罚权力。

7.1.4　个人权力

职位权力多来源于外部因素。与此相反，个人权力则多来自内部因素，比如个人的专业知识或者个性特征。下属服从某一领导者的领导，那是因为他们尊敬和景仰该领导者，或者感受到该领导者对自己的关心，或者崇拜该领导者的思想意识。个人权力可以分为两种类型：专家权力和个人影响权。

(1)专家权力。专家权力来自于领导者在下属从事的任务领域所具有的专业知识或者专门技能。如果领导者的确是专家，下属就会遵从他的指示，因为他在该领域拥有丰富的知识。处于基层的领导者常常具有生产方面的经验。这会帮助他们赢得晋升的机会。而在高级管理层，领导者可能比较缺乏专家权力，因为对于技术细节而言，下属知道的比领导者要多得多。

(2)个人影响权。个人影响权来自于领导者的个性特征，它可以帮助领导者赢得下属的尊重和敬重，甚至可以让下属去效仿领导者。个人影响权来自于个性魅力方面而不是正式的头衔或者职位，多见于魅力型领导者身上。

专家权力和个人影响权力可以使下属产生归属感。归属感意味着员工可以分享领导者的观点并满怀激情地去执行命令。毫无疑问，归属感比服从或者抵制更讨人喜欢。

7.1.5　领导特征理论

早期对领导取得成功的原因的分析主要侧重在领导者的个人性格或者特征。特征是指领导者十分鲜明的个性特征，例如智力、价值观和相貌等。早期的研究重点是已经获得巨大成功的那些"大人物"。这种想法比较简单：找出那些让人成功的特征，然后根据这些特征去寻找未来的领导者，或者通过培训潜在的领导者来具备这些特征。总地来讲，研究结果表明，个性特征与领导者的成功之间的关系并不明显。

除了个性特征之外，研究人员还研究了领导者的生理特征、社会特征以及与工作有关的特征如表 7-2 所示。但是，这些特征并不是孤立存在的。某一特征或者一组特征的适用性要视领导的情境而定。同一特征并不能保证在任何情境下对任何组织都适用。

表 7-2　领导者的个性特征

生理特征	个性	与工作相关的特征
活动	自信	成就动机、出类拔萃的愿望
精力	诚实与正直	实现目标的责任感
	热情	克服障碍的耐心、坚韧不拔
	领导的愿望	
	独立性	
智力与能力	社会特征	社会背景
智力、认知能力	社交能力、人际交往技巧	教育
知识	合作意识	流动性
判断、决断力	参与合作的能力	
	策略、外交能力	

7.1.6　专制型领导者与民主型领导者

考察领导者的特性的方法之一是分析他们是崇尚专制还是民主。专制型领导者倾向于集权，尽量依靠法定权力、奖励权力和处罚权力来管理下属；民主型领导者则尽量向下属授权，鼓励下属参与，更多地依靠专家权力和个人影响权力去影响他们的下属。

研究人员通过对比研究了专制型领导者和民主型领导者，结果发现了一些很有趣的结论。对于专制型领导者带领的小组，如果领导者实行现场监督的话，那么绩效水平就很高，但是小组成员却不喜欢严厉的，独裁式的领导方式，经常对之充满了敌意；与之相比，民主型领导者所在的小组的绩效水平几乎是同样好，而且领导和员工之间良好的氛围取代了敌意，另外，在民主式的领导方式下，即使是领导不在场，员工的表现仍然很好。民主型领导者所用的这种参与性技巧和少数服从多数的决策原则使得员工受到了培训并参与到实际工作中来，不管领导在不在现场，他们都表现得一样好。民主型领导者的这些特点说明了为什么向下级授权已经成为当代企业的一种流行趋势。

早期的研究指出，领导者的领导方法要么是专制式的，要么是民主式的。但是坦南鲍姆和施米特的进一步研究告诉我们：领导方式可以是一个连续的统一体，该连续的统一体反映了员工不同的参与程度。因此，某位领导者可能是专制式的（以上级为中心），另一位可能是民主式的（以下属为中心），还有一位可能是两种领导方式兼而有之。图 7-1 解释了领导方式的连续统一体理论。

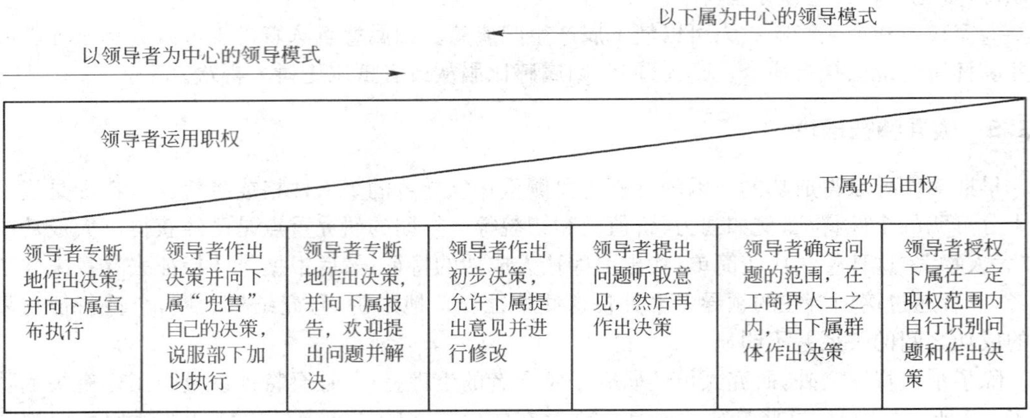

图 7-1　领导方式的连续统一体理论

坦南鲍姆认为，管理人员选择领导方式，取决于三方面的因素：

(1)管理人员本身的因素，如管理人员的价值观念、对下属的信任、性格爱好和在不确定环境中的安全感；

(2)下属方面的因素，如下属的期望；

(3)环境的因素，如组织的类型、问题的性质和时间的压力。在已知这些因素的情况下，就可以沿着一条从“以领导为中心”到“以下属为中心”的连续流，来仔细观察领导行为。

从“以领导为中心”开始向“以下属为中心”连续观察，我们能看到如下各种领导方式：

(1)管理人员做出决策并予以宣布；

(2)管理人员说服别人接受决策；

(3)管理人员提出设想，欢迎提问；

(4)管理人员提出可行的暂定决策；

(5)管理人员提出问题；

(6)管理人员规定范围，请求集体做出决策；

(7)管理人员允许集体在规定范围内做出决策。

7.1.7　领导的方格理论

得克萨斯大学的布莱克和穆顿提出了一种二维的领导理论，我们称之为领导方格理论，它是建立在俄亥俄州立大学和密执安大学的研究成果之上。图 7-2 就是该二维模型，图中说明了该模型 81 种管理风格中主要的管理风格中的 5 种。图中的横轴和纵轴上各有 9 个点，1 表示关心程度低，9 表示关心程度高。

团队型管理(9,9)通常被认为是最有效的管理方式，因而被推荐给管理者使用，因为这会使组织成员协同工作，一起完成任务。当我们首要的关注点是人而不是产出结果时，就出现了乡村俱乐部型管理(1,9)。任务型管理(9,1)用于以生产效率为导向时。中庸之道型管理(5,5)反映了同时关心人和生产的中庸之道。贫乏型管理(1,1)说明组织缺乏管理哲学，管理者几乎不重视人际关系或者任务的完成情况。

那么，哪一种领导行为是最有效的？我们不能断定哪一种领导行为就一定会比其他类型更有效。事实是，我们必须结合领导者和追随者的人格、管理者的能力及其所受的训练、目标、任务

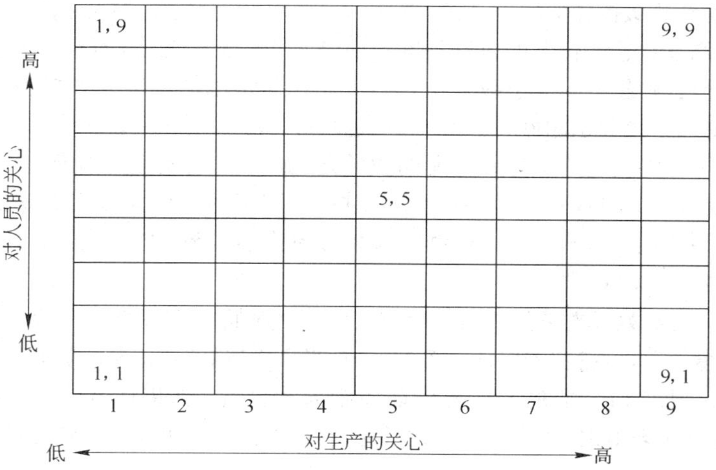

图 7-2　领导的方格图

类型、企业环境等因素综合权衡，选择一种有效的领导方式。

(1,9)型的领导方式适用于一些经验丰富的老员工，他们工作熟练程度很高，而且，他们往往对组织有着深厚的感情和高度的责任心，所以，在工作任务上，领导者完全可以放手让他们去做，但是必须在情感上给予更多的尊重、关心和满足。

(9,1)型的领导方式往往适用于一些组织新成员。组织急需他们在业务能力上的提升和突破，因此在业务训练上，一定要严格要求，有时候甚至必须“不近人情”。但是，只有这样，才能训练出一支有素养、有纪律、业务能力强的队伍。请思考一下我们的军队是如何锻造出“钢铁长城”的吧。

同样的，在美国硅谷和我国北京中关村有一些编程“神童”。对他们的管理需要更高的要求，领导者既不能在工作上提出要求，否则会被认为“不信任”，也不能表现出“过分的关心”，否则会被认为是干涉了“私人空间”。这时候，往往(1,1)型的管理才能起到预期的效果。

(9,9)型的领导方式在很多场合都会被宣扬为“有效”的管理方式，但事实上，在前面三种情况出现时，(9,9)型的领导方式却不会发挥出显而易见的作用。

7.1.8　菲德勒权变理论

权变领导理论认为，不存在一种“普遍适用”的领导方式或领导风格，领导工作强烈地受到领导者所处的客观环境的影响。或者说，领导者和领导方式是某种既定环境的产物，即

$$S = F(L, F, E)$$

在上式中，S 代表领导方式，L 代表领导者特征，F 代表追随者的特征，E 代表环境。即领导方式是领导者特征、追随者特征和环境的函数。

领导者的特征主要是指领导者的个人品质、价值观和工作经历。追随者的特征主要指追随者的个人品质、价值观和工作能力等。环境主要指工作特征、组织特征、社会状况、文化影响、心理因素等。工作是具有创造性还是简单重复，组织的规章制度是比较严密还是宽松，社会时尚是倾向于追随服从还是推崇个人能力等，都会对领导方式产生强烈影响。

菲德勒的领导权变理论是比较有代表性的一种权变理论。该理论认为各种领导方式都可能在一定环境内有效，这种环境是多种外部与内部因素的综合作用体。

菲德勒将权变理论具体化为三个方面，即职位权力、任务结构和上下级关系。所谓职位权力是指领导者所处的职位具有的权威和权力的大小，或者说领导的法定权、惩罚权、奖励权的大小。

权力越大，群体成员遵从指导的程度越高，领导的环境也就越好；反之，则越差。任务结构是指任务的明确程度和部下对这些任务的负责程度。如果这些任务越明确，而且部下责任心越强，则领导的环境越好；反之，则越差。上下级关系是指下属乐于追随的程度。如果下级对上级越尊重，并且乐于追随，则上下级关系越好，领导的环境也越好；反之，则越差。

菲德勒设计了一种问卷来测定领导者的领导方式。该问卷的主要内容是询问领导者对最不与自己合作的同事(LPC)的评价。如果领导者对这种同事的评价大多用敌意的词语，则该领导趋向于工作任务型的领导方式(低 LPC 型)；如果评价大多用善意的词语，则该领导趋向于人际关系型的领导方式(高 LPC 型)。

菲德勒认为环境的好坏对领导的目标有重大影响。对低 LPC 型领导来说，比较重视工作任务的完成。如果环境较差，他将首先保证任务的完成；当环境较好时，任务能够完成，这时他的目标将是搞好人际关系。对高 LPC 型领导来说，比较重视人际关系。如果环境较差，他将首先将人际关系放在首位；如果环境较好时，人际关系也比较融洽，这时他将追求完成工作任务。如图7-3所示。

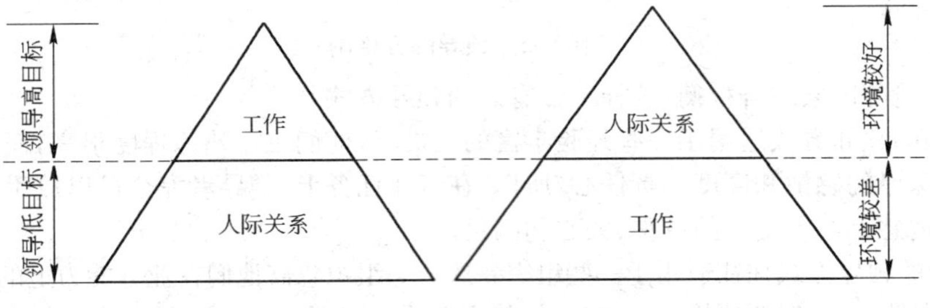

图 7-3 领导目标与环境关系示意图

菲德勒对 1200 个团体进行抽样调查，得出结论，如表 7-3 所示。

从表中可以看出，领导环境决定了领导的方式。在环境较好的Ⅰ、Ⅱ、Ⅲ和环境较差的Ⅶ、Ⅷ情况下，采用低 LPC 领导方式，即工作任务型的领导方式比较有效。在环境中等的Ⅳ、Ⅴ和Ⅵ情况下，采用高 LPC 领导方式比较有效，即人际关系型的领导方式比较有效。

表 7-3 菲德勒模型

人际关系	好 好 好	好 差 差	差 差
工作结构	简单 简单 复杂	复杂 简单 简单	复杂 复杂
职位权力	强 弱 弱	弱 强 强	强 弱
环 境	Ⅰ Ⅱ Ⅲ	Ⅳ Ⅴ Ⅵ	Ⅶ Ⅷ
领导目标	高	不明确	低
低 LPC 领导	人际关系	不明确	工作
高 LPC 领导	工作	不明确	人际关系
最有效方式	低 LPC	高 LPC	低 LPC

7.1.9 路径—目标理论

领导方式的路径—目标理论是权变理论的一种，由多伦多大学的组织行为学教授罗伯特·豪斯提出。

该理论认为，领导者的工作是帮助下属达到他们的目标，并提供必要的指导和支持以确保各自的目标与群体或组织的总体目标相一致。“路径—目标”的概念来自于这种信念，即有效领导者通过明确指明实现工作目标的途径来帮助下属，并为下属清理各项障碍和危险，从而使下属的这一履行更为容易。

按照路径—目标理论，领导者的行为被下属接受的程度，取决于下属是将这种行为视为获得满足的即时源泉，还是作为未来获得满足的手段。领导者行为的激励作用在于：

(1)它使下属的需要满足与有效的工作绩效联系在一起；

(2)它提供了有效的工作绩效所必须的辅导、指导、支持和奖励。

为了考察这些方面，豪斯确定了四种领导行为：

(1)指导型领导。领导者对下属需要完成的任务进行说明，包括对他们有什么希望，如何完成任务，完成任务的时间限制等。指导型领导者能为下属制定出明确的工作标准，并将规章制度向下属讲得清清楚楚。

(2)支持型领导。领导者对下属的态度是友好的、可接近的，他们关注下属的福利和需要，平等地对待下属，尊重下属的地位，能够对下属表现出充分的关心和理解，在下属有需要时能够真诚帮助。

(3)参与型领导。领导者邀请下属一起参与决策。这种领导者能同下属一道进行工作探讨，征求他们的想法和意见，将他们的建议融入到团体或组织将要执行的那些决策中去。

(4)成就取向型领导。这种领导者为下属制定的工作标准很高，下属寻求工作的不断改进。除了对下属期望很高外，成就导向型领导者还非常信任下属有能力制定并完成具有挑战性的目标。在现实中究竟采用哪种领导方式，要根据下属特性、环境变量、领导活动结果的不同因素，以权变观念求得同领导方式的恰当配合。

路径—目标理论提出了两类情景变量作为领导行为—结果关系的中间变量，即环境因素(任务结构、正式权力系统和工作群体)和下属的个人特点(控制点、经验和知觉能力)。控制点是指个体对环境变化影响自身行为的认知程度。根据这种认识程度的大小，控制点分为内向控制点和外向控制点两种。内向控制点是说明个体充分相信自我行为主导未来而不是环境控制未来的观念，外向控制点则是说明个体把自我行为的结果归于环境影响。因此，下属分为内向控制点和外向控制点两种类型。环境因素和下属个人特点决定着领导行为类型的选择。这一理论指出，当环境因素与领导者行为相比重复或领导者行为与下属特点不一致时，效果皆不佳。

以下是路径—目标理论引申出的一些假设范例：

(1)相对于具有高度结构化和安排完好的任务来说，当任务不明或压力过大时，指导型领导产生更高的满意度。

(2)当下属执行结构化任务时，支持型领导导致员工高绩效和高满意度。

(3)指导型领导不太适合于知觉能力强或经验丰富的下属。

(4)组织中的正式权力关系越明确、越层级化，领导者越应表现出支持性行为，降低指导性行为。

(5)内向性控制点的下属，比较满意于指导性风格。

(6)当任务结构不清时，成就导向型领导将会提高下属的努力水平，从而达到高绩效的预期。

7.2　激励

本节将要讨论有关员工激励的理论和模型。首先，我们将要学习几种有关激励的观点，并介绍员工需要模型和与激励有关的过程。然后，我们将要分析工作设计——改变工作结构本身——如何影响员工满意度和生产效率这一问题。最后，我们将探讨员工授权的发展趋势，授权就是为了提高员工的激励水平而授予下属职权和决策权。

7.2.1 激励的概念

我们大多数人每天早晨起床，去上学或者上班，并按我们预定的方式去做事。我们对我们周围的人和事做出反应，但却几乎从来没有考虑过，我们为什么要努力工作，为什么要喜欢某些阶层的人，为什么会发现某些娱乐活动是如此有趣等。实际上，我们之所以做这些事情，是因为某种激励因素的存在。激励指的是存在于人的内部或者外部、能唤起我们的热情和耐心去执行某一行动的力量。员工的激励水平会影响到生产率的高低。管理者的一部分工作职责就是，通过激励手段去激发员工为实现组织目标而努力工作。对激励的研究可以帮助管理者们理解，是什么因素促使员工主动采取行动，影响行动选择的因素有哪些，以及员工为什么会持续坚持采取某种行动。

图 7-4 是一个简单的激励模型。人类有一些基本的需要，例如饮食、成就、金钱等，这些因素会转化成为内在压力，驱使人们采取某些具体行动去满足这些需要。行为取得了多大的成功，人们就能够得到多大的奖赏，以说明需要在多大程度上得到了满足。这种奖赏同时也告诉人们，该种行为方式是恰当的，以后还可以继续重复。

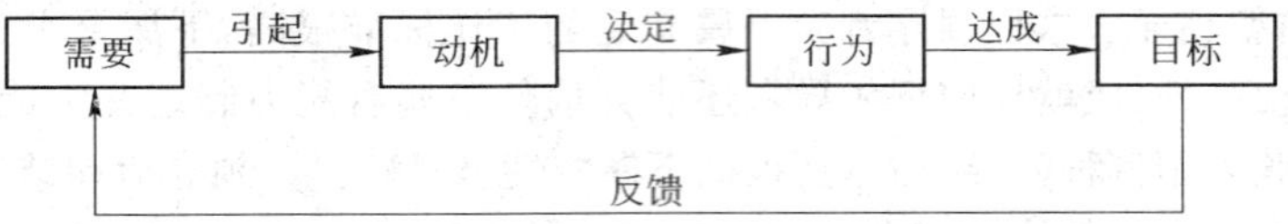

图 7-4 需要、动机与行为的关系图

奖励可以分为内在奖励和外在奖励两种类型。内在奖励是指人在完成某个特定行为的过程中所获得的满足感。完成一个艰巨的任务可以使人体验到一种成就感，解决某个有益于他人的问题也会让人有一种完成个人使命之感。外在奖励是由管理者给予的奖励，包括提升和加薪。外在奖励来自于外部。尽管外在激励也是很重要的，但是，优秀的管理者努力帮助人们实现内在激励。现在，管理者们发现，仅仅通过金钱和福利待遇，甚至包括表扬和荣誉这些手段，很难激励那些最有才干的创新性员工。相反，他们追求的是来自工作中的满足感。

如图 7-4 所示，激励的重要性表现在，它能够激发导致高绩效水平的行为。最近一项研究发现，高水平的员工激励是和组织的良好绩效及丰厚利润相伴而生的。管理者可以运用激励理论来帮助满足员工的需要，同时也鼓励员工高质量地完成工作。招聘并留住有才能的员工将是一个更加严峻的挑战，因为员工对组织的信任度和忠诚度都削弱了。管理者必须努力寻求将激励与奖励结合起来的方法，以保证员工们在各种各样的组织环境中都能够做到工作愉快并保持高的劳动生产效率。

7.2.2 激励的基础

管理人员关于员工激励方法以及怎样运用奖励手段的观点取决于他或者她对激励的看法。关于员工激励的理论有 4 种：传统理论、人际关系理论、人力资源理论和当代理论。

7.2.2.1 传统理论

关于员工激励的理论最早是由科学管理的鼻祖弗雷德里克·泰勒提出的。我们知道，科学管理是为了提高员工的劳动生产率而对工作进行系统的分析。并给予绩效水平高的员工以奖励。对工资待遇的强调就引发出了“经济人”的概念——人们之所以更加努力地工作，那是为了获取更多的劳动报酬。这种激励方法也导致了人们去完善绩效工资系统，即严格根据劳动产出的数量和质量来支付员工的工资。

7.2.2.2 人际关系理论

随着管理理论的发展,“经济人”思想逐渐被“社会人”的思想所取代。从在西方电气工厂进行的具有划时代意义的霍桑试验开始,对工作行为的激励因素来说,非经济因素(例如能够满足社交需要的情趣相投的工作小组)似乎比金钱更重要。这是有史以来第一次把员工当做人来研究,因而萌发了“社会人”的概念。

7.2.2.3 人力资源理论

人力资源理论进一步推进了“经济人”和“社会人”的思想,提出了“全面人”的观念。人力资源理论认为,人是复杂的动物,可从许多方面进行激励。通过假设员工有能力并且能做出重大的贡献,管理者就可以提高组织的绩效。人力资源理论为当代员工激励方法打下了基础。

7.2.2.4 当代理论

关于员工激励,当前主要有3种理论,我们将在下面分别进行讨论。第一种是满足型激励理论,它强调对人类的潜在需要进行分析。该理论帮助我们了解组织内部人员的需要,并有助于管理者明白在工作场所如何满足人的需要。第二种是过程型激励理论,这是关于影响行为的思维过程的理论。这种理论主要说明员工如何在工作场所中寻求奖励。第三种是强化理论,它强调员工要学会合适的工作行为。

A 满足型激励理论

满足型激励理论强调被激励对象的需要。在任何时候,人们总有一些基本需要,比如饮食、成就或者金钱奖励等。这些需要会转化为内在动力,并激发人的某些特定行为,以满足这些需要。人的需要就如同一份看不见的清单,上面列举了人们既希望也愿意努力去获得的物品。根据管理者对员工需要的了解程度,组织就可以设计自己的奖励系统以满足这些需要,并指导员工优先考虑为实现组织目标而贡献自己的精力。

a 需要层次理论

需要层次理论是由亚伯拉罕·马斯洛提出来的。马斯洛的需要层次理论认为,人会受到多种需要的激励,人的需要是有层次的,如图7-5所示。马斯洛按照优先顺序将人的需要分为5大类:

(1)生理需要。生理需要是人类最基本的物质需要,包括食物、水、氧气等。在组织环境中,这些需要表现为对足够的热量、空气和基本工资的需要,以维持人的生存。

(2)安全需要。安全需要是指人们对安全的、有保障的物质环境和情感安全的需要以及人们不受威胁的需要,即不受暴力威胁及追求有序的社会环境的需要。在组织环境中,安全需要体现为人们对工作的安全性、额外福利和工作保障的需要。

(3)归属需要。归属需要反映了人们渴望被同事接受,享有友谊、成为团体的一部分、为人所爱的需要。在组织里,归属需要表现为人们希望与同事建立良好的人际关系、参与团队工作,与上级友好相处等。

(4)尊重需要。尊重需要是指人们需要树立良好的自我形象,并赢得他人的注意、认同和欣赏。在组织中,尊重需要体现为期望得到认同以及职责的扩大、地位的提高和因为对组织的贡献而获得荣誉。

(5)自我实现需要。自我实现需要是人类最高级的需要。它包括最大限度地发挥人的潜能,提高人的能力,成为更加优秀的人才。在组织里,满足自我实现需要有几种途径:为员工提供成长机会;给予员工以发挥创造力的机会;加强培训,以使人们能够承担有挑战性的工作任务和更好地适应新晋升的岗位。

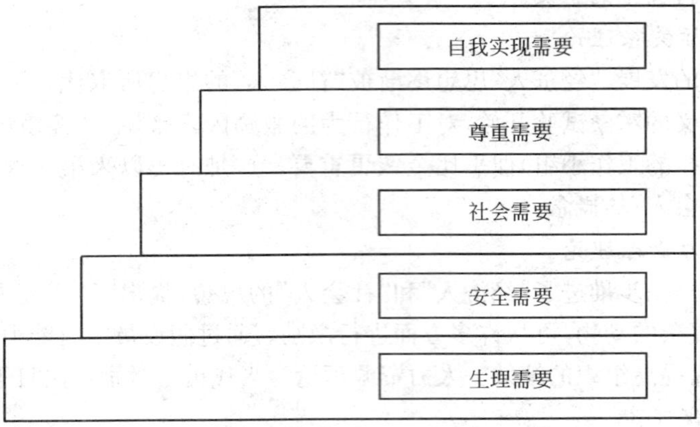

图 7-5 马斯洛的需要层次理论

根据马斯洛的理论，低层次的需要应首先得到满足——只有首先满足了这些低层次的需要，才有可能激发更高层次的需要。需要的满足应按顺序进行：生理需要先于安全需要，安全需要先于社会需要，依次类推，一个努力满足生理需要的人会致力于赢得一个更加安全的环境，但是他不会关注尊重需要或者自我实现需要。一旦某种需要得到了满足，这种需要的重要性就降低了，而下一个更高层次的需要将随之被激活。

b 双因素理论

美国的行为科学家弗雷德里克·赫茨伯格提出另外一个广受欢迎的理论，称为双因素理论。他对几百名员工进行了访谈，他们有时受到了高度的工作激励，有时却得不到任何激励，因而表现出不满意。结果发现，与工作不满意有关的因素完全不同于与工作满意相关的因素，这就引发了他的灵感——有两种因素同时影响着工作激励。

赫茨伯格认为，有两种完全不同的因素在影响着员工的工作行为。第一类因素称为保健因素，这些因素有的可能会导致员工感到不满，有些则不会，它们包括工作环境、工资薪水、公司政策、人际关系等。当保健因素不健全时，员工就会对工作产生不满。但是，良好的保健因素也仅仅是消除对工作的不满意情绪，它们本身并不能促使人们感到非常满意并进而对工作产生激励作用。

第二类因素会影响到工作的满意度，称之为激励因素，激励因素是高层次的需要，包括成就、赏识、责任和发展机会等。赫茨伯格认为，当缺乏激励因素时，员工对工作持无所谓的态度，但一旦具备了激励因素，员工则会感觉到强大的激励力量并产生对工作的满意度。因此，保健因素和激励因素代表着影响激励水平的两种截然不同的因素。保健因素只是与工作的不满意有关。例如，不安全或者嘈杂的工作环境会引起员工的不满，但解决了这些问题并不能使员工受到高度的激励进而产生满足感。而诸如挑战性的工作、责任感和被人赏识等激励因素使员工受到高度激励。

双因素理论对管理者的启示是显而易见的。一方面，提供保健因素能够消除员工的不满情绪，但不能激励人们达到更高的成就水平。另一方面，赏识、挑战性以及个人成长机会是强有力的激励因素，它们会提高员工的满意度和绩效水平。管理者的任务就是要消除员工的不满意因素，也就是说，要提供足以满足人的基本需要的保健因素，然后再运用激励因素来满足员工较高层次的需要，进而推动员工达到更好的成就水平，同时获得更大程度的满足感。

c 成就需要理论

成就需要理论是由美国大卫·麦克利兰提出的。成就需要理论认为，在人的一生中，有些需要是靠后天获得的。换句话说，人们不是生来就有这些需要的，而是在其生活实践中不断学会的。有三种需要研究最多，它们是：

(1)成就需要。这是想要完成某些困难的事情、获得成功、掌握复杂的技能和超越他人的欲望。

(2)归属需要。这是想要建立亲密的人际关系，避免冲突的欲望。

(3)权力需要。这是想要影响或者控制他人、对他人行使职权的欲望。

早期的生活经历决定了人们对这些需要的态度。如果一个人在儿童时代就被鼓励自己动手做力所能及的事情，并且让他接受强化培训，他就会获得实现某种成就的需要；如果强化他建立和谐的人际关系的能力，那他就会发展归属需要。假使他从小就从控制他人中体验到满足感，那他就会获得权力需要。例如，通用电气公司前任首席执行官杰克韦尔奇就曾经赞扬他的母亲培养了他的远大抱负和成就动机。

在二十多年的时间里，麦克利兰研究了人类的需要及其对管理的意义。一方面，那些成就需要水平高的人往往是企业家。他们喜欢超越竞争对手并具有冒险精神。另一方面，有强烈归属需要的人一般说是成功的"人际关系协调者"，他们的工作职责就是协调一个组织内部几个部门之间的工作。

对权力的强烈需要总是与在组织内部成功地获得很高的地位联系在一起。例如，麦克利兰对美国电话电报公司的管理者们进行了长达16年的研究，结果发现，随着时间的推移，权欲极强的人更有可能不断获得晋升，超过一半的高级职员对权力有着强烈的需要。相比之下，成就需要高但权力需要低的管理者一般在他们职业生涯的早期便达到事业的顶峰，但却处于较低的管理层次。其原因在于，成就需要可以通过工作任务本身来满足，但是，权力需要只能通过爬升到高层，享有指挥他人的权力来实现。

d X理论和Y理论

X理论和Y理论是关于人性的问题，由美国管理心理学家道格拉斯·麦格雷戈总结提出。管理者关于人性的观点是建立在一些假设基础上的，管理者正是根据这些假设来塑造激励下属的行为方式。管理者对人性的假设有两种对立的基本观点：一种是基本上消极的X理论；另一种是基本上积极的Y理论。

(1)X理论。X理论内容有：

1)人类本性懒惰，厌恶工作，尽可能逃避；绝大多数人没有雄心壮志，怕负责任，宁可被领导；

2)多数人必须用强制办法乃至惩罚、威胁，使他们为达到组织目标而努力工作；

3)激励只在生理和安全需要层次上起作用；

4)绝大多数人只有极少的创造力。

(2)Y理论。Y理论内容有：

1)员工并非好逸恶劳，而是自觉勤奋，喜欢工作；

2)员工有很强的自我控制能力，在工作中执行完成任务的承诺；

3)一般而言，每个人不仅能够承担责任，而且还主动寻求承担责任；

4)绝大多数人都具有做出正确决策的能力。

麦格雷戈本人认为，Y理论的假设比X理论更实际有效，因此他建议让员工参与决策，为员工提供富有挑战性和责任感的工作，建立良好的群体关系，有助于调动员工的工作积极性。

B 过程型激励理论

过程型激励理论解释了员工如何选择其行为方式以满足他们的需要，并判定他们的选择是否成功。有两种基本的过程型激励理论：公平理论和期望理论。

a 公平理论

公平理论又称社会比较理论，它是美国行为科学家亚当斯(J. S. Adams)在《工人关于工资不公平的内心冲突同其生产率的关系》(1962，与罗森鲍姆合写)、《工资不公平对工作质量的影响》(1964，与雅各布森合写)、《社会交换中的不公平》(1965)等著作中提出来的一种激励理论。该理论侧重于研究工资报酬分配的合理性、公平性及其对员工生产积极性的影响。

公平理论的基本观点是：当一个人做出了成绩并取得了报酬以后，他不仅关心自己所得报酬的绝对量，而且关心自己所得报酬的相对量。因此，他要进行种种比较来确定自己所获报酬是否合理，比较的结果将直接影响今后工作的积极性。

一种比较称为横向比较，即他要将自己获得的“报偿”(包括金钱、工作安排以及获得的赏识等)与自己的“投入”(包括教育程度、所作努力、用于工作的时间、精力和其他无形损耗等)的比值与组织内其他人作社会比较，只有相等时，他才认为公平，如下式所示：

$$\frac{Op}{Ip}=\frac{O_c}{I_c}$$

式中 Op——自己对所获报酬的感觉；
O_c——自己对他人所获报酬的感觉；
Ip——自己对个人所作投入的感觉；
I_c——自己对他人所作投入的感觉。

当上式为不等式时，可能出现以下两种情况：

(1)$\frac{Op}{Ip}<\frac{O_c}{I_c}$。在这种情况下，他可能要求增加自己的收入或减小自己今后的努力程度，以便使左方增大，趋于相等；第二种办法是他可能要求组织减少比较对象的收入或者让其今后增大努力程度以便使右方减小，趋于相等。此外，他还可能另外找人作为比较对象，以便达到心理上的平衡。

(2)$\frac{Op}{Ip}>\frac{O_c}{I_c}$。在这种情况下，他可能要求减少自己的报酬或在开始时自动多做些工作，但久而久之，他会重新估计自己的技术和工作情况，终于觉得他确实应当得到那么高的待遇，于是产量便又会回到过去的水平了。

除了横向比较之外，人们也经常做纵向比较，即把自己目前投入的努力与目前所获得报偿的比值，同自己过去投入的努力与过去所获报偿的比值进行比较。只有相等时他才认为公平，如下式所示：

$$\frac{Op}{Ip}=\frac{O_h}{I_h}$$

式中 Op——自己对现在所获报酬的感觉；
O_h——自己对过去所获报酬的感觉；
Ip——自己对个人现在投入的感觉；
I_h——自己对个人过去投入的感觉。

当上式为不等式时，也可能出现以下两种情况：

(1)$\frac{Op}{Ip}<\frac{O_h}{I_h}$。当出现这种情况时，人也会有不公平的感觉，这可能导致工作积极性下降。

(2)$\frac{Op}{Ip}>\frac{O_h}{I_h}$。当出现这种情况时，人不会因此产生不公平的感觉，但也不会觉得自己多拿了报偿，从而主动多做些工作。

调查和试验的结果表明，不公平感的产生，绝大多数是由于经过比较认为自己目前的报酬过低而产生的；但在少数情况下，也会由于经过比较认为自己的报酬过高而产生。

公平理论提出的基本观点是客观存在的，但公平本身却是一个相当复杂的问题，这主要是由于下面几个原因：

第一，它与个人的主观判断有关。上面公式中无论是自己的或他人的投入和报偿都是个人感觉，而一般人总是对自己的投入估计过高，对别人的投入估计过低。

第二，它与个人所持的公平标准有关。上面的公平标准是采取贡献率，也有采取需要率、平均率的。例如有人认为助学金应改为奖学金才合理，有人认为应平均分配才公平，也有人认为按经济困难程度分配才适当。

第三，它与绩效的评定有关。按绩效付报酬，并且各人之间应相对均衡。但如何评定绩效？是以工作成果的数量和质量，还是按工作中的努力程度和付出的劳动量？是按工作的复杂、困难程度，还是按工作能力、技能、资历和学历？不同的评定办法会得到不同的结果。最好是按工作成果的数量和质量，用明确、客观、易于核实的标准来度量，但这在实际工作中往往难以做到，有时不得不采用其他的方法。

第四，它与评定人有关。绩效由谁来评定，是领导者评定还是群众评定或自我评定，不同的评定人会得出不同的结果。由于同一组织内往往不是由同一个人评定，因此会出现松紧不一、回避矛盾、姑息迁就、抱有成见等现象。

然而，公平理论对我们有着重要的启示：首先，影响激励效果的不仅有报酬的绝对值，还有报酬相对值。其次，激励时应力求公平，使等式在客观上成立，尽管有主观判断的误差，也不致造成严重的不公平感。最后，在激励过程中应注意对被激励者公平心理的引导，使其树立正确的公平观，一是要认识到绝对的公平是不存在的，二是不要盲目攀比，三是不要按劳付酬，按劳付酬是在公平问题上造成恶性循环的主要杀手。

为了避免职工产生不公平的感觉，企业往往采取各种手段，在企业中造成一种公平合理的气氛，使员工产生一种主观上的公平感。如有的企业采用保密工资的办法，使职工相互不了解彼此的收支比率，以免职工互相比较而产生不公平感。

精明的管理者努力为员工们创造一种公平感，以使其下属持续受到激励。

b　期望理论

相比较而言，对激励问题进行比较全面研究的是激励过程的期望理论。这一理论主要由美国心理学家维克多·弗罗姆在20世纪60年代中期提出并形成。期望理论认为只有当人们预期到某一行为能给个人带来好的结果时，个人才会采取特定的行为。他对于组织通常出现的这样一种情况给予了解释，即面对同一种需要以及满足同一种需要的活动，为什么有的人情绪高昂，而另一些人却无动于衷呢？有效的激励取决于个体对完成工作任务以及接受预期奖赏的能力的期望。

根据这一理论的研究，员工对待工作的态度依赖于对下列三种联系的判断：

(1)努力—绩效的联系。员工感觉到通过一定程度的努力而达到工作绩效的可能性。如需要付出多大努力才能达到某一绩效水平？我是否真能达到这一绩效水平？概率有多大？

(2)绩效—奖赏的联系。员工对于达到一定工作绩效后即可获得理想的奖赏结果的信任程度。如当我达到这一绩效水平后，会得到什么奖赏？

(3)奖赏—个人目标的联系。如果工作完成，员工所获得的潜在结果或奖赏对他的重要性程度。如这一奖赏能否满足个人目标？吸引力有多大？

在这三种关系的基础上，员工在工作中的积极性或努力程度(激励力)是效价和期望值的乘积，即：

$$M = V \times E$$

式中，M 表示激励力，V 表示效价，E 表示期望值。

所谓的期望值是指人们对自己能够顺利完成某项工作可能性估计，即对工作目标能够实现概率的估计；效价是指一个人对这项工作及其结果（可能实现的目标）能够给自己带来满足程度的评价，即对工作目标有用性（价值）的评价。

效价和期望值的不同结合，会产生不同的激发力量，一般存在以下几种情况：

高 $E \times$ 高 $V =$ 高 M

中 $E \times$ 中 $V =$ 中 M

低 $E \times$ 低 $V =$ 低 M

高 $E \times$ 低 $V =$ 低 M

低 $E \times$ 高 $V =$ 低 M

这表明，组织管理要收到预期的激励效果，要以激励手段的效价（能使激励对象带来的满足）和激励对象获得这种满足的期望值都同时足够高为前提。只要效价和期望值中有一项的值较低，都难以使激励对象在工作岗位上表现出足够的积极性。

期望理论的基础是自我利益，它认为每一员工都在寻找获得最大的自我满足。期望理论的核心是双向期望，管理者期望员工的行为，员工期望管理者的奖赏。期望理论的假说是管理者知道什么对员工最有吸引力。期望理论的员工判断依据是员工个人的知觉，而与实际情况关系不大。不管实际情况如何，只要员工以自己的知觉确认自己经过努力工作就能达到所要求的绩效，达到绩效后就能得到具有吸引力的奖赏，他就会努力工作。因此，期望理论的关键是，正确识别个人目标和判断三种联系，即努力与绩效的联系、绩效与奖励的联系、奖励与个人目标的联系。

激励过程的期望理论对管理者的启示是，管理者的职责就是帮助员工在满足自我需要的同时实现组织的目标。管理者必须尽力发现员工在技能和能力方面与工作需求之间的对称性。为了提高激励，管理者可以明确员工个体的需要，界定组织提供的结果，并确保每一位员工有能力和条件（时间与设备）得到这些结果。

C　激励的强化理论

关于员工激励的强化理论回避了满足型激励理论与过程型激励理论中所提到的激励的内容与过程等问题。激励的强化理论只研究员工的行为与其结果之间的关系，它强调通过适当运用及时奖励与惩罚来改变或者规范员工的工作行为。

（1）正强化。所谓正强化，就是奖励那些符合组织目标的行为，以便使这些行为得到进一步加强，从而有利于组织目标的实现。例如，如果员工准时上班或者多做了一些分外工作，管理者就马上给予表扬，这就是正强化。正强化的刺激物不仅包括奖金等物质奖励，还包括表扬、提升、改善工作关系等精神奖励。为了使强化达到预期的效果，还必须注意实施不同的强化方式。有的正强化是连续的、固定的正强化，如对每一次符合组织目标的行为都给予强化，或每隔一个固定的时间都给予一定数量的强化。尽管这种强化有及时刺激、立竿见影的效果，但久而久之，人们就会对这种正强化有越来越高的期望，或者认为这种正强化是理所应当的。管理者只有不断加强这种正强化，否则其作用会减弱甚至不再起到刺激行为的作用。另一种正强化的方式是间断的、时间和数量都不固定的正强化，管理者根据组织的需要和个人行为在工作中的反映，不定期、不定量实施强化，使每次强化都能起到较大的效果。

（2）负强化。所谓负强化，就是惩罚那些不符合组织目标的行为，以使这些行为削弱甚至消失，从而保证组织目标的实现不受干扰。实际上，不进行正强化也是一种负强化，如过去对某种行为进行正强化，现在组织不再需要这种行为，但这种行为并不妨碍组织目标的实现，这时就可以取消正强化，使行为减少或者不再重复出现。同样，负强化也包含减少奖酬或者罚款、批评、降级等。实施负强化的方式与正强化有所差异，应以连续负强化为主，即对每一次不符合组织的行为都应及时予以负强化，消除人们的侥幸心理，减少这种行为不再重复出现的可能性。

7.2.3 员工激励的一般原则和方法

7.2.3.1 员工激励的原则

根据心理学家赫茨伯格提出的“双因素论”，要调动员工的积极性，首先要发挥保健因素的作用，使员工不致产生不满情绪，保持其积极性，但这只是一种预防性的维持因素，仅有保健因素是远远不够的。更重要的是要利用好激励因素，充分激发员工的主动精神，增强员工的责任感、成就感和进取心，最大限度地发挥员工的潜能，提高员工工作效率和创造力。如果每位员工心底都有一个强大的动力推动其创造最佳的业绩，那么管理者也就不必为战略、目标过多地担心了。

激励的作用是巨大的。美国哈佛大学教授詹姆士曾在一篇研究报告中指出：实行计时工资的员工仅发挥其能力的20%～30%，而在受到充分激励时，可发挥至80%～90%。

激励的一个基本前提是承认员工是企业价值的主要创造者，因此，首先应肯定员工及其工作的价值。每个人都有一定的能力，只是能力表现的形式不同。重视员工，发现员工的能力，合理地使用员工，使其充分发挥才能，对员工来说本身就是一种有效的激励。

(1)目标结合原则。激励往往和目标联系在一起，因此，应选择合理的目标及尽可能准确、明确的绩效衡量标准。目标既不能过高，也不能过低。过高使员工的期望值降低，影响积极性，过低则会使目标的激励效果下降。

(2)按需激励的原则。要实施有效的激励，还应充分了解员工的需要，按需要去激励。美国人本主义心理学家马斯洛需求层次理论指出，在低层次的需求得到相对满足之后，就会产生更高层次的需求，只有未满足的需求才能影响行为。也就是说，只有当激励措施能满足被激励者一定的需求时，才能起到激励的作用。显然，单一的激励形式无法迎合所有人的胃口，对于处于不同需求层次的人，应该使用不同的激励手段。而且，同样成本下不同的激励方式对人的激励程度也是有差别的。因此，管理者必须努力与员工共同去发现其最大的激励因素：是物质奖励、培训、发展机会、良好的工作氛围，还是其他的什么回报。许多公司都在尝试使用奖励包的形式，从而使应该获得奖励的员工有一定选择的空间。

激励要适度，过强的激励不仅会提高激励的成本，同时引发不道德行为的可能性也会大大提高；过弱的激励则难以起到应有的效果，特别是目标定得比较高时。

(3)民主公正的原则。激励应坚持公开公平公正的原则，但切忌平均。公开是公平公正的基础，公开的核心是信息的公开，包括制度、程序及结果的公开。公平公正一方面意味着所有相关员工在激励面前享有平等的权利和义务，另一方面也意味着奖励的程度与价值贡献度对等。公平公正必然导致价值分配实际上的不平均，而这种不平均正好体现了制度和程序的公平公正。有些管理者愿做“老好人”，幻想皆大欢喜，追求成果分享的平均主义，这是一种实质上的不公平，得不到很好的激励效果，而且可能产生负作用，打击优秀员工的积极性。

要取得好的激励效果，还应注重激励的层次设计。有些管理者强调明星、英雄，对他们采取超强激励，而对其他绩效表现不错的员工视而不见，这种做法往往会助长个人英雄主义，也会引发或加剧员工之间的矛盾，无助于团队的建立。当你给超额完成目标的员工奖励欧洲旅游时，建议你同时也对那些经过努力百分之百完成目标的员工国内旅游的奖励。

(4)物质激励与精神激励相结合的原则。物质激励是激励的一般模式，也是目前使用最为普遍的一种激励模式。涨薪、年终分红、各种奖金、股权及福利奖励等都是物质奖励的常用方式。与物质激励相比，精神激励满足的主要是员工的精神需求。在实际工作中，无论员工处于哪一层次，也无论其他需求有何差异，希望得到别人尊重和认同的需求是每一个人都有的。精神激励相对而言不仅成本较低，而且常常能取得物质激励难以达到的效果。将精神激励和物质激励组合使用，可以大大激发员工的成就感、自豪感，使激励效果倍增。以下是许多企业经常使用、并被证明能收到良好效果的激励方式，对你也许有些借鉴作用。

7.2.3.2 *激励的方法*

在激励理论的指导下，领导者需要选择有效的激励方法，提高员工接受和执行目标的自觉程度，激发被领导者实现组织目标的热情，最终达到提高员工行为效率的目的。

常用的激励方法可以归纳为如下几种：

(1)成果分享。与员工分享成果体现了管理者对员工工作及其创造价值的肯定与赞赏。例如：卓联是一家规模不大的高科技公司，每当项目结束或春节，公司总经理总要和所有员工一起庆祝，分享劳动成果，他向每一位员工敬酒，向他们表示感谢。

(2)培训机会。给予培训和提高的机会不仅是对优秀员工的一种肯定和奖励，对公司来说同时也是一项有价值的投资。

(3)富有挑战性的工作，包括轮岗与晋升。日本著名企业家稻山嘉宽在解释“工作的报酬是什么”时，指出“工作的报酬就是工作本身”，这表明工作本身是具有激励作用的。

(4)授权激励。人人都想实现自我价值，授权体现了管理者对员工的信任和能力的肯定。

(5)荣誉激励。荣誉反映了企业对团队和个人贡献的充分肯定和高度评价，是满足员工自尊需要的重要激励手段。

(6)赞扬激励。荣誉激励的一种形式。多赞扬，哪怕是员工小小的贡献或进步。赞扬一定要真诚，要让员工感受到重视、尊重和自豪。表扬几乎不需要任何成本，但效用却很大。

(7)目标激励。目标激励就是通过设定适当的目标，诱发人的动机和行为，达到调动人的积极性的目的。

(8)参与激励。一般而言，员工对于参与自己的利益和行为有关的讨论有较大的兴趣。通过参与，可培养员工对企业的使命感、归属感和认同感，满足其自尊和自我实现的需要。

(9)危机激励。20世纪60年代末，日本佳能与卡西欧在小型计算器市场的竞争中连连失利，加上第一次石油危机的打击，佳能出现巨额赤字，濒临倒闭。如何挽救颓势？董事会最后决定：将危机告诉全体员工，让他们知道企业的真实处境，激起他们的危机感，振奋起背水一战的士气，这种危机感将创造出平时不可能产生的智慧和工作效率。员工提出了许多有创意的新建议、新方案，公司在此基础上提出了著名的“优良企业设想”，这一设想在改革生产和科研体制方面发挥了巨大作用，同时极大地提高了员工的积极性，使佳能获得巨大成功，在六年内走向世界。

7.3 沟通

为了与员工和顾客保持经常联系并确定公司未来的发展方向，管理者必须非常擅长人际沟通。

本章解释了如何使管理者成为非常有效的沟通者。首先，我们将分析管理者的工作职责对沟通的要求并介绍沟通过程模型。然后，我们要讨论沟通的人际因素，包括沟通渠道，再分析影响管理者的沟通能力的因素。接着，我们会把组织视为一个整体，分析正式的上行沟通、下行沟通和非正式沟通。最后，我们将探讨沟通的障碍以及管理者如何克服这些障碍。

沟通究竟有多重要？请记住：管理者每个工作日至少要花80%的时间与他人进行直接沟通。换句话说，他们每小时中都有48分钟是花在开会、打电话、在线交流或者一边散步一边进行非正式交谈上。管理者另外20%的时间一般是花在处理文字性材料工作上，但该工作的大部分实际上仍然还是以阅读和写作的方式进行的沟通。图7-6说明了管理者在信息网络中的关键地位。管理者从组织内外收集信息，然后把适当的信息发送给需要的人员。

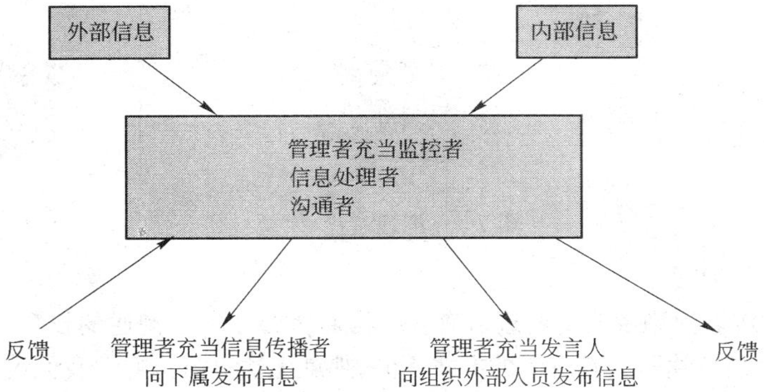

图7-6 管理者是信息神经中枢

沟通渗透在每一个管理职能之中。例如，当管理者履行计划职能时，他们要收集信息，写信函、备忘录和报告，然后会见其他管理者并向他们解释该计划。管理者执行领导职能时，他们要相互沟通以就组织未来的愿景达成共识，并激励员工为实现组织目标而努力工作。当管理者开展组织工作时，他们要收集有关组织状况的信息，并向其他人员传达新的组织结构情况。

7.3.1 什么是沟通

沟通是指两个或者两个以上的人交流并理解信息的过程，其目的常常是为了激励或者影响人的行为。沟通并不只是传达信息，管理沟通是包括倾听和其他反馈形式的双向式沟通。

正是相互理解的愿望激励着高级管理人员到车间去看望员工、举行小型的非正式会议或者在公司的自助餐厅里与员工共同进餐。管理者在与员工们的直接沟通中了解到的情况可以帮助他们更好地了解公司。

7.3.2 沟通过程

许多人认为沟通非常容易，因为他们自己未经有意识的思考或者努力就成功实现了沟通。事实上，沟通是很复杂的，发送或者接收错误信息的机会也是不计其数的。

为了更全面地了解沟通过程的复杂性，请注意图7-7所列出的关键要素。任何一个沟通过程都有两个要素：信息发送者与信息接收者。信息发送者是指某个希望将其思想或者观念传达给另一方、寻找信息或者表达思想感情的人。接收者是指信息要送达的对象。发送者通过信号将信息进行编码并最终形成消息。消息是送达接收者那里的信息的一种有形表达方式。消息是通过渠道来传送的，渠道是沟通的载体。渠道可以是正式的书面报告、电话、电子邮件信息或者面谈。接收者将所收到的信息进行解码以了解该信息的内涵。编码和解码是产生沟通错误的潜在根源，因为知识、态度以及背景都会充当过滤器，而且，当我们解释信号的意义时，它们会发出“噪声”。最后，当信息接收者对信息发送者的信息做出反应时，就出现了反馈。没有反馈的沟通是单向式沟通，有了反馈的沟通才是双向式沟通。反馈是能够增强沟通效果的强有力因素，因为反馈能够使信息发送者判断信息接收者是否正确理解了信息的内容。

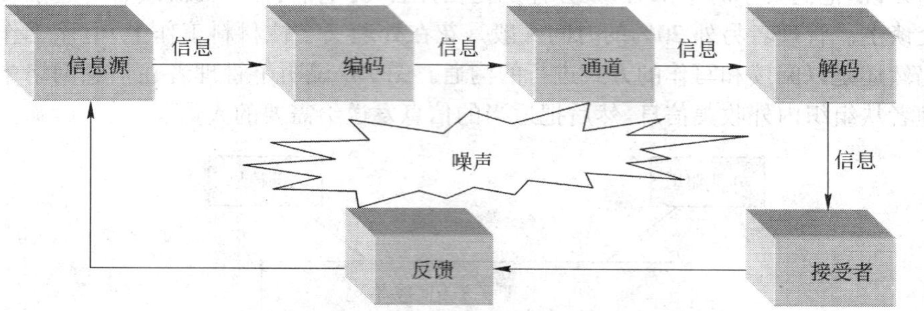

图 7-7 沟通过程(模型)

7.3.2.1 人际沟通

图 7-9 所示的沟通模型说明了要进行有效的沟通所必须掌握沟通的技巧。如果信息的发送者与接受者对信息进行编码或者解码的方式不同,那就无法进行沟通。我们大家都知道,要与不会讲我们的语言的人进行沟通是多么艰难。不过,沟通失败也常常出现在讲同一种语言的人员之间。导致沟通失败的原因很多。例如,沟通渠道的选择就可以决定信息是否会被噪声和干扰扭曲。双方的倾听技巧以及对非语言行为的关注可以决定信息是否被真正共享。因此,管理者如果要想成为有效的沟通者,就必须懂得:诸如沟通渠道、非语言行为以及倾听能力等人际因素都会加强或者削弱沟通的效果。

A 沟通渠道

管理者可以选择不同的渠道与其他的管理者或者员工进行沟通。管理者可以面对面讨论问题、打电话,发送电子邮件信息、写备忘录或信函,或者在时事通讯中讲述某件事情,具体沟通渠道的选择取决于问题的性质。

信息渠道的容量受 3 个方面的影响:

(1)同时处理多种信号的能力;

(2)促进快速、双向反馈的能力;

(3)建立个人沟通焦点的能力。

面谈渠道的信息量最大,因为面谈允许直接体验,多信息交流,及时反馈以及个体聚焦。面谈有助于对多种信号的同化和对沟通情境的深层次、情绪化的理解。

电子信息或者电子邮件日益被用来处理以前通过电话来处理的信息。俄亥俄州立大学的研究者们最近的一项研究发现,大约 1/2 的被访者说,自从他们开始使用电子邮件以来,他们的电话数量就减少了。然而,被访者也指出,他们喜欢用电话或者面谈的方式来传达尴尬的消息、提出建议或者表达感情。由于电子邮件信息既没有图像信号,也没有声音信号,所以信息有时会被误解。许多组织都已经意识到了沟通渠道多样化的必要性,因而使用通过互联网传输的交互式会议系统有时还增加视频功能,以提供图像信号。

沟通渠道传送的信息的种类和数量较低的是书面信函与备忘录。这些沟通方式可以聚焦于个体,但是它们传达的只是书写在纸面上的文字,而且反馈的速度也很缓慢。非个性化的书面载体的渠道信息量最低,它们包括传单、公告牌等。这些沟通渠道并不是聚焦于单一的信息接收者。它们使用为数有限的信息信号,信息接收者无法提供反馈。

很重要的是,管理者应该懂得每一种沟通渠道都有其优点与缺点,而且在适当的情况下每种沟通渠道都可能是有效的沟通方式。沟通渠道的选择取决于要传输的信息是例行公事的还是非常规的。

B 劝导与影响

沟通不仅是用来传达信息,而且还是用来说服和影响他人的。管理者运用沟通向员工兜售他们关于组织发展的愿景,并对员工施加影响,以使他们按照能够实现该愿景的方式来行动。虽然沟通技能对管理者来说总是很重要的,但是,劝导与影响他人的能力在今天比以往任何时候都显得更加重要。管理者抱着命令与控制的心态,告诉员工做什么和怎么做,这样的时代已经一去不复返了。

管理者通过注意他们在沟通时使用的语言和沟通渠道的选择就可以丰富自己的沟通经验。为了达到劝导与影响的目的,管理者通过使用语言符号、比喻以及故事来表达自己的意思,力求在感情上与他人沟通。

使用具有象征意义的标志和故事还可以帮助管理者以组织全体成员都能理解的方式弄清楚快速变化的环境的寓意。管理者通过激发下属人员的想象力来激励员工的变革行为。

C 非语言沟通

管理者还运用符号来沟通重要的内容。管理者是引人注目的,所以他们的行为、外表、动作和态度都具有象征意义,可以告诉其他人他们重视什么和他们对其他人有哪些期待。

非语言沟通是指通过人的动作和行为而非语言来传达信息的沟通方式。虽然大部分非语言沟通都是无意识的或者下意识的,但它反映了我们所接收或发送的大部分信息。语言本身几乎没有什么意义,这是令大多数管理者都吃惊不已的。我们对沟通的共识主要来自于人的面部表情、声音、风度、姿态和穿着等非语言信息。

非语言沟通主要是面对面发生的。一位研究人员发现,当我们进行面对面沟通时,有3种沟通信号源:语言,指实际说出的话语;声音,包括音高、声调以及声音的音质;面部表情。根据研究,3个要素在信息解释过程中的相对重要性如下:语言影响力为7%,声音影响力为38%,面部表情影响力为55%。

管理者的办公室布局常常也会发出强烈的非语言信息。例如,如果你的上司把你们的办公室座位作如此安排,那表示什么意思?

(1)她坐在办公桌后,而你坐在她对面一把直背椅子上;

(2)你们两个人都坐在远离她办公桌的直背椅子上,也许围绕一张桌子而坐;

(3)你们两个的座位有沙发和舒适的座椅。

对于大多数人来说,第一种安排表示“我是这里的老板”或者“这里我说了算”。第二种安排表明“这是一个很严肃的问题”。第三种安排表达了一种更加随意而友好的气氛:“让我们互相认识一下吧。”非语言信息如果能够补充并支持语言信息,那它就会成为强有力的沟通工具。管理者在进行沟通时,应该特别注意非语言行为。他们必须学会将语言信息和非语言信息协调一致,同时对他们的同事、下属和上级通过非语言行为所表达的信息保持高度的敏感。非语言信息与管理者在下属面前所扮演的角色模型有关。

D 倾听

管理者最重要的沟通工具之一是倾听,倾听的对象是员工和顾客。大多数管理者现在已经认识到,重要信息的沟通是自下而上而不是从上到下的。管理者最好是要适应这一点。在图7-7所示的沟通模型中,倾听者负责信息的接收,这是沟通过程中的重要一环。倾听包括抓住事实真相及说话人所蕴涵的感情色彩以理解信息的真正内涵的技巧。只有如此,管理者才能做出适当的反应。倾听要求注意力、精力以及技巧。尽管有效沟通的75%左右取决于倾听,但是大多数人只花了30%～40%的时间在倾听他人陈述上，这就导致了许多沟通错误。

优秀的沟通者能够找到共同感兴趣的领域，富有灵活性，专心倾听，思维敏捷，归纳和预测说话人的意思的能力很强。良好的倾听意味着，要从以自我为中心的思维方式转向换位思考。

7.3.2.2　组织沟通

管理沟通的另一个方面是将组织视为一个整体。涉及整个组织的沟通有3个方向：下行沟通、上行沟通、水平沟通。管理者就是负责建立和维护这3种沟通的正式沟通渠道。管理者也会使用非正式渠道，这就意味着他们必须走出办公室与员工沟通。

A　正式沟通渠道

正式沟通渠道是指组织的指挥链或者任务责任关系。图7-8说明了3种正式沟通渠道以及它们所传送的信息类型。在大多数传统的、纵向组织结构的公司里，下行沟通和上行沟通是最主要的两种沟通方式。但是，现代的组织中所强调的是水平沟通，人们不断地跨部门和跨组织层级共享信息。

a　下行沟通

下行沟通是我们最熟悉、最常见的正式沟通方式，它是指消息和信息从最高管理层向下传达给下属。

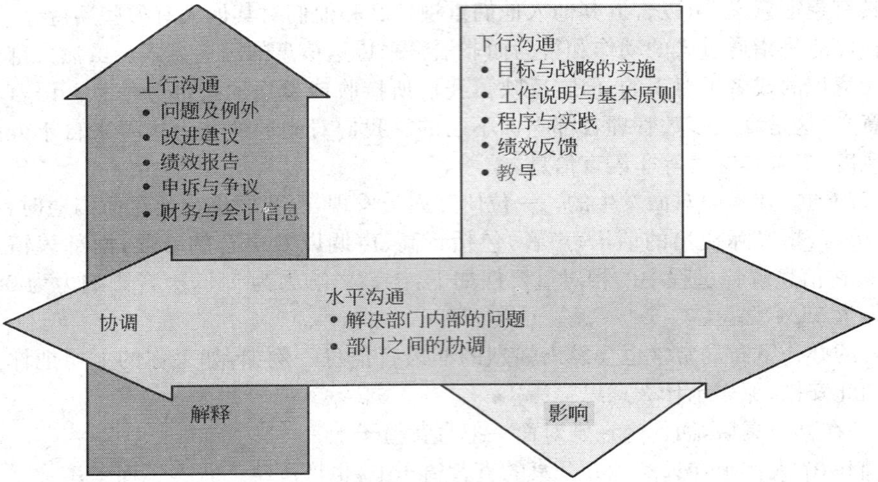

图7-8　组织内的下行沟通、上行沟通及水平沟通

管理者有时利用创造性的下行沟通方法，以确保员工们掌握了信息。管理者可以用多种方式与员工进行下行沟通。最为常用的下行沟通方式是演讲，公司时事通信所披露的信息、电子邮件、装在工资信封里的信息宣传资料、公告牌上的信息、政策与程序手册等。管理者还得决定沟通的内容。管理者不可能与员工们沟通组织运行中的一切问题，因此他们必须选择重要的信息进行沟通。组织的下行沟通通常包括下列5个话题：

(1)目标和战略的实施。就组织的新战略和目标进行沟通，需要提供关于特定目标和预期行为的信息。这会给组织的较低层次提供指南。

(2)工作说明与基本原则。工作说明与基本原则主要是告诉别人如何完成某一特定的工作和该工作与组织其他活动的关系如何。

(3)程序与惯例。程序与惯例详细说明了组织的政策、规定、规章、福利和组织结构。

(4)绩效反馈。绩效反馈信息是用来考评组织中的个人和部门的工作效果的。

(5)教导。这些信息是用来激励员工接受公司的使命和文化价值观,并鼓舞他们参加特殊的仪式活动,如野餐会、公司庆典、晚宴等。

下行沟通的主要问题是信息失真,即信息内容的扭曲或者丢失。尽管正式沟通是将信息传达给所有员工的强有力方式,但是大量信息可能丢失——每当信息从一个人传到另一个人的时候,会失去大约25%的内容。另外,如果信息从其源头传到最后的接收者需要经历一个漫长的过程,那么信息就有可能被扭曲。

信息失真难以完全避免,但前面各部分所谈到的技巧可以大大减少信息失真的数量。使用正确的沟通渠道、语言信息与非语言信息之间的一致性以及积极的倾听,可以使信息在组织内部自上而下沟通时保持其准确性。

b 上行沟通

正式的上行沟通包括在组织层级结构中由下而上传递的信息。许多组织花了大力气建设大量的上行沟通渠道。员工们需要有机会表达申诉、报告工作进度、对管理活动提供反馈意见。将上行沟通与下行沟通有机结合在一起能保证员工与管理者之间的沟通形成完美的循环。

许多组织做出了大量努力以改善上行沟通。采用的机制包括建议箱、员工调查、管理信息系统报告、员工与管理层之间的面对面交流。评论、表达、抱怨或者提出建议——可以选择匿名方式。

虽然大家如此努力,但要进行准确的上行沟通依然存在障碍。管理者可能会拒绝倾听员工反映问题,或者员工对管理者实施上行沟通不够信任。富有创新意识的公司努力寻求确保信息能毫无歪曲地到达最高管理层的方法。

c 水平沟通

水平沟通是指同伴或者同事之间沿水平方向或者对角线方向进行的信息沟通。水平沟通可以在部门内部进行,也可以在部门之间发生。水平沟通的目的不仅是沟通信息,而且要寻求支持或者协作,水平沟通有以下3种形式:

(1)部门内部问题的解决。这类信息出现在同一部门内部的员工之间,常常与任务的完成情况有关。

(2)部门之间的协作。部门之间的信息有助于促成合作项目或任务的完成。

(3)提高积极性与改进工作。这类信息有助于在团队和部门内部分享信息以帮助组织变革、成长和改进。

水平沟通在学习型组织中特别重要,因为在学习型组织里员工需要不断解决问题和寻求开展工作的新方法。

团队沟通是水平沟通的一种特殊类型。在当今的许多企业里,团队是组织基本的组成单位。团队成员一起工作,共同完成任务,因此团队的沟通结构既会影响团队绩效,也会影响员工的满意度。

有关团队沟通的研究集中于两个方面:一是团队沟通集中化的程度;二是团队工作任务的性质。在集权化的组织里,团队成员之间的沟通是通过单个个体来实现的,其目的是为了解决问题或者做出决策。在分权化的组织里,个体可以与其他团队成员自由沟通。所有团队成员之间平等地加工处理信息,直至全体人员一致同意某个决策为止。

在实验室的实验中,集权化的沟通网络能够更快捷地解决简单问题。员工们只需要把有关信息提供给某一中心人物,由他去做出决策。就解决简单问题而言,分权化的沟通效率更低,因为信息必须在个体之间传来传去,直至某个人最终把支离破碎的信息集中起来进而解决问题为止。然而,对于较为复杂的问题,分权化的沟通网络效率更高,因为所有必需的信息并不局限于某一个人，通过广泛沟通而收集到的大量信息使得我们的决策基础更加扎实。与此类似，解决问题的正确性是与问题的复杂性相关的。集权化的网络在简单问题上较少犯错误，但在复杂问题上却经常犯错误。分权化的网络解决简单问题的准确性较差，但解决复杂问题的准确性却较高。

对组织的启示如下：在高度竞争的全球环境中，组织运用团队来解决复杂的问题。当团队活动既复杂又充满艰辛时，所有成员都应该在分权化的结构中共享信息，以谋求问题的解决。团队需要在各个方向的自由沟通。

B 非正式沟通渠道

非正式沟通渠道存在于正式沟通渠道以外，不遵从组织的职权等级关系。非正式沟通与正式沟通并存，但却可以跳过等级层次，跨越纵向指挥链，几乎可以与组织中的任何一个人进行沟通。在当今的主要企业里，管理者特别重视在各个方面的公开而诚实的沟通，以建立起管理者和员工之间的信任关系，并促进组织的学习和问题的解决。

(1)坦诚沟通。近年来，管理者越来越强调员工授权，建立信任关系、赢得员工承诺并加强团队协作的管理趋势就是坦诚沟通。坦诚沟通意味着在公司内部跨越职能部门和等级层次共享各种信息。许多公司，都已经向各个层次的员工公开公司的财务账簿，以使他们了解公司怎样经营以及这样经营的原因。

坦诚沟通与有选择的信息从管理者到下属的传统的下行沟通方式是背道而驰的。组织打破了可能会成为沟通障碍的传统的层级界线和部门界线以后，就可以享受员工群策群力的好处，几位管理者之间来来回回反复商讨的同一观点不会为组织带来有效的学习和变革，也不会建立使组织得以兴旺发达的关系网络。

听取广大员工的心声、让大家一起参与对话讨论，这样的管理方式才能重振组织并改善组织沟通的效果。

(2)对话。另外一种建立信任和协作关系的方法是对话。对话是一种团体沟通过程，在使用这种方式时，人们能够相互了解并分享同样的世界观。人们也许是从互相对立的极端观点开始，但是通过彼此开诚布公的交谈，他们找到了共同点和共同关心的问题，并就可以创建的更加美好的未来达成共识。

一种行之有效的描述对话的方法就是将其与讨论进行比较分析。一般来说，讨论的目的是发表某人自己的看法，并说服他人接受自己的观点。讨论通常是以逻辑判断和推理的方式击败对手或解决问题。而对话则要求参与方暂时不要固执己见，以便于通过更深层次的倾听和综合进而推导出员工的意思。对话关注的焦点是表达真情实感和找到各方的共同点(求同存异)。对话和讨论沟通这两种沟通方式都会带来变革。然而，讨论的结果局限于我们所深思熟虑的话题，而对话的结果则是以团队的协调一致、共同的意思表达和转变的思想意识为特色。团队成员之间也随着新的、更深层次的解决方案的开发而建立起相互信任关系。

(3)反馈与学习。当管理者运用评价和沟通来帮助个人及组织学习和提高时，就出现了反馈。反馈使得管理者可以判定他们与其他人员的沟通是成功的还是不成功的。反馈还有助于管理者开发下属的能力。从前面介绍的沟通模型中知道，反馈是沟通过程的重要一环。然而，虽然反馈很重要，但是人们却常常忽略了反馈。一项研究发现，尽管大多数公司的高级管理者都一致认为沟通应该是优先考虑的事情，但是不到 1/2 的人会不厌其烦地对其信息进行加工处理以适应不同员工、顾客或者供应商的需要，而从这些人员中去寻求反馈意见的人就更少。一个人可能会从管理者、同事、顾客、投资人、供应商和合伙公司的合伙人那里得到反馈信息。

C 组织沟通管理

在组织的沟通中存在着沟通障碍。沟通障碍可以划分为两类：一类是存在于个体层面的，另一类是存在于组织层面的。首先，我们将要分析沟通障碍；然后，我们会讨论克服这些障碍的技巧。

a 沟通障碍

沟通障碍可能存在于个体之中，也可能存在于组织之中。

(1)个体障碍。首先是人与人之间的障碍，包括由于员工的情绪和认知而引发的问题。如果在沟通开始前某人已就某问题形成定论，沟通就会失败。合理化(对行为的自圆其说)、扭曲(对现实的重构)、理智化(思想的过度抽象)等防卫机制妨碍了坦诚的沟通。更进一步说，具有不同背景或者知识的人会以不同方式阐释沟通。其次选择了错误渠道或媒介发送信息也可以使沟通产生困难。例如，若某信息是情感型的，面对面沟通的效果就比书面沟通的效果要好。另一方面，对于常规信息来说，书面沟通的效果最好，但书面形式缺乏快速反馈的能力，也缺少传递复杂信息所需要的多种信号暗示。另外，语义通常会产生沟通问题。语义是指词语的意思以及词语的使用方式，如“效率”一词对于车间主任意味着高产量，而对于人力资源来说则是指员工满意度。许多普通词语平均有 28 个意思，因此沟通者必须仔细选择能够准确传递其信息的词汇。语言的差异也可能成为当代组织的沟通障碍。

最后，语言沟通与非语言沟通含义的不一致会使信息接收者迷惑不解。如果某人的面部表情与其语句表达的意思不一致，该沟通就带有噪声和不确定性。声音的语调以及身体语言必须与言辞一致，行动也不得与言辞相冲突。

(2)组织障碍。组织障碍产生的原因为：

第一，地位与权力的差异问题。权力地位低的人可能不愿意向上级报告坏消息，因而给上级以错误的信息。权力地位高的人可能没有注意到或者可能认为下面层级的人没有做出什么贡献。

第二，部门之间在需要与目标上的差异也会干扰沟通。每一个部门都站在自己的角度看待问题。生产部门关心生产效率，营销部门的目标则是迅速把产品送到消费者的手里。

第三，缺乏正式沟通渠道削弱了沟通效率。组织必须以员工调查、时事通讯、备忘录、任务小组以及联络员工等方式提供足够的上行沟通、下行沟通和水平沟通渠道。缺乏这些正式沟通渠道，组织就无法进行整体沟通。

第四，沟通的信息量也许不适合团队或组织的任务。如果某种集权式沟通结构被运用于非常规任务，那么沟通的信息量就不足以解决问题。当员工之间的信息沟通量与任务要求相匹配时，组织、部门或者团队的工作效率是最高的。

第五，协调不够，以至于组织的不同部门之间孤军作战，既不了解也不理解其他部门在做些什么。最高管理者与下属之间缺乏联系，或者部门和事业部协调不力，以至于大家都不知道整个组织系统是如何运转的。

b 克服沟通障碍

管理者可设计组织形式以鼓励积极而有效的沟通。设计包括个人技能及组织行动。

(1)个人技能。第一，也许最重要的个人技能就是积极倾听。积极倾听意味着要提出问题、表现出兴趣以及不时地用自己的话语解释对方的意思，以确保准确阐释对方的意图。积极倾听还意味着要向信息发布人反馈信息以形成完整的沟通回路。第二，个体应选择恰当的信息沟通渠道。复杂信息应通过传播信息量大的沟通渠道来发送，比如面对面讨论或者电话交流。常规信息和数据可以通过备忘录、信件或者电子邮件等方式来传递，因为这些渠道产生误解的概率较小。第三，信息发送者和信息接收者应当努力去理解对方的观点或立场。管理者应使自己对信息接收者保持高度的敏感性，以使他们能更好地确定信息目标、找出其中的偏差并澄清未能理解之处。通过让沟通者理解对方的观点或立场这种方式,就可以澄清语义、理解观点、保持客观性。第四,巡回管理。管理者必须心甘情愿走出办公室与他人进行沟通。

(2)组织行动。第一,也许管理者能够为组织做的最重要的事情就是,营造一种信任和坦诚的氛围。坦诚沟通和对话可以鼓励人们开诚布公地与他人沟通。下属可以像报告好消息一样向上级报告坏消息,而不必担心受到惩罚。在员工之间开发人际交流技巧可以培养员工的公开、诚实与信任。第二,管理者应该全方位开发并利用正式的信息渠道。通用汽车公司的分厂与员工们分享所有相关信息,这些信息包括财务、未来发展计划、质量及绩效等。第三,管理者应该鼓励使用多元沟通渠道,包括正式渠道和非正式渠道。多种信息沟通渠道有书面指示、面对面讨论、巡回管理和藤状网络式沟通。例如,通用汽车公司的分厂的管理者运用多媒体,包括月报、员工经常举行的会议以及员工餐厅举办的电子新闻展示等。通过多种渠道发送信息使得信息更容易被恰当接收。第四,结构应适合沟通需要。组织可以进行设计,使用团队、任务小组、项目经理或矩阵结构促进信息的横向流动,以达到协调和解决问题的目的。当团队或部门任务很难完成时,应该利用分权结构来鼓励员工的讨论和参与。组织的反馈与学习机制也有利于克服协调不力的问题。

复习思考题

一、名词解释

领导　管理方格论　菲德勒模型　激励　双因素理论　期望理论　沟通　有效沟通

二、选择题

(1)根据麦格雷戈的理论,有人希望有正规化的组织与规章制度来要求自己的工作,而不愿参与问题的决策,这种人欢迎以(　)指导管理工作。

A. X 理论　B. Y 理论　C. 超 Y 理论　D. Z 理论

(2)根据麦格雷戈的理论,有人需要更多的自治责任和发挥个人创造性的机会,这种人欢迎以(　)指导管理工作。

A. X 理论　B. Y 理论　C. 超 Y 理论　D. Z 理论

(3)在布莱克和穆顿的管理方格论中,"领导者对工作极为关心,但忽略对人的关心"的领导风格属于(　)。

A. 贫乏型管理　B. 中庸之道型管理　C. 专权式管理　D. 理想型管理

(4)领导权变模型中,(　)反对把领导的行为视为固定不变的,领导者可以根据不同的情境调整领导风格。

A. 领导参与模型　B. 菲德勒模型　C. 情境领导模型　D. 目标-路径理论

(5)(　)领导者发动下属讨论,共同商量,集思广益,然后决策,要求上下融洽,合作一致地工作。

A. 专权型领导　B. 自由放任型领导　C. 民主型领导　D. 成就导向型领导

(6)罗伯特·豪斯提出的路径-目标领导情景理论中,(　)的领导设定富有挑战性的目标,并期望下属发挥出自己的最佳水平。

A. 支持型领导　B. 成就导向型领导　C. 参与型领导　D. 指导型领导

(7)管理激励必须以组织成员的(　)为基点。

A. 行为　B. 需要　C. 业绩　D. 工作

(8)马斯洛的需要层次理论中,(　)是最低层次的需要。

A. 安全的需要　B. 生理的需要　C. 社交的需要　D. 尊重的需要

E. 自我实现的需要

(9)“双因素理论”中，激励因素与(　)紧密相连。

A. 工作条件　B. 工作环境　C. 工作内容　D. 人际关系

(10)“双因素理论”中，能防止人们产生不满意感的一类因素是(　)。

A. 工作业绩　B. 激励因素　C. 工作内容　D. 保健因素

(11)由美国心理学家赫茨伯格提出的需要激励理论是(　)。

A. 需要层次理论　B. 成就需要理论　C. 双因素理论　D. ERG 理论

(12)按激励的内容可分为(　)。

A. 正激励因素与负激励因素

B. 物质激励因素与社会激励因素

C. 内激励因素与外激励因素

D. 需要激励因素与行为激励因素

E. 工作安全性

F. 个人生活

(13)组织内部信息从较高的管理层成员向较低的管理层成员流动的沟通方式是(　)。

A. 上行沟通　B. 下行沟通　C. 横向沟通　D. 斜向沟通

(14)组织内部与其他部门同等地位的人之间的沟通，称为(　)。

A. 上行沟通　B. 下行沟通　C. 横向沟通　D. 斜向沟通

(15)(　)指沟通双方表达情感，获得对方精神上的同情和谅解，最终改善相互之间的人际关系。

A. 感情式沟通　B. 工具式沟通　C. 书面式沟通　D. 口头式沟通

(16)(　)有信息的反馈，是发送者和接受者相互之间进行信息交流的沟通。

A. 平行沟通　B. 上行沟通　C. 双向沟通　D. 下行沟通

三、判断题

(　)(1)领导可能建立在合法的、有报酬的和强制性的权力基础上，也可能更多的是建立在个人影响权和专长权以及模范作用的基础上。

(　)(2)有效的追随者往往是指那些对领导忠心耿耿、唯命是从的下属。

(　)(3)领导权力主要依赖于领导的个人专长权和个人影响权。

(　)(4)那些拥有职权但没有部下服从的管理者，并非真正意义上的领导。

(　)(5)战略领导者一般是指组织中包括高层、中层及基层的各层次管理人员。

(　)(6)目标—路径领导理论是依据下属的成熟水平选择正确的领导风格的权变理论。

(　)(7)激励的根本目的是为了满足组织成员的个人需要，组织目标的实现往往放在从属地位。

(　)(8)激励的根本目的是调动组织成员的积极性以实现组织目标，从而满足组织成员的个人需要，达到双赢。

(　)(9)麦格雷戈认为 Y 理论的假设比 X 理论更实际有效，因此他建议让员工参与决策，为员工提供具有挑战性的工作并建立良好的群体关系，认为这有助于调动员工的工作积极性。

(　)(10)马斯洛的需要层次理论认为只有较低层次的需要得到了满足后，才能产生更高一级的需要。

(　)(11)双因素理论认为凡是与组织成员工作本身或工作内容有关的、能促使人们产生工作满意感的一类因素是保健因素。

(　)(12)双因素理论认为保健因素不仅能起到安抚员工的作用，而且还能起到较强的激励作用。

(　)(13)由美国心理学家亚当斯提出的公平理论认为，人们通常要求自己在与别人付出同样代价的情况，也能与别人得到同样的报酬。

(　)(14)要做好激励工作就应该不惜成本和代价地满足组织成员的需要。

(　)(15)激励的原则要求正激励与负激励并举，以正激励为主。

(　)(16)由美国心理学家麦克利兰提出的成就需要理论中，认为人的需要是成就需要、权力需要和合群需要。

( )(17)管理沟通仅存在于组织内部,并不包括与组织外部的沟通。

( )(18)感情沟通比工具沟通更为有效。

( )(19)口头沟通的优点是持久、有形,可以核实,但缺点是传递经过层次越多信息失真越严重、核实越困难。

( )(20)电子沟通的优点是快速传递、信息容量大、一份信息可同时传递给多人、廉价。

( )(21)团队沟通中,集权沟通网络对简单问题能够较快解决,分权沟通则显得迟缓,但对复杂问题而言,分权沟通网络的解决速度就较快。

( )(22)人们接受信息时,往往较多关注与他们期望不一致和感情上不愿意接纳的东西。

( )(23)在信息沟通中,发送者比较满意双向沟通,接受者比较满意单向沟通。

( )(24)由于与问题无关的信息较易进入沟通过程,双向沟通的噪声比单向沟通要大得多。

四、案例分析题

1. 黄工程师为什么要走

助理工程师黄大佑,一个名牌大学高材生,毕业后工作已经8年,于4年前应聘调到一家大厂工程部负责技术工作,工作勤恳负责,技术能力强,很快就成为厂里有口皆碑的"四大金刚"之一,名字仅排在一号种子厂技术部主管陈工之后。然而,工资却同仓管人员不相上下,夫妻小孩三口尚住在来时住的那间平房。对此,他心中时常有些不平。

黄厂长,一个有名的识才老厂长,孙中山先生的名言"人能尽其才,物能尽其用,货能畅其流",在各种公开场合不知被他引述了多少遍,实际上他也是这样做了。4年前,黄大佑调来报到时,门口用红纸写的"热烈欢迎黄大佑工程师到我厂工作"几个大字,是黄厂长亲自吩咐人事部主任落实的,并且交代要把"助理工程师的"的"助理"两字去掉。这确实使黄大佑当时春风不少,工作更卖劲。

两年前,厂里有指标申报工程师,黄大佑属有条件申报之列,但名额却让给了一个没有文凭、工作平平的老同志。他想问一下厂长,谁知,他未去找厂长,厂长却先来找他了:"黄工,你年轻,机会有的是。"去年他想反映一下工资问题,这问题确实重要,来这里其中一个目的不就是想得高一点工资,提高一下生活待遇吗?但是几次想开口,都没有勇气讲出来。因为厂长不仅在生产会上大夸他的成绩,而且,有几次外地人来取经,黄厂长当着客人的面赞扬他:"黄工是我们厂的技术骨干,是一个有创新的……"哪怕再忙,路上相见时,总会拍拍黄工的肩膀说两句,诸如"黄工,干得不错","黄工,你很有前途"。这的确让黄大佑兴奋,"黄厂长确实是一个伯乐"。此言不假,前段时间,他还把一项开发新产品的重任交给他呢,大胆起用年轻人,然而……

最近,厂里新建好了一批职工宿舍,听说数量比较多,黄大佑决心要反映一下住房问题,谁知这次黄厂长又先找他,还是像以前一样,笑着拍拍他的肩膀:"黄工,厂里有意培养你入党,我当你的介绍人。"他又不好开口了,结果家没有搬成。

深夜,黄大佑对着一张报纸招聘栏出神。第二天一早,黄厂长办公桌面上压着一张小纸条:

黄厂长:

您是一个懂得使用人才的好领导,我十分敬佩您,但我决定走了。

问题:

(1)根据马斯洛的理论,住房、评职称、提高工资和入党对于黄工来说分别属于什么需要?

(2)根据公平理论,黄工的工资和仓管员的不相上下,是否合理?

(3)根据有关激励理论分析,为什么黄厂长最终没有留住黄工?

2. 小道消息

斯塔福德航空公司是美国北部一个发展迅速的航空公司。然而,最近在其总部发生了一系列的传闻:公司总经理波利想出卖自己的股票,但又想保住自己总经理的职务,这是公开的秘密了。他为公司制订了两个战略方案:一个是把航空公司的附属单位卖掉;另一个是利用现有的基础重新振兴发展。他自己曾对这两个方案的利弊进行了认真的分析,并委托副总经理本查明提出一个参考的意见。本查明曾为此起草了一份备忘录,随后叫秘书比利打印。比利打印完后即到职工咖啡厅去,在喝咖啡时比利碰到了另一位副经理肯尼特,并把这一秘密告诉了他。

比利对肯尼特悄悄地说:"我得到了一个极为轰动的最新消息。他们正在准备成立另外一个航空公司。他们虽说不会裁减职工,但是,我们应该联合起来,有所准备啊。"这话又被办公室的通讯员听到了,他立即把这消息告诉他的上司。巴巴拉又为此事写了一个备忘录给负责人事的副总经理马丁,马丁也加入了他们的联合阵线,并认为公司应保证兑现其不裁减职工的诺言。

第二天,比利正在打印两份备忘录,备忘录又被路过办公室的探听消息的人摩罗看见了。摩罗随即跑到办公室说:"我真不敢相信公司会做出这样的事来,我们要被卖给联合航空公司了,而且要大量削减职工呢。"

这消息传来传去,3 天后又传回总经理波利的耳朵里。波利也接到了许多极不友好,甚至敌意的电话和信件。人们纷纷指责他企图违背诺言而大批解雇工人,有的人也表示为与别的公司联合而感到高兴,而波利则被弄得迷惑不解。

问题:

(1)管理者应如何对待企业中的非正式沟通?

(2)总经理波利怎样才能使问题澄清?

(3)这个例子中发生的事是否具有一定的现实性?

8 控　　制

通过本章学习,你应该能够:

(1)掌握控制的概念;

(2)了解三种控制类型的特点;

(3)明确控制过程与有效控制;

(4)掌握企业管理常用的控制方法;

(5)明确管理信息系统的定义;

(6)了解企业管理信息系统实现的关键因素。

8.1 控制活动

8.1.1 控制的概念

按照控制论的思想,我们可以认为:

(1)任何系统都是由因果关系连接在一起的元素的集合。元素之间的这种关系就称作耦合。控制论就是研究耦合运行系统的控制和调节的学科。

(2)为了控制耦合系统的运行,必须确定系统的控制标准。控制标准的值是不断变化的某个参数的函数。如为了控制飞机的航行,必须确定航线,飞机在航线上的位置是不断变化的,所以控制标准也必然是不断变化的。

(3)可以通过对系统的调节来纠正系统输出与标准值之间的偏差,从而实现对系统的控制。为了"改善"某个或某些受控对象的功能或发展,需要获得并使用信息,以这种信息为基础而选出的加于该对象上的作用,叫做控制。

企业也是一个耦合运行系统。企业生产经营活动的全过程就是由严密的因果关系连接起来的。无论是整个过程或其中某个阶段、某个环节,为了得到一定的输出,就必须有一定的输入。通过控制投入生产过程的资金、人力、物资及管理和技术信息,就可以控制企业生产经营活动的产出。

企业的经营目标通过计划表达,管理控制是确保组织实际活动与计划相一致、顺利实现组织目标的一项重要管理职能,控制活动就是确定控制目标、衡量工作绩效、采取纠偏措施的过程。本章只讨论管理控制问题,以下我们简称管理控制为控制。

控制与计划密切相关。通常,组织管理程序首先是制定计划,然后组织和领导计划的实施,控制则是在实施计划过程中保证组织目标和计划实现所进行的监测、评价、纠偏等工作。可以认为计划是管理人员在实施控制活动时的标准,计划制定的科学程度也会影响控制活动的效果,而控制活动中的评价结果又为今后制定计划提供了依据。计划和控制就像"一把剪刀的两刃,没有任何一刃,剪刀也就没有用了"。但控制不仅仅是针对计划,它还有助于管理者监督计划、组织、领导等管理活动的效果,帮助管理者协调组织内部各部门,并促使相关部门更好的沟通协作,在持续的基础上达到企业预期目标。目前在管理中"有章不循"或"令行而禁不止"的现象并不鲜见,其主要原因是管理的控制职能没能很好发挥作用的结果。

控制几乎包括了管理者为保证实际工作与计划一致所采取的一切活动,所有管理者都应承担控制的职责，通过行使控制职能保证所有成员在合适的时间、以正确的方式从事各种必要的工作活动，一旦出现偏差，要采取措施进行修正。

实现控制职能的基础和手段是信息。整个控制过程就是组织业务活动信息的收集、整理、分析和发布的过程。因此，组织需要建立完善的管理信息系统收集、处理信息。

8.1.2　控制的必要性

(1)组织与组织活动的日益复杂。无论计划制定得如何周密，由于各种各样的原因人们在执行计划的过程中总会或多或少地出现与计划不一致的现象。要求持续、适当地衡量各方面的工作绩效，保证各方面的协调，保证组织整体目标有效、协调地达到。

(2)环境的变化。计划建立在对未来预测的基础上，各方面计划预料之外的环境变化都会影响实现组织目标，要求必须通过控制活动来及时了解环境变化的程度和原因，并采取适当的行动以使组织的活动在正常轨道运行，或对原定的计划和目标进行有效的调整和修正。

(3)管理权力的分散。只有企业经营达到一定的规模，企业主管就不可能直接面对面地组织和指挥所有员工。在追求扁平化组织机构的今天，管理者的管理幅度也随之加宽。时间和精力的限制使得权力下放成为必然，但授出权力的管理者的责任并没有减少，只能依靠有效的控制系统来保证管理工作的顺利实现。

(4)工作能力的限制。组织中不同成员的认识能力和工作能力的差异对计划要求的理解和执行出现偏差，某个环节可能产生的这种偏离计划的现象都会对组织整个活动产生影响，因此，加强控制是必要的。

8.1.3　控制的类型

管理中的控制可以在组织活动开始之前、活动进行之中和活动进行以后实施，即控制实施的重点分别集中在组织活动的输入(行动开始之前)、过程中和输出(结束以后)三个位置，由此形成三种不同的控制类型：前馈控制、同期控制和反馈控制。如图 8-1 所示。

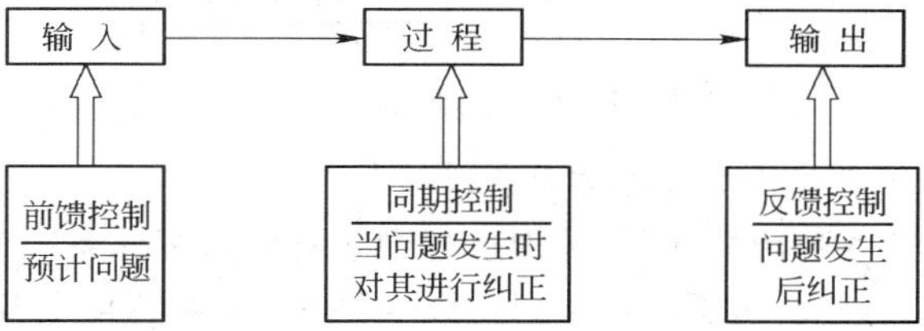

图 8-1　控制类型

8.1.3.1　前馈控制

前馈控制也称为预先控制，是最理想的控制方式。前馈控制是在问题出现前采取措施，能避免预期出现的问题，是一种未来导向的控制。正如俗话所言："治病不如防病，防病不如讲卫生。"讲卫生可以防止有害细菌的产生和侵入，减少患病的可能，因此是最好的防病控制方式。

前馈控制是期望用来防止问题的发生而不是当出现问题时再补救，成功的关键在于预测可能发生的问题，在问题发生前采取相应措施，防止组织使用不合要求的资源，保证组织的投入在数量和质量上达到预定的标准，在活动开始之前能剔除那些在进行过程中难以挽回的先天缺陷。预先控制的实例很多，例如入学考试和体检，原材料和设备采购的验收等等都是如此。

前馈控制的实现需要及时和准确的信息以及专业预测能力，这是难以办到的，因此，不得不借助于另外两种类型的控制。

8.1.3.2 同期控制

同期控制(也称为实时控制、过程控制)是对正在进行的活动给予监督控制,保证活动按规定的程序运行。这样可以在发生重大损失之前及时纠正问题。

最常见的同期控制方式是直接观察。当管理者直接视察下属的行动时,在监督员工工作的同时,发现问题立即纠正。虽然在实际行动与管理者做出反应前会有一段延迟,但这种延迟非常小,设备可以设计具有实时控制功能。如许多计算机系统在程序中设置了出现错误时操作人员应采取的行动。在生产制造活动中的现场调度、进度控制、每日情况统计分析等都属于此类控制。

8.1.3.3 反馈控制

一般人都没有先见之明,事后控制就成为最常用的控制类型。反馈控制就是事情发生后,及时采取补救措施,或者总结经验教训,避免类似问题再次发生,可谓"亡羊补牢,犹未晚矣"。传统的控制方法几乎都是属于反馈控制,如半成品、成品的质量检查就是如此。

反馈控制的缺点在于采取措施控制时,损失已经造成。但在许多情况下,反馈控制是唯一可用的控制手段。

8.2 控制过程与有效控制

8.2.1 控制过程

罗伯特·默克勒(Robert J. Mockler)将控制分为四个步骤,如图 8-2 所示。

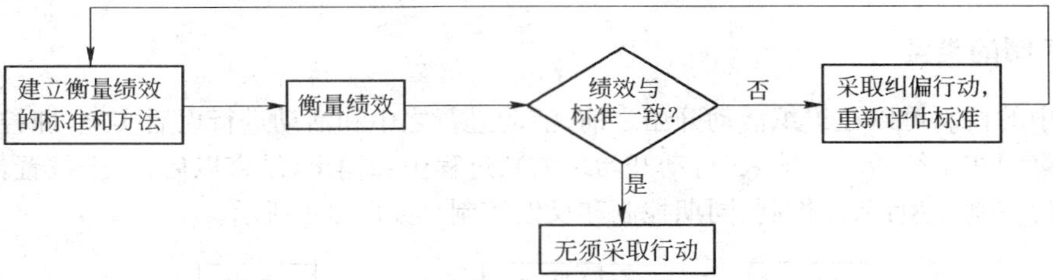

图 8-2 控制过程的基本步骤

8.2.1.1 建立衡量绩效的标准和方法

控制的依据是计划。在理想情况下,计划过程中建立的目标体系应该用清楚的、明确的、可以度量的方式加以描述。然而,由于各种计划在详尽程度和复杂程度上各不相同,管理者不可能注意到活动的每一个细节,直接用计划来进行控制,就会使控制工作因缺乏规范导致混乱,因此需要制定具体标准。

标准是衡量绩效的尺度,是从整个计划方案中挑选出来用以衡量绩效的度量单位,这样管理人员可以得到工作进展状况的信息,而无须过问计划执行过程中的每个步骤。标准有多种,最好是可考核的目的或目标,目前普遍采用的是寻找关键点控制,只要对这些关键点进行控制,就会基本控制组织活动的整体情况。其遵循的一个基本原则是 2/8 原则,即控制最重要的 20%因素,因为这些因素能带来 80%绩效的改善。比如在酿造啤酒的过程中,影响啤酒质量的因素很多,但主要因素是水的质量、酿造的温度以及酿造的时间长短。这 3 个因素控制好了,啤酒的质量就有了保证。寻找关键点一般采用鱼刺图法,如图 8-3 所示。

鱼刺图法以组织的目标为鱼头,大鱼刺是组织要控制的关键因素。大鱼刺又可以分解为多个小鱼刺,形成二级鱼刺图。

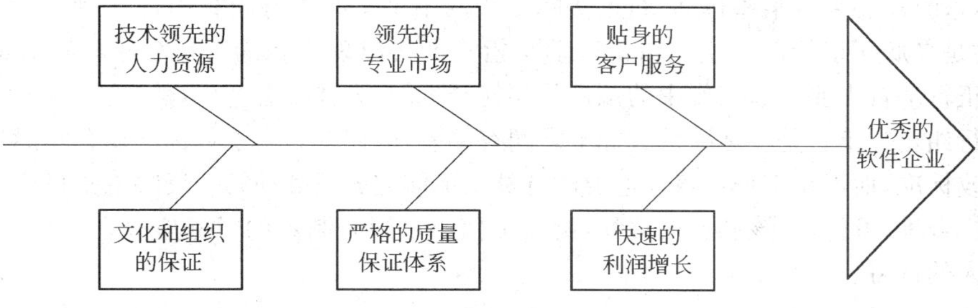

图 8-3　关键因素鱼刺图分析

控制标准可以分为定量标准和定性标准两大类，定量标准便于度量和比较，是控制标准的主要形式，常见的有：时间标准、数量标准、质量标准和成本标准，组织中的活动基本可以依据这四种标准进行控制。

控制的对象不同，为它们建立标志正常水平的标准的方法也不一样。一般来说，企业可以使用的建立标准的方法有下列三种：第一是利用统计方法来确定预期结果，以分析反映企业经营在历史上各个时期状况的数据为基础，参照同行业先进水平，为未来活动建立标准；第二是根据经验和判断来估计预期结果，对于缺少历史数据和不能量化其绩效的活动，需要根据管理人员的经验、判断和评估来建立标准；第三是在客观的定量分析的基础上建立工程（工作）标准。

8.2.1.2　衡量绩效

衡量工作绩效是依据控制标准检查工作的实际执行情况，以便与预期的目标相比较，这是控制工作的中间环节，是发现问题的过程。

衡量工作绩效就是收集资料，了解实际工作情况。根据具体情况可以采取不同的方法。如果管理者具备相应的工作知识，可以采取观察法获得第一手资料。观察法收集的数据一般比较真实，管理者不仅可以掌握主要的绩效，还可以观察到细小的行为。但同时观察法带有一定的主观性，并且需要花费管理者大量的时间，另外员工有时也不喜欢这种方式，认为是不信任的表现。

随着计算机应用的普及，管理者越来越依靠分析统计报表测量实际绩效。依靠计算机，管理者可以得到实际数据的表格和图形，能直观、有效的表现各种因素之间的关系，便于分析。缺点是难以衡量人的行为和态度，可能会忽略其他重要的定性因素。

会议、谈话和电话等口头汇报也是获取信息的重要渠道，可以及时的获取实际情况，缺点是不好保存，同时还需要整理。

书面报告比较正式，容易理解和保存。缺点是收集速度慢，有时还有报喜不报忧的情况。

绩效的衡量是一个不断重复的过程，衡量的频率取决于被衡量的活动的类型。例如，在制造型企业中，空气中的粉尘含量作为一个安全监控指标，会被持续地测量；而长期扩展目标的进展情况通常仅由最高管理层一年中评估一两次。

8.2.1.3　判断实际绩效与标准是否一致

将实际工作情况与标准进行比较，分析两者之间的偏差，以及偏差产生的原因。有些偏差在任何活动中都会存在，对绩效影响效果不大，属于可以接受的偏差范围。如一包食品的标准重量是 500 克，在 495 克和 505 克之间都是可以接受的。在比较过程中，还要注意偏差的大小和变化趋势。

8.2.1.4　采取纠偏行动，重新评估标准

通过比较实际绩效与标准，可能有三种情况出现：第一是实际工作成果与标准一致，可以认为“一切都控制得良好”，不必采取任何行动。第二是绩效没有达到标准，或者发展趋势向不好的

方向发展，这时需要采取某些行动，纠正实际工作的不足。纠正行动有两种，一种是立即纠正行动，另一种是彻底纠正行动。立即纠正行动是指立即将出现问题的工作矫正到正确的轨道上。而彻底纠正行动首先要弄清工作中的偏差是如何产生的，为什么会产生，然后再从产生偏差的地方开始进行纠正。第三是实际绩效和标准之间有偏差，但偏差是由于目标不切合实际造成的，此时需要修改标准，而不是工作本身。但要注意员工不能完成任务的第一反映就是目标太高，如果你认为目标合理、可行，应该和员工解释，给员工信心。同时制定的目标应该在一定的范围内得到大多数人的认可。

8.2.2 有效控制

控制是一项比较复杂的管理活动，管理者必须根据预计的控制对象和具体的任务来设计所应采取的控制方法，以保证控制的有效性。

(1)准确控制。一个提供不准确信息的控制系统将会导致管理人员在应该采取行动的时候却忽略没有采取行动，或根本没有出现问题时却干预系统的运行。因此，有效的控制系统首先必须是可靠的并且能够提供准确的信息。

(2)适时控制。企业经营活动中产生的偏差只有及时采取措施加以纠正，才能避免偏差的扩大或防止偏差对企业不利影响的扩散。及时纠偏，要求管理人员及时掌握能够反映偏差产生极其严重程度的信息。因此，一个有效的控制系统能够提供及时的实时信息和预测信息，并能及时采取措施纠正或预防偏差。

(3)适度控制。适度控制是指控制的范围、程度和频度要恰到好处。控制的程度或频度要随活动性质、管理层次、下属的受培训程度等因素而变化，如科研机构的控制应小于现场的生产作业。控制过多会扼杀员工的积极性、主动性和创造性；控制过少则不能使组织活动有序进行。任何组织都不可能对每一个部门、每一个环节的每一个人在每一时刻的工作情况进行全面控制，要处理好全面控制与重点控制的关系。从经济角度，任何控制都需要一定的费用，所以，控制系统所产生的“效果”与其所付出的“成本”应该是合理的。

(4)客观控制。控制工作应该针对企业的实际情况，采取必要的纠偏措施，或促进企业活动沿着预定的轨道运行，要求绩效衡量能客观准确反映企业各部门、各环节的实际工作与标准之间的差别，同时要定期的检查原来的标准和计量规范，使之符合现时的要求。

(5)弹性控制。任何组织都处于不稳定的环境中，环境的变化要求组织不断调整其控制方式；同时企业在生产经营过程中可能会遇到某种突发的、无力抗拒的变化，这些变化使企业计划与现实条件严重背离。因此，有效的控制系统应该具备一定的弹性或灵活性，以适应复杂多变的环境要求。

(6)例外控制。任何管理控制体系设计都不可能将所有活动列入控制范围，因此控制手段应该考虑到例外情况的发生，这样保证例外偏差情况出现时管理人员不至于不知所措。

8.3 控制方法

企业管理实践中有多种控制方法，对组织的各个环节实现控制，例如：在财务方面，可以采用预算、财务报表分析、审计等方法进行控制；在人员方面，可以采用选拔、目标管理、绩效考评等方法控制；在生产运作方面，可以采用网络计划技术、成本分析、质量控制、采购控制和库存控制等等方法进行控制。在许多情况下，可能需要同时采用几种控制方法，才能保证控制的有效性。下面介绍几种常用的控制方法。

8.3.1 财务控制

在企业经营过程中始终伴随着资金的流动，它构成了企业经营活动的一个重要的、必不可少的方面，这就是企业的财务活动。财务控制就是对企业经营过程中资金运动的控制，预防和校正资源的不合理分配，它对企业的经营活动至关重要，是企业控制的核心问题。财务控制的方法非常多，这里介绍几种比较重要的财务控制方法。

8.3.1.1 预算控制

预算是用数字形式编制的未来一定时期的财务计划，属于事前控制。预算控制是依据预算规定的收入、支出标准来检查监督组织在计划期内的各项活动，目的是提高工作效率、合理分配资源、有效的控制和掌握资源在预算周期内的使用。一个组织几乎所有的活动都可以利用预算进行控制。

预算种类很多，对于企业来说，生产经营活动不同，预算内容会有所差异，概括起来大致可以归纳为三类：

(1)收支预算。这是最常用的预算，是从财务上对企业未来某段时期内的生产经营成果和生产经营费用的测算。其中收入预算通常包括产品销售或服务收入、外加工收入、专利转让、利息及其他收入；支出预算通常包括材料费、人工费、燃料动力费、管理费、折旧费、办公差旅费、招待费等等。

(2)现金预算。对企业未来一段时期内生产经营活动中现金的收入、支出作出的安排，以避免票据到期出现透支情况。现金购买设备、材料或库存后就不能快速流动，应付票据到期就要支付现金，如果此时资金不足，企业就难以运转，甚至导致企业破产。但现金存放太多则收益太少，不利于提高企业的利润率。现金预算的关键是取得平衡。

(3)资金支出预算。也称为投资预算，是指企业在未来一段时期内的各类投资活动(如对厂房、设备的更新改造和添置扩充)所需资金做出的测算和安排。通常这些资金需要较长时间才能还本，因此，要慎重预算，同时必须符合企业的长期发展计划和整个资金的分配使用计划。

预算是一种有效的控制工具，优点很多，主要有：表达明确，各项工作成果均是数字，一目了然；控制方便，任何活动最终都会反映到财务上，都需要用钱。便于授权，同时又保证不会失去控制。凡预算内批准的项目即可授权下级处理。但预算也存在一些问题，主要有：只适合于控制那些可以用货币计量的业务活动；预算通常根据上期的预算科目和标准，可能与本期的实际需要脱离，造成多余或空缺；预算过于具体，缺乏弹性，不能适应环境的变化；预算对企业所有活动的费用作出了限定，容易造成管理者只对预算负责，不对目标和绩效负责。

因此，我们要认识到预算只是一种工具，工具要为企业目标和管理服务，不能本末倒置。

8.3.1.2 财务报表分析

财务报表是用于反映企业经营的期末财务状况和计划期内的经营成果的数字表。财务报表分析，又称经营分析，是以财务报表为依据来判断企业在报告期的经营好坏，分析企业经营的优势和劣势的控制方法。财务报表分析方法主要有实际数字法和比率法两种，前者用实际数据直接进行比较；后者先用报表中实际数据求出各种比率值，然后再进行分析。由于比率法更容易辨识，所以较常采用。分析的主要内容包括：

(1)盈利能力。反映组织获取利润的能力。主要指标是投资回报率，在数值上等于净收益除以总投资，如果投资回报率大于1，表明资源得到有效利用。其他指标有毛利率、市盈率等。

(2)营运能力。反映企业利用资源的效率。主要指标是存货周转率，等于销售额除以存货，如果存货周转率较高，说明存货能很快变现，资金占用少，资源利用率高。其他指标有流动资产周转率、固定资产周转率、应收账款周转率等。

(3)偿债能力。反映企业到期偿还债务的能力。主要指标是流动比率和速动比率。流动比率等于流动资产除以流动负债，一般生产企业合理的最低流动比率是2。速动比率=(货币资金+短期投资+应收票据+一年内应收账款)/流动负债。通常认为正常的速动比率为1，低于1的速动比率被认为短期偿债能力偏低。

8.3.1.3　*财务审计*

审计是对反映企业资金运动过程及其结果的会计记录及财务报表进行审核、鉴定，以判断其真实性和可靠性，从而为控制和决策提供依据。根据审查主体和内容的不同，可将审计划分为三种主要类型：

(1)外部审计。由外部审计机构(如国家审计部门、会计师事务所等)选派的专业审计人员对企业的财务报表及其反映的财务状况独立进行的审计，其目的是检查企业财务报表的账目情况与真实情况是否相符，基本财务记录是否真实准确、是否符合规范的财务准则和记账程序。外部审计在某种程度上可以对企业经营活动中的违规行为起到制约的作用。

(2)内部审计。由企业内部的机构或财务部门的专职人员对企业财务控制系统进行全面评估的审计。内部审计除了具有与外部审计相同的目的之外，它还负有分析企业的财务结构是否合理、检查和分析企业控制系统的有效性、提供改善企业目前经营状况的建议等任务。

(3)管理审计。由外聘专家或企业内部的审计人员对企业所有管理工作及其绩效进行全面系统的评价与鉴定。管理审计可以为企业改进今后的管理工作提供参考。

8.3.2　生产控制

生产是制造产品或提供服务的过程。生产系统的主要功能是将系统输入转换成预定输出的功能，即根据不同的生产目的，对生产系统投入不同的生产要素，通过系统的转换，最后产出各种满足人们需要的产品或服务。为了使生产系统运转起来，需要生产控制系统，生产控制就是要按照经营目标，实现在产品品种、质量、数量、进度、成本等方面的要求。

8.3.2.1　*库存控制*

库存也称为物资储备、存货，是指组织为了满足经营需要而保存的物资，包括原材料、在制品、成品、燃料及低值易耗品等。因此，库存占用了大笔的资金，同时也是潜在浪费的根源，必须加以认真控制。一方面，库存过多，会造成资金占用量过大，还会因偷盗和损坏带来损失，同时还会掩盖管理上的失误；另一方面，库存过少，可能造成企业停工待料，或者产品供不应求，浪费时间和劳动，影响企业经济效益。因此，减少库存费用并保持最佳库存水平，保证企业正常生产运营需要成为库存控制的目标。

经济订货批量(economic order quantity, EOQ)是固定订货批量模型的一种，可以用来确定企业一次订货(外购或自制)的数量。库存的经济订货批量在生产实践中具有重要的地位，是企业常用的库存管理方法。库存的经济订货批量实际上就是定量订货模型，它的目标就是设立一个最低订货点，如果库存达到该订货点时，就要进行订货，订货量一般是最优经济批量，即经济订购批量。该模型所应用的库存货物是按照批量或者订单补充货源，并且不会被持续生产出来或者收到送货。经济订货模型是一种永续盘存系统，它要求每次补充货源或者取用货物时，必须确认库存记录，如果低于再订货水平，必须进行订货。该方法可以避免库存的定期盘点，更加易于库存的监控，尤其是对贵重货物和关键、重要货物的库存不足情况，能够及时得到反馈，更快地做出反应。经济订货批量可以帮助包装企业合理控制库存，降低企业成本。

经济订货批量常用的方法有两个：基本经济订货批量、有数量折扣下的经济订货量。

A　基本经济订货批量

基本经济订货批量是用来判断持有库存的年成本和订货成本之和最小的订货批量。该模型的前提是假定:只对一种货物进行控制,货物的年需要量、库存持有成本以及订购成本可以预测,并且一年中需求量平滑,不发生大的波动,需求比例是一个合理的常数。货物脱销、市场反应速度等其他成本忽略不计。各批货物是单独接收。不存在数量折扣等。

设系统最大库存量 Q,最小库存量 0,不存在缺货,库存按固定速率减少,当库存降到订货点库存时,就按固定订货量 Q 发出订货。显然,平均库存量为 $\frac{Q}{2}$。此时,每年维持库存的总成本为:

$$年总成本 = 货物成本 + 订货成本 + 存储成本$$

设 T_c 为总成本,D 为年总需求量,Q 为批量或订货量,K 为每次订货发生的费用,H 为单位货物每年的存储成本($H = P \times l$,P 为货物单价,l 为年保管费用占物资储备价值的百分比),则有

$$T_c = P \times D + \frac{D}{Q} \times K + \frac{Q}{2} \times H$$

对上式求极值,有 $\frac{dT_c}{dQ} = \frac{-K \times D}{Q^2} + \frac{H}{2} = 0$

解之,得

$$Q = \sqrt{\frac{2KD}{H}} = \sqrt{\frac{2KD}{Pl}}$$

【例 8-1】 设有某企业有关资料如下表:

材料名称	单　位	年需求量	每次订购费/元	单位材料保管费/元
甲	吨	2000	250	4
乙	公斤	4500	20	2

求:(1)各种材料的经济订购批量;(2)各种材料的最低订储费用;(3)年订货次数。

解:(1)据题意有

$$K_甲 = 250, H_甲 = 4, D_甲 = 2000,故$$

$$Q_甲 = \sqrt{\frac{2KD}{H}} = \sqrt{\frac{2 \times 250 \times 2000}{4}} = 500(吨)$$

$$Q_乙 = \sqrt{\frac{2KD}{H}} = \sqrt{\frac{2 \times 20 \times 4500}{2}} = 300(公斤)$$

同理

(2)甲的订储费用为 $\frac{D}{Q} \times K + \frac{Q}{2} \times H = \frac{2000}{500} \times 250 + \frac{500}{2} \times 4 = 2000(元)$

乙的订储费用为 $\frac{D}{Q} \times K + \frac{Q}{2} \times H = \frac{4500}{300} \times 20 + \frac{300}{2} \times 2 = 600(元)$

(3)甲年订货次数 $= \frac{2000}{500} = 4(次)$

乙年订货次数 $= \frac{4500}{300} = 15(次)$

注意:由于订货成本、持有成本、年度总需求依据的主要是评估值,而不是准确的数据,特别是持有成本有时是管理人员设定的,故经济订货批量是一个近似值而非精确值。

B　有数量折扣下的经济订货量

如果用户购买的数量较大，供应商会提供较低的价格，即数量折扣。价格的降低通常是离散的或者是跳跃的，不是连续变化的。如果有数量折扣就要权衡大量购货得到的价格优惠、较少订货次数带来的费用降低与较高库存水平带来的持有成本升高进行比较，看看是否数量折扣能否使企业真的降低成本。在存在数量折扣的情况下，用户的目标是追求总成本最小的订货量。总成本是由订货成本、购买成本、持有成本构成。即总成本 $Tc=(Q\div 2)\times C+(D\div Q)\times K+P\times D$，其中，$P$ 为单位价格，C 为单位货物的库存持有成本，其他字母意义同上。

在实际应用时，一般持有成本有两种形式：持有成本是常数或持有成本是价格的百分比。现以持有成本为常数的例子来说明数量折扣问题。

【例 8-2】　假设某家包装生产厂家每年需要胶黏剂 900 桶，订货成本为 20 元，持有成本为 6 元。即 $D=900$ 桶/年，$S=20$ 元，$C=6$ 元/(桶・年)。供应商胶黏剂的价格是随着购买数量的变化而变化，现在来确定最优订货量和总成本，首先计算经济订货量：

解：$EOQ=\sqrt{2DS\div C}=\sqrt{(2\times 900\times 20)\div 6}\approx 78$(桶)

由于 78 桶在 60～89 之间，价格是 38 元/桶，每批购买 78 桶，一年购买 900 桶胶黏剂的总成本应该是：

$$T_c(78)=(Q\div 2)\times C+(D\div Q)\times K+P\times D$$
$$=(78\div 2)\times 6+(900\div 78)\times 20+900\times 38$$
$$\approx 34665(\text{元})$$

由于还存在更低的折扣范围，应该再检查是否还有比每桶 38 元、每批 78 桶更低的购货方式。要得到 37 元/桶的优惠，必须最少购买 90 桶，90 桶的总成本是：

$$T_c(90)=(Q\div 2)\times C+(D\div Q)\times S+P\times D$$
$$=(90\div 2)\times 6+(900\div 90)\times 20+900\times 37$$
$$=33770(\text{元})$$

要得到 36 元/桶的优惠，必须最少购买 120 桶，120 桶的总成本是：

$$T_c(120)=(Q\div 2)\times C+(D\div Q)\times S+P\times D$$
$$=(120\div 2)\times 6+(900\div 120)\times 20+900\times 36$$
$$=32910(\text{元})$$

因此，由于每批 120 桶的时候总成本最低，120 桶是整个可行范围的最优订货量，此时总成本为 32910 元。

在生产实践中，由于价格折扣会随着购买数量的增加而增大，因此购买量大于最优订购批量往往更能节省成本，但是要特别注意对货物的存储成本和过时风险做出正确的评估。

经济订货批量解决了订多少货的问题，如果要确定何时订货，还要计算最佳订货点，这里不再介绍。如果订货的时间间隔固定，要使用定期订货模型进行订货。

8.3.2.2　物料需求计划

物料需求计划(material requirement planning，MRP)是在订货点法(order point system)计划基础上发展形成的一种新的库存计划与控制方法，是建立在计算机基础上的生产计划与库存控制系统。这种方法的思想早在 20 世纪 50 年代就已产生，20 世纪 60 年代著名生产管理及计算机专家欧・威特和乔・伯劳士正式提出，而后得到美国生产与库存管理协会的大力推介，在美国企业迅速推广应用，同时也很快传到日本和欧洲，我国在 20 世纪 80 年代引入 MRP 系统，目前在许多企业得到应用。MRP 也是后来发展的 MRPⅡ(制造资源计划，manufacturing resource planning)、ERP(企业资源计划，enterprise resource planning)的核心。

MRP 主要内容包括客户需求管理、产品生产计划、原材料计划以及库存记录。其中客户需求管理包括客户订单管理及销售预测，将实际的客户订单数与科学的客户需求预测相结合即能得出客户需要什么以及需求多少。应注意的是，客户需求预测应是科学的预测，而不是主观的猜测或只是一个主观的愿望。产品生产计划指的是最终将生产的产品的时间和数量，这将成为决定需要多少劳动力和设备以及需要多少原材料和资金的依据。产品生产计划应是客户需求与现有库存量比较的结果。产品生产计划要求非常精确，因为不准确的产品生产计划有可能导致资源浪费或是不能满足客户的需求。原材料计划是在产品生产计划的基础上制订的原材料需求计划，表示要生产所需要的产品而需要准备的原材料的具体情况。而在确定购买原材料之前，需要检查现有库存记录，并通过比较得到实际的购买量，因此，保证库存数据的准确性尤为重要。

MRP 的计算流程如图 8-4 所示，MRP 的输入有 3 个部分：主生产计划（产品生产计划）、产品结构文件和库存状态文件。产品结构文件，又称为物料清单文件(bill of materials，BOM)它不只是所有元件的清单，还反映了产品项目的结构层次以及制成最终产品的各个阶段的先后顺序，表明构成最终产品所需的零部件、原材料的数量及时间。MRP 从成品交货期开始，向后推算出各层次在什么时间需要多少半成品、零部件及原材料。

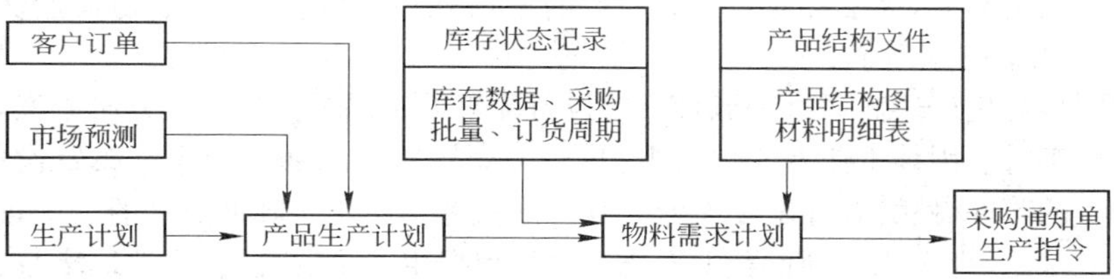

图 8-4　MRP 系统流程图

8.3.2.3　准时生产

准时生产(just in time，JIT)，是日本丰田汽车公司在 20 世纪 60 年代实行的一种生产方式，1973 年以后，这种方式对丰田公司渡过第一次能源危机起到了突出的作用，而后引起其他国家生产企业的重视，并逐渐在欧洲和美国的日资企业及当地企业中推行开来，现在这一方式与源自日本的其他生产、流通方式一起被西方企业称为“日本化模式”，其中，日本生产、流通企业的物流模式对欧美的物流产生了重要影响，近年来，JIT 不仅作为一种生产方式，也作为一种通用管理模式在物流、电子商务等领域得到推行。

1953 年，日本丰田公司的副总裁大野耐一综合了单件生产和批量生产的特点和优点，创造了一种在多品种小批量混合生产条件下高质量、低消耗的生产方式即准时生产。其最初的指导思想是：通过生产过程整体优化，改进技术，理顺物流，彻底消除无效劳动和浪费，降低成本，改善质量，以达到用最少的投入实现最大产出的目的。概括起来，准时生产指的是，将必要的零件以必要的数量在必要的时间送到生产线，并且只将所需要的零件、只以所需要的数量、只在正好需要的时间送到生产线。也就是通过生产的计划和控制及库存的管理，追求一种无库存或库存达到最小的生产系统。为此而开发了包括“看板”在内的一系列具体方法，并逐渐形成了一套独具特色的生产经营体系。

准时生产以准时生产为出发点，首先暴露出生产过量和其他方面的浪费，然后对设备、人员等进行淘汰、调整，达到降低成本、简化计划和提高控制的目的。在生产现场控制技术方面，准时制的基本原则是在正确的时间，生产正确数量的零件或产品，即时生产。它将传统生产过程中前道工序向后道工序送货，改为后道工序根据“看板”向前道工序取货，“看板”系统是准时制生产现场控制技术的核心，但准时制不仅仅是“看板”管理。

A 生产流程化

即按生产汽车所需的工序从最后一个工序开始往前推，确定前面一个工序的类别，并依次恰当安排生产流程，根据流程与每个环节所需库存数量和时间先后来安排库存和组织物流。尽量减少物资在生产现场的停滞与搬运，让物资在生产流程上毫无阻碍地流动。

“在需要的时候，按需要的量生产所需的产品”。对于企业来说，各种产品的产量必须能够灵活地适应市场需要量的变化。众所周知，生产过剩会引起人员、设备、库存费用等一系列的浪费。避免这些浪费的手段就是实施适时适量生产，只在市场需要的时候生产市场需要的产品。

为了实现适时适量生产，首先需要致力于生产的同步化。即工序间不设置仓库，前一工序的加工结束后，使其立即转到下一工序去，装配线与机械加工几乎平行进行。在铸造、锻造、冲压等必须成批生产的工序，则通过尽量缩短作业更换时间来尽量缩小生产批量。生产的同步化通过“后工序领取”这样的方法来实现。“后工序只在需要的时间到前工序领取所需的加工品；前工序中按照被领取的数量和品种进行生产”。这样，制造工序的最后一道即总装配线成为生产的出发点，生产计划只下达给总装配线，以装配为起点，在需要的时候，向前工序领取必要的加工品，而前工序提供该加工品后，为了补充生产被领走的量，必向其前道工序领取物料，这样把各个工序都连接起来，实现同步化生产。

这样的同步化生产还需通过采取相应的设备配置方法以及人员配置方法来实现。即不能采取通常的按照车、铣、刨等工业专业化的组织形式，而按照产品加工顺序来布置设备。这样也带来人员配置上的不同做法：弹性配置作业人数。降低劳动费用是降低成本的一个重要方面，达到这一目的的方法是“少人化”。所谓“少人化”，是指根据生产量的变动，弹性地增减各生产线的作业人数，以及尽量用较少的人力完成较多的生产。这里的关键在于能否将生产量减少了的生产线上的作业人员数减下来。具体方法是实施独特的设备布置，以便能够在需求减少时，将作业所减少的工时集中起来，以整顿削减人员。但这从作业人员的角度来看，意味着标准作业中的作业内容、范围、作业组合以及作业顺序等的一系列变更。因此为了适应这种变更，作业人员必须是具有多种技能的“多面手”。

B 生产均衡化

生产均衡化是实现适时适量生产的前提条件。所谓生产的均衡化，是指总装配线在向前工序领取零部件时应均衡地使用各种零部件，生产各种产品。为此在制定生产计划时就必须加以考虑，然后将其体现于产品生产顺序计划之中。在制造阶段，均衡化通过专用设备通用化和制定标准作业来实现。专用设备通用化，是指通过在专用设备上增加一些工夹具的方法使之能够加工多种不同的产品。标准作业是指将作业节拍内一个作业人员所应担当的一系列作业内容标准化。

生产中将一周或一日的生产量按分秒时间进行平均，所有生产流程都按此来组织生产，这样流水线上每个作业环节上单位时间必须完成多少何种作业就有了标准定额，所有环节都按标准定额组织生产，因此要按生产定额均衡地组织物质的供应、安排物品的流动。因为 JIT 生产方式的生产是按周或按日平均，所以与传统的大生产、按批量生产的方式不同，JIT 的均衡化生产中无批次生产的概念。

标准化作业是实现均衡化生产和单件生产单件传送的又一重要前提。丰田公司的标准化作业主要是指每一位多技能作业员所操作的多种不同机床的作业程序，是指在标准周期时间内，把每一位多技能作业员所承担的一系列的多种作业标准化。丰田公司的标准化作业主要包括 3 个内容:标准周期时间、标准作业顺序、标准在制品存量,它们均用"标准作业组合表"来表示。

C　资源配置合理化

资源配置的合理化是实现降低成本目标的最终途径,具体指在生产线内外,所有的设备、人员和零部件都得到最合理的调配和分派,在最需要的时候以最及时的方式到位。

从设备而言,设备包括相关模具实现快速装换调整,例如,丰田公司发明并采用的设备快速装换调整的方法是SMED法。丰田公司所有大中型设备的装换调整操作均能够在10分钟之内完成,这为"多品种、小批量"的均衡化生产奠定了基础。

在生产区间,需要设备和原材料的合理放置。快速装换调整为满足后工序频繁领取零部件制品的生产要求和"多品种、小批量"的均衡化生产提供了重要的基础。但是,这种频繁领取制品的方式必然增加运输作业量和运输成本,特别是如果运输不便,将会影响准时化生产的顺利进行。合理布置设备,特别是U形单元连接而成的"组合U形生产线",可以大大简化运输作业,使得单位时间内零件制品运输次数增加,但运输费用并不增加或增加很少,为小批量频繁运输和单件生产单件传送提供了基础。

从人员而言,多技能作业员(或称"多面手")是指那些能够操作多种机床的生产作业工人。多技能作业员是与设备的单元式布置紧密联系的。在U形生产单元内,由于多种机床紧凑地组合在一起,这就要求并且便于生产作业工人能够进行多种机床的操作,同时负责多道工序的作业,如一个工人要会同时操作车床、铣床和磨床等。

在JIT的基础上,进一步发展为强调零库存、高柔性、无缺陷的精益生产(lean production,LP)和快速响应市场的敏捷制造(agile manufacture,AM)。

8.3.2.4　质量控制

随着社会生产力的发展,科学技术和社会文明的进步,质量的含义也不断丰富和扩展,从开始的实物产品质量发展为产品或服务满足规定和潜在需要的特征和特性之总和,再发展到今天的实体,即可以单独描述和研究的事物(如某项活动或过程,某个产品,某个组织、体系或人以及他们的任何组合)的质量。来源于传统手工业的质量检验管理引入了数理统计方法和其他工具之后,就进入了"统计质量管理"阶段;后来质量管理与系统工程结合又迈进了"现代质量管理"阶段;进而逐步完善并从管理科学体系中脱颖而出,派生成"质量管理工程"。

质量控制是质量管理的重要组成部分,是为使产品、过程或服务达到和保持规定的质量要求所采用的方法、手段、操作技能和作业活动等综合性管理技术活动。其目的就是要提高产品或服务质量,增强企业竞争力,保证企业生存与发展,提高企业经济效益。

目前在企业质量控制活动实践中,国际上普遍运用的是全面质量管理。

A　全面质量管理

最早提出全面质量管理(total quality management,TQM)概念的是美国通用电气公司质量经理菲根堡姆。1961年,他的著作《全面质量管理》出版。该书强调执行质量职能是公司全体人员的责任,应该使企业全体人员都具有质量意识和承担质量的责任。他指出:"全面质量管理是为了能够在最经济的水平上并考虑到充分满足用户要求的条件下进行市场研究、设计、生产和服务,把企业各部门的研制质量、维持质量和提高质量的活动构成为一体的有效体系。"从中可以看出,它是一种由顾客的需要和期望驱动的管理哲学。它是以质量为中心,建立在全员参与基础上的一种管理方法。从TQC到TQM,质量管理目标已从追求企业最大化利益向体现企业的社会责任转移。

全面质量管理的理念:

(1)管理的对象是全面的。"全面质量",不仅指产品服务质量,还包括了工作质量,是用工作质量来保证产品或服务质量,产品质量不仅应符合企业确定的标准,更重要、最关键的是应符合消费者的标准。

(2)质量管理的过程和范围是全面的。整个质量管理包括了采购、设计、生产制造直至储存、销售、售后服务的全过程。控制的重点不是单纯的事后检验，而是事先控制不合格的产品生产及产品设计，它强调"好的质量是设计、制造出来的，而不是检验出来的"。

(3)参加质量管理的人员是全面的。不仅要求企业从上到下各级管理人员和非管理人员的支持，还需要他们的参与，同时还需要供应商、销售商、用户的合作。

(4)管理质量的方法是全面的。全面综合运用各种质量管理方法，同时将这些方法与改善组织管理、改进生产技术和提高人员素质相结合。

全面质量管理的指导原则：

(1)用户至上。树立以用户为中心、为用户服务的思想。这里的"用户"不仅指产品的使用客户，还包括企业内部用户，如下道工序是上道工序的用户。

(2)坚持不断地改进。全面质量管理不是一时的努力，而是需要得到人们认可、强化并奖励的长期而又持续的努力。

(3)以预防为主。通过分析影响产品质量的各因素，找出主要因素，加以重点控制，加强质量变化趋势预测，防止质量问题发生。

(4)以数据说话。对质量问题要有定量分析。提高质量的各项活动需要不断地对数据进行采集、评估、反馈和改进方案而得以连续地监督执行。

(5)按 PDCA 管理循环办事。按 P(计划)D(执行)C(检查)A(行动)管理循环开展工作，提高不断的循环达到提高质量管理水平和产品质量的目的。

(6)改进组织中每项工作的质量。TQM 采用广义的质量定义，它不仅与最终产品有关，并且还与组织如何交货，如何迅速地响应顾客的投诉、如何为客户提供更好的售后服务等都有关系。

(7)向员工授权。赋予员工发起并进行各种变革的权利，吸收生产线上的工人加入改进过程，广泛地采用团队形式作为授权的载体，依靠团队发现和解决问题。

B 质量管理体系

质量管理体系(quality management system，QMS)是"在质量方面指挥和控制组织的管理体系"(引自 ISO9000—2000)，质量的控制就是制订一套完整的质量管理体系标准，并在运行过程中对其进行监督评价，并加以改进，这就是质量管理体系的标准化。自从 1987 年 ISO9000 系列标准诞生以来，由于它的科学性、有效性和通用性的特点，很快被发达国家和其他地区的发展中国家所接受，世界上大多数国家直接或等同采用了 ISO9000 系列标准。经过大幅度的修改，ISO 组织于 2000 年 12 月 15 日正式颁布了 ISO9001—2000，我国等同采用，并于 2000 年 12 月 28 日颁布质量管理体系标准：GB/T19001—2000。许多大型政府采购集团，例如英国国际部、新加坡国防部、美国海军部等，都用 ISO9000 系列标准中的要求与其大的供应商签订合同，许多国家的大型工业公司，尤其是跨国公司，都制定计划，在其各个生产工厂实施 ISO9000 系列标准，例如大众汽车公司、杜邦公司、雷诺公司、艾克森石油公司等。

贯彻 ISO9000 系列标准，对企业的生存和发展有着重要意义。

(1)改善管理，提高企业管理水平，增加企业应变能力。ISO9000 系列标准，是在欧美工业发达国家多年对质量管理和质量保证理论研究和实践的基础上制定的，是它们质量工作经验的结晶，具有科学性和有效性。贯彻系列标准后，企业可以学习到欧美工业发达国家的质量管理和质量保证的好经验，在规范性目标的指引下，可以深化质量管理，提高管理水平，增加企业的应变能力，同时也为提高和保证产品质量奠定了基础。

(2)提高产品质量，为企业在市场竞争中以质量取胜奠定了基础。产品质量是市场竞争的基础，质量好，适销对路，企业就可以取得市场竞争的胜利。这一点早已是国内外企业家的共识。但怎样才能提高产品质量并能长期稳定地生产高质量的产品呢？最重要的一点就是企业必须建立有健全的质量体系。贯彻 ISO9000 系列标准，就可以建立起质量体系，开展各种预防和改进性的质量活动，最终必然落实到产品质量上，使产品实物质量大幅度地提高。质量好了用户欢迎，就可以扩大市场销售额，提高市场占有率，为企业在市场竞争中以质取胜奠定基础。

(3)贯彻标准取得认证，与国际质量管理和质量保证接轨，为产品出口创造了条件。按照世界各国承认的国际标准(ISO9000)进行质量体系认证，既是打破国际贸易中技术壁垒的好办法，也可使企业与国际质量管理和质量保证接轨。企业在贯彻 ISO9000 系列标准后就可提高管理水平，当质量管理水平达到系列标准要求后，就可聘请国内外第三方认证机构对企业质量体系进行认证，企业质量体系通过认证取得注册，就可为产品出口创造条件。

(4)提高企业的知名度，取得顾客的信任。企业贯彻 ISO9000 系列标准，取得体系认证后，一方面认证机构要印发认证企业名录，扩大企业影响；另一方面企业可以通过各种宣传渠道，广泛进行宣传，提高企业的知名度，取得用户的信任。这样，在企业质量信誉好、用户信任的基础上，产品销售量就会在国内外市场上不断扩大，企业就可获得更大的经济效益和创汇额。

ISO9000 系列标准共包括 4 项标准。它们是：

ISO9000：质量管理体系——基础和术语；

ISO9001：质量管理体系——要求；

ISO9004：质量管理体系——业绩改进指南；

ISO10011：质量/环境审核指南。

8.4　管理信息系统

在信息社会的今天，人们已认识到：信息已成为生产力、竞争力和经济成就的关键因素。所有的管理职能——计划、组织、领导和控制——都依靠稳定的信息系统来揭示组织正在发生和即将发生的事情。只有获得了准确、及时的信息，管理者才能监测目标实施的进展并将计划转变为现实。可以说，信息是计划的基础；信息是组织的依据；信息是控制的手段，整个管理活动就是一种获取信息、处理信息和利用信息来实现组织目标的活动。可见，信息是进行科学管理的基础，也是实现有效控制的基础。

为了对信息资源进行充分开发和有效利用，必须加强和改进对信息的处理、控制和利用，信息管理控制已成为管理控制的重要组成部分，管理信息系统的建设也已成为企业管理现代化的重要内容。

8.4.1　信息与信息管理

我们知道，构成一个管理系统的两个基本部分是管理者和被管理对象，而建立管理者和被管理对象之间联系的就是信息。从图 8-5 可以看出，管理者的目标，管理者发出的指令，被管理对象的状态以及被管理对象对管理指令的反馈，包括对管理者的各种干扰因素，都是以信息的形式存在。正是这些信息构成了管理者与被管理对象之间所有关系。信息的采集、处理、传输和使用，对于管理者和被管理对象来说都是极其重要的。

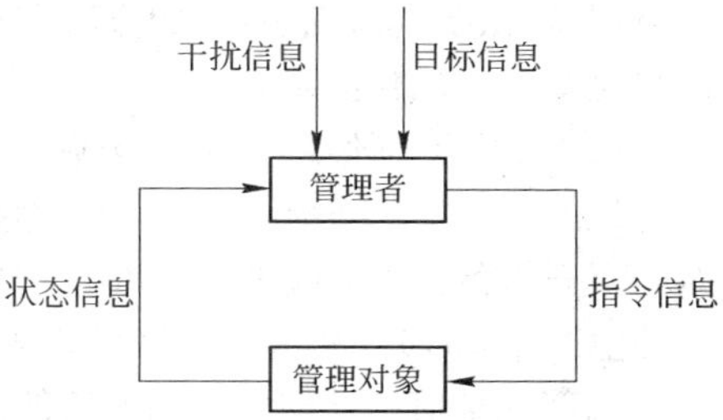

图 8-5　最简单的管理模型

信息管理是人类为了收集、处理和利用信息而进行的社会活动，其主要任务是：识别使用者的信息需要，对数据进行收集、加工、存储和检索，对信息的传递加以计划，将数据转换为信息，并将这些信息及时、准确、适用和经济地提供给组织的各级管理人员以及其他相关人员。

8.4.2 管理信息系统

8.4.2.1 管理信息系统的基本概念

管理信息系统(management information system，MIS)是在电子数据处理系统(EDP)上发展起来的，一个以人为主导，利用计算机硬件、软件、网络通信设备以及其他办公设备，进行信息的收集、传输、加工、存储、更新和维护，以企业战略竞优、提高效益和效率为目的，支持企业高层决策、中层控制、基层运作的集成化人机系统。这个定义也说明了管理信息系统不仅是一个技术系统，而且也是把人包括在内的人机系统，所以它是一个管理系统，是个社会系统。

MIS应用了相关的经济数学模型，如运筹学、数理统计等对管理的过程信息进行监控和处理，并提供辅助决策支持。

MIS是一门新兴的科学，其主要任务是最大限度的利用现代计算机及网络通讯技术加强企业的信息管理，通过对企业拥有的人力、物力、财力、设备、技术等资源的调查了解，建立正确的数据，加工处理并编制成各种信息资料及时提供给管理人员，以便进行正确的决策，不断提高企业的管理水平和经济效益。目前，企业的计算机网络已成为企业进行技术改造及提高企业管理水平的重要手段。随着互联网的发展和普及，企业通过互联网获得和发布信息必将为企业带来巨大的经济效益和社会效益，企业的办公及管理都将朝着高效、快速、无纸化的方向发展。MIS系统通常用于支持系统决策，例如，可以利用MIS系统找出目前迫切需要解决的问题，并将信息及时反馈给上层管理人员，使他们了解当前工作发展的进展或不足。换句话说，MIS系统的最终目的是使管理人员及时了解公司现状，把握将来的发展路径。

MIS的功能主要有：

(1)数据处理。包括数据收集和输入，数据传输、数据存储、数据加工处理和输出。它准备和提供统一格式的信息，使各种统计工作简化，使信息成本最低。

(2)预测功能。运用现代数学方法，统计方法或模拟方法，根据过去的数据预测未来的情况。

(3)计划功能。根据企业提供的约束条件，合理地安排各职能部门的计划，按照不同的管理层，提供相应的计划报告。

(4)控制功能。根据各职能部门提供的数据，对计划的执行情况进行监测、检查、比较执行与计划的差异，分析产生差异的原因，辅助管理人员及时以各种方法加以控制。

(5)辅助决策功能。采用各种数学模型和所存储在计算机中的大量数据，及时推导出有关问题的最优解或满意解，辅助各级管理人员进行决策，以期合理利用人、财、物和信息资源，取得较大的经济效益。

可以说，系统的观点、数学的方法和计算机的应用是管理信息系统的三要素，事实上，这三点也同样是管理现代化的重要标志。

8.4.2.2 管理信息系统的构成

组织的信息系统结构一般具有金字塔式的结构，可用图8-6来表示。最基层由任务巨大、处理繁杂的事务信息和状态构成。中间层由支持日常运行和控制的信息资源组成。这一层包括制定基层的生产作业计划、战术计划和制定政策、决策所需的信息资源。最高层用于制定战略规划。

塔底部分是信息处理过程和方法都很明确的结构化问题，而塔顶部分表示比较特殊和非结构化的处理工作和决策。从对应人员看，塔顶部主要是高层管理者或决策者，底部是基层管理人

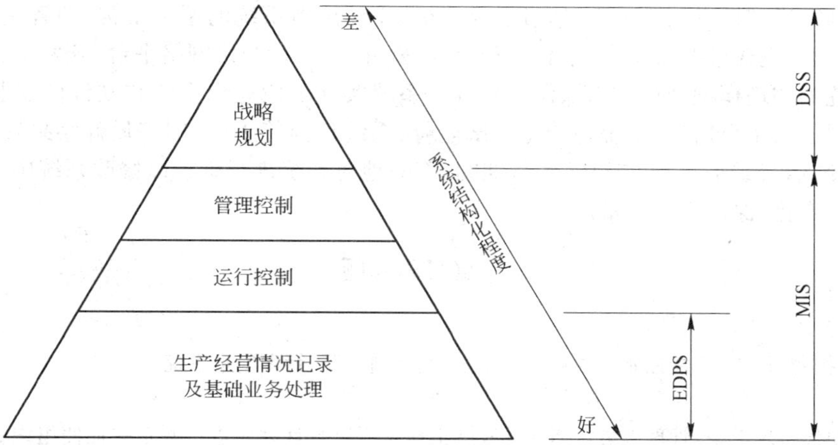

图 8-6 组织的信息系统

员，中间部分则是对应部门领导。

EDPS 叫做电子数据处理系统（electronic data processing systems，EDPS），也称为业务处理系统（transaction processing systems，TPS）。功能是处理日常业务和产生报告，使日常事务处理自动化，支持日常的运行工作。主要目的在于提高效益，而不过分看中效率。缺点是一般不能提供分析、计划和决策信息，它只是 MIS 的初级阶段。这是分类的系统，它的输入往往是原始单据，它的输出往往是分类或汇总的报表。如订货单处理，旅馆预约系统，工资系统，雇员档案系统以及领料和运输系统等。现代的企业若没有 TPS，简直无法工作。TPS 的故障将造成银行、超市、航空订票处的工作停止，将带来极大的损失。当代的企业 TPS 所处理的数据量大得惊人，是人用手工无法完成的。例如一个银行营业所白天 8 小时所积累的业务，用手工至少加班 4 小时才能处理完，现代的计算机只需几分钟。利用计算机 TPS 系统，一个人一天可以处理 500 笔业务，如不用计算机可能要 50 人才能完成。TPS 已成为现代企业无法离开的系统。

DSS 叫做决策支持系统（decision support system，DSS）。是以管理科学、运筹学、控制论和行为科学为基础，以计算机技术、仿真技术和信息技术为手段，面对非结构化、半结构化的决策问题，支持决策活动的具有智能作用的人-机计算机系统。随着信息技术应用的深入，信息系统已不仅支持信息的处理，而且向上发展，支持管理的决策。要支持决策就要有分析能力和模型能力，所以决策支持系统是利用计算机分析和模型能力对管理决策进行支持的系统。DSS 为决策者提供决策所需要的数据、信息和背景材料，帮助明确决策目标和进行问题的识别，建立或修改决策模型，提供各种备选方案，并对各种方案进行评价和优选，通过人-机对话进行分析、比较和判断，为正确决策提供帮助。用户可以针对管理决策的问题，建立一个模型以考查一些变量的变化对决策结果的影响。例如，用户可以观察利率的变化对一个新建制造厂的投资的影响。

8.4.2.3 管理信息系统的建设

建设 MIS 主要包括三个方面的内容：一是管理模式的确立。包括了管理模式和方法、商业规则、办公自动化 OA 的程序等的确定，总体要求是管理工作程序化，管理业务标准化，管理流程科学化，数据资料代码化。二是计算机网络系统的建设，包括系统软硬件平台的选择，管理信息系统的集成，局域网的建设及互联，局域网和广域网的互联等。三是 MIS 的实施，如管理环境的适应性调整、人员培训、系统维护、信息源的组织等等。

管理信息系统的建设一般有信息系统规划、系统分析、系统设计、系统实施、系统运行维护等阶段，系统规划主要是完成 MIS 系统建设的可行性分析和建设步骤，说明“做不做”；系统分析是在对组织进行详细调查的基础上，通过需求分析，设计出新系统的逻辑结构，即解决“做什么”的问题；系统设计完成包括数据库、信息处理流程、软件结构、计算机网络平台、开发平台等设计，即设计新系统的物理模型，解决“怎么做”的问题；系统实施阶段完成系统软硬件的安装调试（或者还有程序开发）、用户培训、系统初始化与试运行、系统切换等工作，即将设计结果转变为可运行的系统；系统运行维护是指在MIS运行期间，不断地对系统进行维护以修改系统中可能的缺陷，适应环境的变化，保证系统正常运行。

复习思考题

一、名词解释

控制　控制过程　反馈控制　预算控制　全面质量管理　管理信息系统

二、选择题

(1)在现代管理学中，管理人员对当前的实际工作是否符合计划而进行测定并促使组织目标实现的过程，被称为(　)。

A. 领导　B. 组织　C. 创新　D. 控制

(2)在生产制造活动中的现场调度、进度控制、每日情况统计分析等都属于(　)。

A. 前馈控制　B. 同期控制　C. 反馈控制　D. 间接控制

(3)原材料和设备采购的验收属于(　)。

A. 前馈控制　B. 同期控制　C. 反馈控制　D. 不属于控制范围

(4)半成品、成品的质量检查属于(　)。

A. 前馈控制　B. 同期控制　C. 反馈控制　D. 直接控制

(5)实现控制职能的基础和手段是(　)。

A. 标准　B. 计划　C. 管理人员　D. 信息

(6)在酿造啤酒的过程中，影响啤酒质量的因素很多，但主要因素是水的质量、酿造的温度以及酿造的时间长短。这3个因素控制好了，啤酒的质量就有了保证。这种控制方法属于(　)。

A. 间接控制　B. 直接控制　C. 关键点控制　D. 重要控制

(7)在实施财务监督时，以会计凭证、账簿、报表等会计资料为对象进行检查的方法被称为(　)

A. 财务检查　B. 财务分析　C. 实物检查　D. 现场调查

(8)弹性控制一般要求组织制定弹性的计划和弹性的(　)。

A. 活动　B. 要求　C. 标准　D. 目标

(9)适时控制要求管理人员及时掌握能够反映偏差产生及其严重程度的(　)。

A. 时间　B. 地点　C. 状态　D. 信息

(10)控制是依据一定的标准去(　)工作绩效。

A. 完成　B. 估计　C. 衡量　D. 监视

(11)企业在未来一段时期内的各类投资活动所需资金做出的测算和安排属于(　)。

A. 资金支出预算　B. 现金预算　C. 收支预算　D. 财务报表分析

(12)产品结构文件，又称为物料清单文件(bill of materials，BOM)它不只是所有元件的清单，还反映了产品项目的结构层次以及制成最终产品的各个阶段的先后顺序，表明构成最终产品所需的零部件、原材料的数量及(　)。

A. 质量　B. 时间　C. 标准　D. 占用资金

(13)鱼刺图最直接地说明(　)。

A. 成本控制　B. 问题产生的原因　C. 过程计划　D. 废品减少计划

(14)PDCA是指(　)。

A. 计划、执行、原因、行动　B. 产品、设计、客户、能力

C. 计划、执行、检查、行动　　　　　　　　D. 生产、执行、检查、能力

(15)是以管理科学、运筹学、控制论和行为科学为基础，以计算机技术、仿真技术和信息技术为手段，面对非结构化、半结构化的决策问题，支持决策活动的具有智能作用的人-机计算机系统是(　)。

A. MIS　　　　B. EDPS　　　　C. TPS　　　　D. DSS

(16)控制常给被控制者带来(　)和某种程度的不舒服，但是如果缺乏控制则可能导致组织活动混乱。

A. 障碍　　　　B. 沮丧　　　　C. 约束　　　　D. 烦恼

三、简述题

(1)在管理中控制的作用是什么?

(2)简述管理控制的必要性。

(3)控制的主要类型有哪些，各有什么优缺点?

(4)经济订货批量是如何求得的，主要用途是什么?

(5)简述全面质量管理的基本理念。

(6)管理信息系统的功能有哪些?

四、论述题

(1)为什么在控制过程中“衡量什么”比“如何衡量”更关键?

(2)控制的过程是什么? 叙述每个步骤的任务。

(3)管理信息系统建设的内容有哪些，可分为哪几个阶段，每个阶段的主要任务是什么?

五、案例分析题

某中学数学考试，当监考教师王某满脸汗水跑进教室时，已经晚了 20 分钟，学生们已经开始做第 2 页试题了。教室里站着火气冲天的教导主任和毫无表情的教研室主任李某，王某心想:“这次免不了要挨批了。”可教导主任什么话都没说，一扭头就走了。王某战战兢兢地熬到了监考结束。与王某合作监考的李主任收完考卷以后终于打破了沉闷:“马上写一份检查交给我。”

花了一个多小时，王某写完了检查，觉得还满意。将检查送到李主任手中时，王某还故作轻松地朝李主任笑笑:“处罚轻一点啊!”第二天，王某已经把昨天的事忘得一干二净，高高兴兴到了教研室。不料一盆冷水迎面而来，桌上放着一张记过处分的通告。王某不明白，为什么自己只迟到了一会儿，就受到如此严重的处分，而且，迟到也并不是完全没有理由。这时，李主任又落井下石，对王某说:“你今年不用申报职称了，两年内晋升职称与你无关。”王某半天没有回过神来，他要找教导主任去评理。

其实，教导主任这两天也很头疼。在向校长汇报时，校长一直紧皱眉头，显然很生气，因为学校已经多年没有出现教学事故了。数学教研室主任和副教导主任在一边又煽风点火:“如果不给他点颜色看看，是很难把风气纠正过来的。主任应该有点威信。”教导主任上任以来也是第一次碰到这种事，为慎重起见，还打了几个电话听取兄弟学校的意见，又参考了副主任等的建议，决定给予王某行政记过处分。结果，王某怒气冲冲跑了进来:“主任，你没看我的检查吗? 我告诉你，我的自行车坏了，自己掏钱叫了出租车，可路上堵车你知道吗? 我白花了钱不算，你还给我记过处分，两年内还不准我晋升职称，太欺负人了吧!”王某临走还留下一句话:“明天不还我个公道，我就走人!”这可是教导主任最不愿意听的话，因为王某在数学教研室被认为是最有才气的年轻教师。

晚上，教导主任家的电话热闹了。王某的夫人打电话找教导主任评理，说如果王某真的辞职，他们全家就住到教导主任家。另外，王某夫人还问:“学校给王某的处分有什么依据?”寻死觅活地要教导主任把处分撤销了，而且，还要消除不良影响。此时此刻，教导主任的感觉都有点麻木了，好像自己犯了什么错误似的。

深夜，教导主任找出学校的规章制度，里面清清楚楚地写着:凡是监考教师迟到，将给予监考教师处分;凡是因为监考教师的原因而延误考试的，将给予监考教师行政处分。教导主任放心地睡觉了。

问题:

(1)你认为王某迟到的理由充分吗，应不应该给予王某处分?

(2)王某为什么对处分有那么大的意见，该学校控制体系健全吗?

9 创 新

学完本章后，你应该能够：

(1)熟悉和掌握创新的含义和基本内容，并对创新的基本理论有一个系统的认识；

(2)了解创新的原则，并对创新过程有较为全面的认识，理解解决问题的 IDEAL 模型；

(3)通过对技术创新、组织创新和知识创新的深入学习，更好地了解其含义和它们之间的内在关系，掌握并理解创新对企业发展的重要作用；

(4)在管理实践中学会运用创新。

9.1 创新概述

管理工作包括计划、组织、领导、控制等方面，从保证计划目标实现的一个比较完整和静态的角度来看，它们对保证计划目标的实施不可或缺，其任务是保证系统按预定的方向和规则运行，因而同属于管理的“维持职能”。但是，管理是在动态环境中生存的社会经济系统，上述各方面的具体内容总是在不断地调整和变化中，即相对于以往的具体内容而言，总是存在着某种程度的创新。

9.1.1 创新的含义

中文“创新”一词，出现较早，不过，词意与现代不同，主要是指制度方面的改革、变革、革新和改造，并不包括科学技术的创新，据目前所见资料，最早见于《魏书》。创新在《辞海》中的解释：“创”指“始造之也”，是首创、创始之义；“新”指初次出现，与旧相对，有才、刚之义。这个解释有三层含义，一是抛开旧的，创造新的；二是在现有的基础上改进更新；三是指创造性、新意。

美国经济学家熊彼特(J. A. Sehumpeter)于 1912 年最先在《经济发展理论》一书中提出了“创新理论”(innovation theory)，成为创新理论研究的鼻祖。他主要是从经济角度，以企业为主要研究对象对技术-经济间的基本互动机制进行了分析，从经济学角度将创新定义为“新的生产函数的建立”，即“生产要素的重新组合”，就是要把一种从来没有的关于生产要素和生产条件的“新组合”引进生产体系中去，以实现对生产要素或生产条件的“新组合”。

现在，对于创新范畴的多种表述，从不同角度各人有不同理解。管理学和经济学上的创新有其特定的含义：创新是新产品的开发、新市场的开拓、新生产要素的发现、新生产经营管理方式的引进及新组织形式的实施。《管理是金》一书定义“创新”就是：形成创造性思想并将其转换为有用的产品、服务或作业方法的过程，即富有创新力的组织能够不断将创造性思想转变为某种有用的结果。根据国家社会科学基金成果评估指标的规定，创新可概括为三个方面：理论创新、方法创新和新描述。创新是人们应人类社会发展需要，依据对客观规律的正确认识，不断“有所发现、有所发明、有所创造、有所前进”的过程(毛泽东语)。其实创新的内容是丰富多彩的：开辟新领域，创立新理论，提出新观点，建立新概念，寻求新材料，探索新方法等等，都应当属于创新的范畴。

根据以上对创新范畴的综合解读，我们知道了创新的本质含义：创新是一种思想及在这种思想指导下的实践，是一种原则以及在这种原则指导下的具体活动，是管理的一种基本职能。

9.1.2 创新的基本内容

在熊彼特的理论中，创新是对“生产要素的重新组合”，它包括五个方面：生产一种新的产品；采用一种新的方法；开辟一个新的市场；掠取或控制原材料和半成品的一种新的来源；实现一种新的工业组织。后来的研究者在此基础上研究企业创新时，把它们分成两类：制度创新和技术创新。制度创新主要涉及管理和管理体制，即主要涉及生产制造的制度环境，技术创新主要与生产制造有关。

如果就全社会的各个层面，包括政府、企事业、个人等诸多对象而言，创新也扩展到众多词汇，如观念创新、理论创新、科学创新、技术创新、产品创新、工艺创新、体制创新、市场创新、组织创新、知识创新、管理创新等等。

系统在运行中的创新要涉及许多方面。为了便于分析，我们以企业系统为例来介绍创新的内容。

9.1.2.1 目标创新

企业是在一定的经济环境中从事经营活动的，特定的环境要求企业按照特定的方式提供特定的产品。一旦环境发生变化，要求企业的生产方向、经营目标以及企业在生产过程中与其他企业社会经济组织的关系进行相应的调整。在新的经济背景中，企业的目标必须调整为“通过满足社会需要来获取利润”。至于企业在各个时期的具体的经营目标，则更需要适时地根据市场环境和消费需求的特点及变化趋势加以整合，每一次调整都是一种创新。

9.1.2.2 技术创新

技术创新是企业创新的主要内容，企业中出现的大量创新活动是有关技术方面的，技术水平是反映企业经营实力的一个重要标志，企业要在激烈的市场竞争中处于主动地位，就必须顺应甚至引导社会技术的进步，不断地进行技术创新。由于一定的技术都是通过一定的物质载体和利用这些载体的方法来体现的，因此企业的技术创新主要表现在要素创新、要素组合方法的创新以及产品的创新上。要素创新包括材料创新和设备创新两方面，要素组合方法的创新包括生产工艺和生产过程的时空组织两方面，产品创新则包括了品种创新、产品结构创新在内的许多内容。

9.1.2.3 组织创新

企业的组织创新包括制度创新、结构创新和文化创新三个层面的内容。

制度是组织运行方式的原则规定，制度创新需要从社会经济角度来分析企业系统中各个成员间的正式关系的调整和创新。企业制度主要包括产权制度、经营制度和管理制度三个方面的内容。企业制度创新的方向是不断调整和优化企业所有者、经营者、劳动者三者之间的关系，使各个方面的权利和利益得到充分的体现，使组织的各种成员的作用得到充分的发挥。

在结构创新层面，由于企业系统的正常运行，既要求具有符合企业及其环境特点的运行制度，又要求具有与之相应的运行载体，即合理的组织形式。因此，企业制度创新必然要求组织形式的创新和发展。而结构则与各管理部门之间、特别与不同层次的管理部门之间的关系有关，它主要涉及管理劳动的纵向分工问题，即所谓的集权和分权问题。不同的机构设置，要求不同的结构形式，组织机构完全相同，但机构之间的关系不一样，也会形成不同的结构形式。由于机构设置和结构的形成要受到企业活动的内容、特点、规模、环境等因素的影响，因此，不同的企业有不同的组织形式，同一企业在不同时期，随着经营活动的变化，也要求组织的机构和结构不断调整。组织创新的目的在于更合理地组织管理人员的能力，提高管理劳动的效率。

文化创新在组织创新中同样重要，因为组织文化是组织人格化的生活方式，它代表了员工认同及接受的信念、期望、态度及办事准则等，是决定组织行为方式的价值观系统。由于从事组织活动的是员工个人，他们带着各种各样的态度、感情和动机，组织文化本身对创新活动就有着深层而持续的影响。组织文化创新主要是从企业的生存环境的根本性变化入手，对企业文化进行变革，支持组织创新活动，以实现组织行为与环境的一致性。

9.1.2.4 环境创新

环境是企业经营的土壤，好的环境既是生产力也是竞争力。当全球企业希望通过创新追求更高的业绩目标时，善于创新的人才则显得非常重要，企业希望通过激发现有人员的创新特性提高生产力。同时市场的快速发展、技术的进步、跨国公司在各国的职能变化、国内企业的产业升级，都促使企业通过积极的创新活动去改造环境，使环境朝着有利于企业经营的方向变化。在此过程中，环境创新不仅包括创造有利于培养人才的环境，还包括通过企业的活动去引导消费，创造需求。就企业来说，环境创新的重要内容是市场创新。以前，新产品的开发往往被视为是企业创造市场需求的主要途径。其实，市场创新的更多内容是通过企业的营销活动来进行的，即在产品的材料、结构、性能不变的前提下，通过市场的地理转移或揭示产品新的物理使用价值，来寻找新用户，或通过广告宣传等促销工作，来赋予产品以一定的心理使用价值，影响人们对某种消费行为的社会评价，从而诱发和强化消费者的购买动机，增加产品的销售量。

9.1.3 创新的地位和作用

由企业、大学、科研机构、中介机构和政府共同组成了国家创新体系，其中政府、企业、科研机构和大专院校是国家创新体系的承担主体。企业是创新的主体；大学和科研机构是创新的源头，同时提供和培养创新人才；中介机构是沟通、推动知识流动和技术扩散的重要途径；政府创造鼓励和引导创新的政策和法律环境。在国家创新体系的构成中，企业是创新的需求者，又是创新转为经济效益的实现者，是创新体系中重要的环节，在创新中处于重要地位，发挥着重要作用，主要表现在：

(1)企业追求效益最大化的动机，及在市场竞争中求生存和发展的要求是企业创新的动力，从而形成购买或开发创新成果的欲望和行为，拉动知识创新。

(2)企业在使用创新成果过程中，同时检验创新成果，促进创新升级。

(3)企业把创新转化为效益，实现创新的价值和作用。并通过向社会提供更丰富、更先进的产品满足社会需求，提高社会福利，增强开发创新和改造自然的能力。

(4)企业是支持创新的重要力量。企业生存和发展对创新的高依存度，决定企业将高度重视新投入，形成良性创新循环。

以上从企业的角度谈创新的作用，从创新本质论来说，创新的地位和作用主要表现在以下两个方面：

(1)创新是实现可持续发展的源泉。在国际、国内市场竞争日趋激烈的今天，竞争集中表现为知识、信息、技术、人才的竞争，表现为与众不同，人无我有，人有我优，人优我新的差异化创新。只有不断地通过机制、制度和技术创新，才能实现企业的可持续发展。

(2)创新是通过对技术、设备、原材料等的改进，对管理过程中的流程、组织的重组、优化等来实现创新的目的，这些归根结底是对生产力及生产关系的调整使之相互适应。创新从这个意义上说，其作用是推动社会发展进步的重要动力。

9.2 创新的原则和过程

9.2.1 创新的原则

为了使创新工作能够顺利进行，提高创新工作的效率，创新主体在创新过程中必须遵循一定的原则。彼得·德鲁克(Peter Drucker)认为,在进行创新过程中,应根据创新的来源对新机会进行分析,即“目的明确的、系统的创新活动源自对新机会的分析”。主要包括,根据具体情况决定不同的创新形式,无论是哪一种形式都不能放过一切可能的机会;创新开始的时候可能是一种不引人瞩目的目标,成功之后也可能只是一般性成就,这就要求创新者要瞄准如何成为这一目标的领导者,这样才能成就卓越的创新目标;创新源自艰苦的工作,而不是天才的产物,创新者需要掌握充分的知识。

9.2.1.1 逆向思维原则

逆向思维也叫求异思维,它是对司空见惯的似乎已成定论的事物或观点反过来思考的一种思维方式。敢于“反其道而‘思’之”,让思维向对立面的方向发展,从问题的相反面深入地进行探索,树立新思想,创立新形象。当众人都朝着一个固定的思维方向思考问题时,而你却独自朝相反的方向思索,这样的思维方式就叫逆向思维。例如“司马光砸缸。”有人落水,常规的思维模式是“救人离水”,而司马光面对紧急险情,运用了逆向思维,果断地用石头把缸砸破,“让水离人”,救了小伙伴性命。与常规思维不同,逆向思维是反过来思考问题,是用绝大多数人没有想到的思维方式去思考问题。运用逆向思维去思考和处理问题,实际上就是以“出奇”去达到“制胜”。因此,逆向思维的结果常常会令人大吃一惊,喜出望外,别有所得。传统的破冰船,都是依靠自身的重量来压碎冰块的,因此它的头部都采用高硬度材料制成,而且设计得十分笨重,转向非常不便,所以这种破冰船非常害怕侧向漂来的流水。前苏联的科学家运用逆向思维,变向下压冰为向上推冰,即让破冰船潜入水下,依靠浮力从冰下向上破冰。新的破冰船设计得非常灵巧,不仅节约了许多原材料,而且不需要很大的动力,自身的安全性也大为提高。遇到较坚厚的冰层,破冰船就像海豚那样上下起伏前进,破冰效果非常好。这种破冰船被誉为“本世纪最有前途的破冰船”。

9.2.1.2 交叉综合原则

交叉综合原则是指创新活动的展开或创新意向的获得,可以通过各种学科知识的交叉综合得到。多学科交叉融合是创新的源泉,推动了科学研究的重大突破与高新技术的产生。例如,光合作用高效吸能、传能和转能的分子机理及其调控是光合作用研究的核心问题,而要阐明这一过程的分子机理,需要物理、化学和生物学家的通力合作,采用先进的物理、化学理论和技术才能有所突破。DNA分子双螺旋结构模型的建立,充分体现了晶体学、结构学、生物化学和遗传学等多学科的完美结合,是当代多学科交叉的典范。目前,科学发展的趋势是综合和边缘交叉,许多科学家都把目光放在这两个方面,以求创新。管理作为一门学科,它的创新发展过程也呈现了这一态势。

9.2.1.3 扬弃原则

创新中的扬弃原则,是指在自己现有的特色管理或在别人先进的管理思想、方式、方法上进行发扬或摒弃(摒弃是指在已有的基础上逆其发展趋势而行),有新意的进一步提高。也就是在已有的基础上,大胆探索得出新的管理思路、方式、方法,简单地说就是对现有基础理论进行有创意的提高。彼得·德鲁克在谈到“扬弃”的概念时,举了这样一个例子:“有个企业在一个专业领域拥有世界领先地位。每隔3个月,公司就安排一群员工(其中有青年员工,也有基层员工,但从来不是同一群人)坐在一起,对企业的某种产品、服务、某一工作环节或政策进行研究和质疑。他们会问:如果不是这样处理,会不会出现今天这种局面?如果答案是否定的,他们会追问:那么我们应该怎样做?这样,公司每过四五年,便对其每一项产品、工作流程,尤其是服务进行一次系统的淘汰,或至少做一次调整。这便是该企业能够不断发展、不断赢利的奥秘所在。”企业应当有能力清除体内废物。人类这种功能是与生俱来的,但在企业中,就会有巨大的阻力。自我扬弃并非易事,但扬弃产生的作用是不可估量的。

9.2.2 创新的过程及解决问题的 IDEAL 模型

9.2.2.1 创新的过程

创新的过程是指从创新构思产生到创新实现，直至创新投放市场后改进创新的一系列活动及其逻辑关系。管理创新的一个周期就是一次管理创新的全过程。美国麻省理工学院教授厄特拜克(J. M. Utterback)经过多年研究，最终把管理创新的过程分为三个阶段。他所设计的企业内创新过程模型由三个阶段组成:构思的产生、难题的解决、创新的实现。

(1) 构思的产生。管理创新是为了解决现实当中遇到的或将要遇到的问题。管理创新应首先调查、收集和整理有关信息，发现差距。并且通过这些调查、收集，明确奋斗的目标，从而构思出管理创新的大致框架，这是管理创新的起点。接下来是管理创新的规划，在所要解决的问题明确之后，就应该对管理创新进行规划。主要是通过管理创新要达到的目标。目标的确定十分重要，同样的问题，由于目标的不同，可采用的管理创新方案也会大不相同。为了达到既定的目标，需要采取不同的方案，这就需要对管理创新的方案进行设计。企业应根据现有的资源状况，设计出可行的管理创新方案，为管理创新的实施提供一个实际的指导方案。

(2) 难题的解决。在所提出的众多管理创新方案中，企业管理创新者应该选择一项相对最佳的方案，并付诸实施。管理创新方案的正确与否需要以实施的结果来判断，在通常情况下，在管理创新方案的设计当中有一些未预料到的因素或者形势会出现异常的变化，这就需要管理者根据出现的最新事态对已有的管理创新方案进行不断的修正和完善，直至问题解决、实现创新的目标或做出新的创新方案为止。

(3) 创新的实现。解决了企业所遇到的难题，实现了既定的管理创新目标，新的管理制度就可以形成稳定的企业管理制度，从而使得管理创新得以实现。

厄特拜克所设计的管理创新的周期过程如图 9-1 所示。

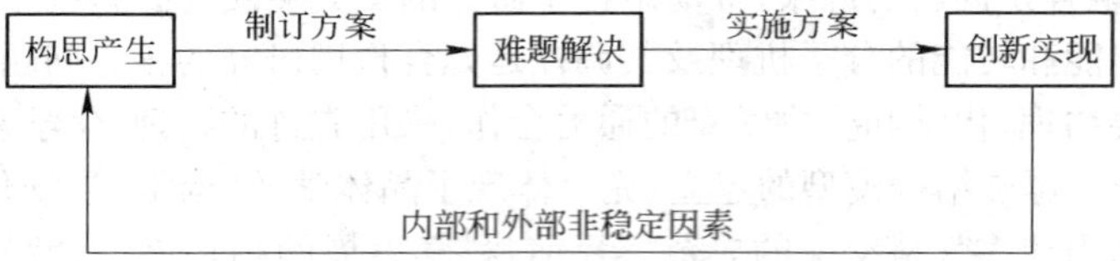

图 9-1 创新的过程模型

9.2.2.2 解决问题的 IDEAL 模型

布兰福德(Bransford)和斯泰因(Stein)1993 年提出一个促进问题解决技能的模型。他们的模型基于韦特海默(Watthum，1945)、波亚(Polya，1957)和纽威尔与西蒙(Newell and Simon，1972)等人在本领域的研究。这种方法的各组成部分的首字母缩略词正好是 IDEAL(理想的)。即:

I(identify problems and opportunities)确定问题与机遇

D(define goals)定义目标

E(explore possible strategies)探寻可能性策略

A(anticipate outcomes and act)预期结果及行动

L(look back and learn)反视与学习

(1) 确定问题与机遇。应把潜在的问题看作是创造性行动的机遇来对待。积极探寻问题的重要性是不言而喻的。当问题引起注意，或当问题成为批判性审视的对象时，如何对问题做出回应也同样是重要的。探寻问题与对问题做出反应具有同样的意义。

(2) 定义目标。不同的目标往往反映出人们对问题的不同理解。例如,在企业发展中确定战略方向,所有关注这个问题的人士都同意它应当成为创造性活动的机遇。然而,对确立什么样的目标,大家的意见就难统一。一些人也许主张商业发展方向应是国际市场;而另一些人则认为,应把商业目标定位在国内市场上,重要的是尽力增加国内市场的利润。这两种情况清楚地反映出对同一个问题,不同的人们在目标认识上具有多么大的差异。因此,定义目标是解决问题的关键一步。

(3) 探寻可能的策略。这一过程包括对目标的再分析以及对选择方向或策略的再思考。这样的策略有可能被用来实现已经确立的那些目标。在探寻可能的策略过程中,注意"开放性"解决问题的"创造性"思维,也就是说每个问题并非只有一种解决的可能性或并非只有一个答案。同时对解决问题而言,有些一般的策略,但对某些问题而言,则需要专门化的知识。例如,有些问题适合用语言表征的方法加以解决,而另一些问题则更适合于用形象化的或数字化的表述,需要建立量表模型或进行仿真模拟实验操作。

(4) 预期结果和行动。一旦解决问题的策略已经选定,那么重要的就是预期可能性结果,然后按选定的策略采取行动。在许多情况下,在可能的结果可以被预期之前,需要采取积极措施对策略进行检验。对可能的结果而言,样本的建立和检测十分有帮助。

(5) 反视与学习。IDEAL模型的最后一步是审查采取某种策略后所导致的结果,并且从经验中学习。然而在实际工作中,这些经验常常被疏忽掉了。我们努力去解决问题的时候,重要的是寻找第一步方案,而非企图寻求对问题的即刻而完满的解答。当你找到了第一步的方案,同时你也总结了前期经验,即从经验中学到东西,那么接下来你就可以转入下一阶段。市场营销检测就是一个恰当的例子。当一种新产品投放市场之后,它即开始接受市场的检验。新产品投入市场是一个渐进的过程。在这个逐步开展的过程中,新产品的任何令顾客不满意的地方都必须成为考虑改进的方面,以在下一阶段投放市场时以新的面貌出现。例如,计算机程序员在编写和修改程序时经历着和上面类似的过程。

9.3 技术创新、组织创新和知识创新

9.3.1 技术创新

"技术创新"是从Technique Innovation一词翻译而来,这是20世纪初美国著名经济学家熊彼特先生创造的经济学理论中提出的。虽然技术创新概念的提出由来已久,却尚未形成一个严格、统一的定义,这主要是因为技术创新是一个涉及面广泛,而又十分复杂的过程,可从不同角度去研究和定义。大部分研究人员一般倾向于采用以下的定义:技术创新是一个从新产品或新工艺设想的产生到市场应用的完整过程,它包括新设想产生、研究、开发、商品化生产到推广等一系列的活动。这个定义比较全面地说明了技术创新的含义,即技术创新是一个科技、经济一体化的过程,强调了技术创新的最终目的是技术的商品化应用和新产品的市场成功。

企业要在激烈的市场竞争中处于主动地位,就必须顺应甚至引导社会技术进步的方向,不断进行技术创新。技术创新是企业创新的主要内容,企业中出现的大量创新活动是有关技术方面的,技术水平是反映企业经营实力的一个重要标志。技术创新的目的实际上就是在创造一种优势(它可能是成本优势或是质量优势、性能优势等),这事实上也是企业组织创新的目的之一,只是创新过程的表现有所不同。

从生产过程角度来分析,技术创新可以分为要素创新、产品创新和要素组合方法的创新三个方面。

9.3.1.1　要素创新

企业的生产过程是一定的劳动者利用一定的劳动手段作用于劳动对象使之改变物理、化学形式或性质的过程。参与这个过程的要素包括材料、设备及企业员工三类。从生产的物质条件和角度来考察，要素创新主要包括材料创新和手段创新。

(1)材料创新。材料是构成产品的物质基础，材料费用在产品成本中占很大的比重，材料的性能也在很大程度上影响产品的质量，因此在技术创新的各种类型中，材料创新可能是影响最为重要、意义最为深远的。

材料创新的内容包括：开辟新的来源，以保证企业扩大再生产的需要；开发和利用量大价廉的普通材料(或寻找普通材料的新用途)，以保证和促进产品质量的提高。随着科学的发展，人们对材料的认识渐趋充分，利用新知识和新技术制造的合成材料不断出现，材料创新的内容也正在逐渐地向合成材料的创造这个方向转移，为企业的原材料创新提供了广阔的前景。

(2)手段创新。手段创新主要指生产的物质手段的改造和更新。任何产品的制造都需要借助一定的生产机器及生产设备等物质生产条件才能完成。生产手段的技术状况对企业生产力水平的体现具有决定性意义。

生产手段的创新主要包括两个方面的内容：

1)将先进的科学技术成果应用于改造和革新原有的设备，以延长其技术寿命或提高其效能。

2)用更先进、更经济的生产手段取代陈旧、落后、过时的机器设备，以使企业生产建立在更加先进的物质基础之上。

9.3.1.2　产品创新

产品是企业的象征，企业应根据市场需求的变化及消费者偏好的转移，及时地调整企业的生产方向和生产结构，不断开发出受用户欢迎的产品，企业才能保持持久的竞争优势，充满生命力。

产品创新包括新产品的开发和老产品的改造。这种改造和开发是指对产品的结构、性能、材质、技术特征等一方面或几方面进行改进、提高或独创。它既可以是利用新原理、新技术、新结构开发出一种全新型产品，也可以是在原有产品的基础上，部分采用新技术而制造出来适合新用途、满足新需要的换代型新产品，还可以是对原有产品的性能、规格、款式、品种进行完善，但在原理、技术水平和结构上并无突破性的改变。

产品在企业经营中的作用决定了产品创新是技术创新的核心和主要内容，其他创新都是围绕着产品的创新进行的，而且其成果也最终地在产品创新上得到体现。

9.3.1.3　要素组合方法的创新

利用一定的方式将不同的生产要素加以组合，这是形成产品的先决条件。要素的组合包括生产工艺和生产过程的时空组织两个方面。

生产工艺是劳动者利用劳动手段加工劳动对象的方法，包括工艺过程、工艺配方、工艺参数等内容。工艺创新既要根据新设备的要求，改变原材料、半成品的加工方法，也要求在不改变现有设备的前提下，不断研究和改进操作技术和生产方法，以求使现有设备得到更充分的利用，使现有材料得到更合理的加工。工艺创新与设备创新是相互促进的，设备的更新要求工艺方法做出相应的调整，而工艺方法的不断完善又必然促进设备的改造和更新。

生产过程的组织包括设备、工艺准备、在制品以及劳动在空间上的布置和时间上的组合。空间布置不仅影响设备、工艺装备和空间的利用效率，而且影响人机配合，从而直接影响工人的劳动生产率；各生产要素在时空上的组合，不仅影响在制品、设备、工艺装备的占用数量，从而影响生产成本，而且影响成品的生产周期。因此，企业应不断地研究和采用更合理的科技布置和时间组合方式，以提高劳动生产率、缩短生产周期，从而在不增加要素投入的前提下，提高因素的利用效率。20世纪最伟大的企业生产组织创新，莫过于福特将泰罗的科学管理原理与汽车生产实践相结合而产生的流水生产线。流水线的问世引起了企业生产率的革命。

从管理决策的角度看，技术创新是一种多阶段的决策过程，可以分成若干阶段：

(1)机会识别阶段，即弄清市场需要，并且基于对当前社会与经济环境的正确分析，使新思想和技术可行性相结合；

(2)思想形成阶段，对所形成新设计思想进行评价，决定该技术创新是否值得继续投入资源，把创新项目推向下一阶段；

(3)问题求解阶段，新思想的形成与设计概念的产生，提出需要解决的问题，从而投入人力、物力、财力去寻求解决方法；

(4)问题解决阶段，问题可以通过发明解决，获得发明专利，也可以采用他人发明或已有技术解决问题，称为模仿或仿造；

(5)批量生产开发阶段，技术创新活动主要解决批量生产的工艺技术以及降低成本和满足市场需求等问题；

(6)新技术应用与推广阶段，新技术、新产品首次得到应用并向市场推广，少数新产品得到畅销和顺利回收技术创新的投资。

对一个组织来说，创新涉及到方方面面，单纯的技术创新难以长时间支持企业的发展。任何有效的技术创新都伴随着企业在其他方面的创新。

9.3.2 组织创新

组织创新是指企业在组织结构、组织方式、组织制度等方面进行的创新活动。企业系统的正常运行，既要求具有符合企业及其环境特点的运行制度，又要求具有与之相应的运行载体，即合理的组织形式。因此，企业制度创新必然要求组织形式的变革和发展。

组织创新可以首先理解为组织变革的过程；同时，企业组织的变革过程也是一种创新的过程，企业家领导的组织管理变革的过程，正是寻找适合于本企业需要的行之有效、运转灵活的新型组织管理形式的过程。那么，什么样的组织最利于创新呢？有人认为大企业更利于创新的出现，也有研究人员认为小企业也具有创新的优势，从研究来看，企业规模大小并不决定创新能力的高低。

管理心理学对影响和推动组织创新的因素进行了大量的研究与分析。归纳起来，主要影响因素可分为内部因素和外部因素两大类。

A 组织内部因素

从企业组织自身的角度讲，有三类影响因素对于激发组织创新起着重要的作用，即组织结构与资源、组织文化和人才资源等。

(1)组织结构因素。根据大量的研究结果，组织结构因素对创新的作用很显著：

1)灵活的有机式组织结构对组织创新有着正面的影响。这是因为在有机式组织结构下，其专业化、正规化和集权化程度比较低，有利于提高组织的应变能力和跨职能工作能力，从而更易于发动和实施组织创新；

2)富足的组织资源是实现组织创新的重要基础。组织资源充裕，使管理部门有能力开发创新成果，推行整体性组织创新；

3)多向的组织沟通有利于克服组织创新的潜在障碍。例如，委员会、项目任务小组及其他组织机构等，都有利于促进部门间交流，达成共识，采用组织创新的解决方案。

(2)组织文化因素。创新型组织通常具有独特的组织文化，例如，鼓励试验，赞赏失败，注重奖励等。研究表明，创新型组织的文化以创新导向为核心，通常具有下列特征：

1)鼓励多样思路。不强调专一性，鼓励多种工作思路，容忍不切实际的想法和主张；

2)减少组织监控。组织把规章、条例、政策之类的监控减少到最低限度，加大管理的自由度；

3)鼓励承担风险。鼓励干部员工大胆试验，不用担心可能失败的后果。把可能的错误作为学习的机会。强调开放系统，随时监控环境的变化并做出快速反应；

4)容忍群体冲突。鼓励群体中的不同意见，中等程度的群体冲突有利于调节群体气氛，从而实现更高的经营绩效；

5)注重结果导向。鼓励设置明确具体的目标，积极探索实现目标的各种可行途径。注重结果获取与评价，对于给定的问题，需要有若干种正确的解决方法。

(3)人才资源因素。人才资源是组织创新的基本保证。创新型组织积极地对其干部员工开展培训和发展，加快知识与经历的更新。同时，通过职业生涯设计，给员工提供高工作保障，鼓励员工成为创新能手。一旦产生新思想，创新者会主动而热情地将新思想深化提高并克服阻力，以确保组织创新方案得到推行。有研究表明，创新型企业家具有共同的个性特征：自信性、坚持性、精力旺盛、冒风险等。另外，他们一般处于拥有相当大决策自主权的职位，这使他们能在组织中引入并推行所提倡的组织创新。

在组织创新中，创新者是最关键的因素。成功的组织创新对创新者提出许多高要求：

1)创新者对组织创新成果潜在使用者的需求和获取知识的步骤有深刻了解，并拥有对财力、物力进行必要动员和协调的地位及经验；

2)创新者拥有组织创新研究与开发方面的能力，与负责研究开发、市场销售和生产等诸部门的人员之间有密切联系与协同；

3)创新群体拥有创新活动所必需的认知能力、个性特征和内在动机，并具有较高的自我效能和群体凝聚力，在群体沟通模式、群体管理目标管理程序及群体决策方式等方面，对组织创新具备心理准备。

B　组织外部影响因素

从组织的外部环境因素讲，市场的变化和组织所处的政治经济及社会文化环境等都会影响组织创新的整个过程。

(1)产品与服务市场变化。市场变化是组织创新的首要外部因素，其中最重要的是需求变化。组织作为市场中的供给方是为满足需求而存在的。另一重要的市场变化是竞争变化，激烈的竞争往往使组织更倾向于成为适应市场的创新型组织，并通过更低成本和更高质量取得竞争优势。此外，资本与劳务市场变化也能激发创新。例如：许多工业发达国家的资本市场结构最适于激发创新，某些风险资本专门寻找有发展前途的小型创新公司，实行高风险、高回报率的投资策略。

(2)政治经济及社会文化因素。政治经济与社会文化因素是推动管理创新的重要外部因素。企业经营规模的不断扩大和技术层次的不断提高，使得管理理念与文化价值观的更新日趋急迫，成为组织创新的必要条件。而管理理念与文化价值观在很大程度上受到政治经济与社会文化因素变化的制约，例如，政府的政策、法令、法律、规划、战略等，都直接对组织创新行为具有指导意义和约束力。

组织创新过程是一个系统，不仅会受到组织内部个体创新特征、群体创新特征和组织特征的影响，还要受到整个社会经济环境的制约；组织创新行为又会直接影响组织绩效，包括市场绩效、竞争能力、盈利情况、员工的态度等。同时，组织创新是一个渐进过程，往往从技术与产品开发入手，逐步向生产、销售系统、人力资源、组织结构发展，进而进入战略与文化的创新，表现为一种渐进创新的过程。具体过程如图 9-2 所示。

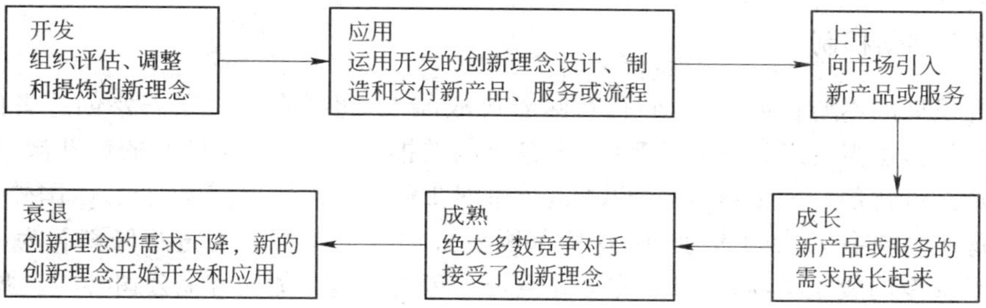

图 9-2　组织创新过程

9.3.3　知识创新

在国家创新体系中，知识创新是它的主要功能之一。知识创新是指通过科学研究，包括基础研究和应用研究，获得新的基础科学和技术科学知识的过程。科学研究是知识创新的主要活动和手段。知识创新的成果构成技术创新的基础和源泉，是促进科技进步和经济增长的革命性力量。知识创新包括科学知识创新、技术知识特别是高技术创新和科技知识系统集成创新等。知识创新的目的是追求新发现、探索新规律、创立新学说、创造新方法、积累新知识。总之，知识创新为人类认识世界、改造世界提供新理论和新方法，为人类文明进步和社会发展提供不竭动力。

9.4　创新在管理实践中的应用

目前，世界经济的增长方式，从结构上已经发生了巨大的变化，新经济成分的因素正越来越大的发挥着作用，似乎有主导未来经济的趋势，从分析资料上看，新经济成长的速度、速率以及健康过程，都将取决于广泛意义上的企业创新，创新已经成为各国经济发展的关键要素。由于知识经济的发展，信息技术的广泛应用，极大地加速了知识的生成与发展过程，从而引导着企业组织的创新，影响着企业组织的变革。

如何在管理实践中较好地发挥创新的作用，如何较好地解决发展中存在的许多管理问题，如何使企业较好地实现发展目标，是影响和决定企业发展的关键问题。

9.4.1　树立创新理念

创新是企业发展壮大的强大动力，不可偏废。任何工作岗位都需要创新，也存在创新的可能，不管这个岗位是多么平凡。

请看下面的案例：

德国农民卖土豆时把土豆分成大中小三类，这样卖比混着卖能赚更多的钱，但分土豆工作量大，却不是一件容易的事。汉斯家卖土豆时从不分捡，但也能卖好价钱。奥秘何在？原来他们先把土豆装进麻袋，然后再选颠簸不平的山路走，等到城里时，小的落在下面，大的在麻袋的上面。道理就这么简单。当然，这是否是最优方案呢，是否可以继续进行方法改进的创新呢？毕竟，走崎岖的山路对车辆对人都不安全，土豆也有被挤压而影响品质的可能。于是，选择搭建一个简易筛选机就从技术上进行了更进一步的创新。

树立全方位创新的理念就是要有从细节处优化和改进方法、技术的意识，具有大胆开拓、锐意进取的精神；有要将认识和行动统一起来的做法；所进行的创新要符合事物的发展规律。只有这样，我们才能从方方面面发现创新，实施创新。

9.4.2 建立创新机制

进步与发展的本质在创新。创新，意味着挑战前人，超越自我。它需要创造者的智慧和才能、意志和毅力，也需要来自外界的激励，来自机制的推动力量，建立良好的创新激励机制，对鼓励创新无疑是催化剂。创新本身需要投入，产品创新和技术创新更需要大投入，国外公司的产品研发费用每年动辄数亿、数十亿美元，这些都需要公司在资源配置上进行倾斜。为了开发 unit-link，中国平安专门成立了项目小组，先后花巨资聘请国外精算师和咨询公司参与。此外，建立创新激励机制也需要投入。比如为训练员工创造力所花的费用，这些都需要企业从机制上来完善，解决物质保障问题。同时，创新需要协作，有时创新的产生是团队合作的结果，个人的创新也不单纯是一人之功，对资源配置的倾斜除了涉及资金方面，还有人才方面，设备方面等各类资源。

9.4.3 提升创新技能

“流水不腐，户枢不蠹”是告诉我们只有活动才不会僵化，企业鼓励创新也是如此。按流程生产，照计划执行，这是生产运营中必要的也是必须的，但是这和创新没有冲突，创新所需要提供的是企业管理者营造的集思广益氛围，中高层以上管理人员鼓励并善于采纳下属意见，员工普遍习惯于采纳同事意见的一个活动平台，一个鼓励创新的开发系统，这个系统除了鼓励创新，也要宽容失败；除了资金支持，也要渠道通畅。许多跨国公司和大型企业都建立了合理化建议奖励制度，除了对创新实行资金支持等物质保障外，还通过每周定期在上班时间安排各部门集中在公司大会客室一到两次下午茶的休息，来促进部门之间的沟通，营造创新的土壤，让员工通过交流，发现和培育出创新的种子。这种看似浪费了工作时间的做法，通过实践证明了它确实极大提高了各部门工作的效率。此外，对员工不定期的培训提升个人工作技能，也在另一个侧面对培育创新起到了良好的推动作用。

创新能力并不是天生的，在很大程度上取决于后天的学习和训练，究其原因，主要是以下几个因素：

首先，创新是对思维惯性的挑战。在某种程度上甚至体现一种不破不立的精神，创新需要勇气、智慧和实践过程，是对价值观、世界观的重定位，而这些是需要后天的学习和训练。

其次，创新是主观见之于客观的认识、实践过程，尊重事物发展的客观规律，必须依客观条件和客观需要而动。

最后，创新是发现和采用新的方法、新的表现形式使事物发展按其本来的发展轨道正确前进。

因此，加强诸如逆向思维等的训练，加强创新方面的训练，才能很好地提升创新技能。

在创新方面，大自然给人类的启发是多种多样的。大自然的巢穴，浑然天成，质朴无华，然而正是受此启发，人类才发展起了建设科学，建立起了现代化大城市。大自然的河流，看起来不以人的意志为转移，日夜奔腾不息，但它不也是在日夜教导人们如何理解地球的重力、运动的惯性力等许多道理，教会人们如何开发利用大自然的潜能吗？金属，这类看起来很坚硬的东西，被火融化后竟能按照人类的需要变成为人类所用的工具，更重要的是，它让人们明白了各种物质都有熔点，都能进行形态和能态转化。人类根据鲨鱼做出了飞机，根据蝙蝠做出了雷达，根据鲸鱼的外形发明了轮船，根据青蛙的眼睛发明了“电子蛙眼”，即便是令人讨厌的苍蝇，人类也仿制其具有的特殊功能成功制造了一种十分奇特的小型气体分析仪，这种分析仪已经被安装在宇宙飞船的座舱里，用来检测舱内气体的成分。

应当说，创新无处不在。要想提升创新技能，就需要你加强在创新方面的训练，有一双发现的眼睛，有一个具有创新意识的头脑，有敢于突破传统并对研究坚持不懈的精神，再通过你的勤奋努力，成功终将属于你。

复习思考题

一、名词解释

创新　技术创新　组织创新　知识创新

二、简述题

(1)简述创新在管理中的作用。

(2)创新的基本原则是什么?

(3)从生产过程角度看，技术创新分为哪几个方面?

(4)影响和推动组织创新的因素有哪些?

三、论述题

(1)在管理实践中较好地运用创新，应注意哪几个方面的问题，试举例说明?

(2)企业计划进行新产品开发，请从创新过程及解决问题的 IDEAL 模型写出工作步骤。

四、案例分析题

名人创新故事三则

一则:五易画风的白石老人

齐白石，本是个木匠，靠着自学成为画家，荣获世界和平奖。然而，面对已经取得的成功，他永不满足，而是不断汲取历代名画家的长处，改变自己作品的风格。他 60 岁以后的画，明显地不同于 60 岁以前。70 岁以后，他的画风又变了一次。80 岁以后，他的画风再度变化。据说，齐白石的一生，曾五易画风。正因为白石老人在成功后仍然马不停蹄，所以他晚年的作品比早期的作品更为成熟，形成独特的流派与风格。

二则:牛顿晚年趋于保守

牛顿是世界上最伟大的科学家之一，他对科学的贡献是史无前例的。牛顿的一生有许多伟大的发现:力学三定律、万有引力、光学环、光微粒说、冷却定律以及微积分，然而到了晚年，他的研究陷入了亚里士多德的柏拉图学说的范围而不能自拔。他花了十年的时间来研究上帝的存在，结果自然毫无所得。由此看来，即使是一个伟大的学者，一旦落入陈旧的范畴，就谈不上有丝毫的成就。

三则:在权威圣圈面前

1900 年，著名教授普朗克和儿子在自己的花园里散步，他神情沮丧，很遗憾地对儿子说:“孩子，十分遗憾，今天有个发现，它和牛顿的发现同样非常重要。”他提出了量子力学假设及普朗克公式。他沮丧这一发现破坏了他一直崇拜并虔诚地信奉为权威的牛顿的完美理论，他终于宣布取消自己的假设。人类本应因权威而受益，却不料竟因权威而受害，由此使物理学理论停滞了几十年。25 岁的爱因斯坦敢于冲破权威圣圈，大胆突进，赞赏普朗克假设并向纵深引申，提出了光量子理论，奠定了量子力学的基础。随后又锐意破坏了牛顿的绝对时间和空间的理论，创立了震惊世界的相对论，一举成名，成了一个更伟大的权威。

问题:

从这三则故事中，你得到哪些创新方面的启示?

主要参考文献

[1] Robbins S P. 管理学[M]. 7 版. 北京:中国人民大学出版社,2003.
[2] 芮明杰. 管理学——现代的观点[M]. 上海:上海人民出版社,2003.
[3] 赵涛. 管理学习题库[M]. 天津:天津大学出版社,2005.
[4] 徐国华,张德,赵平. 管理学[M]. 北京:清华大学出版社,2001.
[5] 刘汴生. 管理学[M]. 北京:科学出版社,2006.
[6] 刑以群. 管理学[M]. 北京:高等教育出版社,2008.
[7] 于千千,卢启程. 管理学基础[M]. 北京:北京大学出版社,2007.
[8] 姜仁良. 管理学习题与案例[M]. 北京:中国时代经济出版社,2006.
[9] 汪克夷,易学东,刘荣. 管理学[M]. 大连:大连理工大学出版社,2006.
[10] 李垣. 管理学[M]. 北京:高等教育出版社,2007.
[11] 普罗克特 T(Proctor Tony). 管理创新精要[M]. 周作宇等译. 北京:中信出版社,2003.
[12] 周三多. 管理学——原理与方法[M]. 4 版. 上海:复旦大学出版社,2007.
[13] 李东进,秦勇. 管理学原理[M]. 北京:中国发展出版社,2006.
[14] 格里芬 R(Griffin Ricky). 管理学[M]. 8 版. 刘伟译. 北京:中国市场出版社,2006.
[15] 海因茨·韦里克,哈罗德·孔茨. 管理学[M]. 11 版. 马春光译. 北京:经济科学出版社,2004.
[16] 张德. 管理学是什么[M]. 北京:北京大学出版社,2006.
[17] 宁德煌,等. 管理学概论[M]. 昆明:云南科技出版社,2001.
[18] 杜栋. 管理控制学[M]. 北京:清华大学出版社,2006.
[19] 林辉,宋山梅. 管理学概论[M]. 北京:经济管理出版社,2006.
[20] 郭朝阳,何燕珍. 管理学概论[M]. 北京:科学出版社,2000.
[21] 孙元欣,许学国,林英晖. 管理学——原理·方法·案例[M]. 北京:科学出版社,2006.
[22] Bartol K M,Martin D C. Management[M]. McGraw-Hill,1991:192.